幼稚園繪本教學
理念與實務

黃文樹・編著

目　　次

導言：
幼稚園繪本教學學術研討會之緣起與特色

黃文樹

樹德科技大學師資培育中心教授兼主任

一、前言

　　本書是由筆者主持的「幼稚園繪本教學學術研討會」所有發表論文的彙編，該研討會按原訂計畫於 2010 年 6 月 26 日（星期六）假本校（樹德科技大學）圖資大樓 LB103 國際會議廳隆重舉行。參與者達一百人之多，有來自南部數所綜合大學、教育大學、科技大學幼教系所及師資培育中心之教授；有來自南部各縣市公私立幼稚園、托兒所現職園長、所長、主任、教師；有來自國民小學之校長、主任、教師；有本校兒童與家庭服務系研究生及修習幼稚園教師教育學程之師資生等，構成學者、學校主管、教師、研究生、師資生共聚一堂，充分進行主題研討、思想交流的精采畫面。

　　基本上，本研討會採用的論文都具備下列學術論文寫作要求：一是研究方法適當；二是推論嚴謹並符客觀性；三是資料取得、引用、處理與詮釋適切；四是論文結構安排與論證層次均衡；五是文

字精確、清晰流暢；六是具有學術價值或應用價值。可以說，本次
研討會之所有發表論文，都是探討幼稚園繪本教學主題之佳構。

二、計畫緣起

　　教育專業化，乃是現代社會發展的必然趨勢。隨著教育學術的
進步，教學的理念與應用，也愈益多元、創新。因此，從事教育工
作者，必須了解各種有關教學之知識與能力，且能在教學實務中繼
續求新，不斷創造，方可與時俱進，提高教學成效。

　　我國當前幼稚園教學，大體上已可稱「上軌道」，但仍有一些
缺憾。諸如：教師素質參差不齊、教材內容優劣混用、教學取向存
在爭議、教學方法延襲成風、教學設備良窳互陳……等，都是尚待
改善、研究解決的課題。

　　基本上，教學是教師依據教學的原理，運用適當的方法、手段，
藉準備、溝通、概括、評量等歷程，用以指導學生自動學習，以獲
得知識、技能、情操和理想的活動。教學的方法隨教育理念和科技
工藝的進步而不斷地有所調整和革新。現代教學方法的發展，除了
心理化、社會化、科學化、藝術化、資訊化、多元化的趨勢之外，
更強調創造化，以追求教學卓越。

　　本計畫之緣起，即在順應創造化教學這一新趨勢，盼能針對幼
稚園繪本教學議題，以一天議程集中研討。本計畫除了邀請多位對
於幼稚園繪本教學素有研究之學者發表最新力作之外；同時公開徵
選本研討會主題之相關研究論文，擇優錄取，以口頭發表方式呈
現，並與參加研討會之現職幼稚園教師和幼教師資生等，進行意見
交流，使幼稚園繪本教學之學術研究者得與教學實務之基層教師與
準教師們腦力激盪，相得益彰。

　　本研討會計畫之目的，即在規劃辦理「幼稚園繪本教學」主題之學術研討活動，公開招收有興趣的幼稚園現職教師及幼教師資生為學員，透過密集式學術研討與教學分享等方式，提昇現職幼稚園師資之專業素養，厚植幼教師資生之專業基礎，並推廣以幼稚園繪本教學為核心的幼教專業知能，盼能為強化幼稚園繪本教學的研發植根工作盡一力。

三、研討會特色

　　本研討會之特色可歸納為下列八項：

　　其一，本研討會內容以幼稚園繪本教學為中心，聚焦於攸關幼稚園繪本教學之研討，研討目標具體且清晰。

　　其二，本研討會之專題論文發表人，概為這一領域素有研究之學者、專家、研究生，可針對主題內容全面而深入地進行探討。

　　其三，本研討會之參與者主要為基層幼稚園現職教師，可將研討會的影響向幼稚園教育現場延伸，俾使以繪本教學為核心的教育專業知能得以往下紮根。

　　其四，本計畫活動時間以一天議程密集實施，讓南部各縣市來參加研討會的基層幼稚園教師與幼教師資生得在一天內集中心力，增進這方面的功夫。

　　其五，本計畫活動提供發表人與學員午餐便當，活動的地點定在本校（樹德科技大學）圖資大樓 LB103 國際會議廳。本校校園風景秀麗，交通方便，又備有完善的學術研討設施與設備，可大大提高研討效果。

　　其六，本研討會將在本中心的網頁（http://www.stu.edu.tw）之下，設置「幼稚園繪本教學學術研討會」網站，並與全國教師在職

進修資訊網連結，將計畫內容、議程活動之全程錄影、研討教材、執行成果報告及相關資訊等 E 化，上網至伺服器，供參與研討會的人員及社會各界人士點閱、查詢、利用等。

其七，本研討會所有論文發表人，需提交大會乙篇學術論文（每篇字數在八千字以上為原則）。這些資料將由筆者負責編輯成論文集，提供與會人員參考，會後並將予正式出版、發行，擴展本研討活動之社會傳播效應。

其八，本研討會將核發全程參與議程的學員研習時數之證明，作為參加之幼稚園教師在職專業成長研修之憑證。

四、結語

近年來有關教育領域之學術研討，基於教育行政部門之經費支持與政策引導，教育學術單位之熱烈投入，教育研究人員之積極參與等，呈現蓬勃發展之趨勢。但針對幼稚園教學之學術研討會，則並不多見，其中之繪本教學，尤為殊少。本次研討會盼能起到拋磚引玉之效，激發更廣化、深化的探討和對話。當然，本研討會的論文內容，不可能十全十美，諒必存在商榷之處，尚待各篇作者進一步的修正、補強，歡迎大家不吝指教。

教育思想家論幼兒圖畫書舉述

黃文樹

樹德科技大學師資培育中心教授兼主任

摘要

　　本文收集有關文獻，進行文本分析，旨在條理教育思想家在幼兒圖畫書教育方面的論述和具體成果。本文列舉張居正、柯門紐斯、康有為、魯迅等四人為這方面傑出表現的教育思想家，張居正的〈奏疏〉、《歷代帝鑑圖說》、柯門紐斯的《大教學論》、《世界圖解》、康有為的《大同書》、魯迅的《魯迅文集》等，在幼教、幼兒圖畫書領域的探討和成就，是可貴可敬的，說他們是幼兒圖畫書教育的領航者兼貢獻者，並不為過。

關鍵詞：教育思想家、張居正、柯門紐斯、康有為、魯迅、幼兒圖
　　　　畫書

一、前言

　　古代中外文學家、畫家層出不窮，他們關懷國家、社會、百姓生活、生命價值等，留下諸多不朽的作品，迄今仍為人所津津樂道。可惜針對幼兒而寫，提供幼兒閱讀的創作，則相當罕見。誠如論者所云：

詩人、作家、美術畫家，不論中西，自有人類以來，直到
今天，從未曾間斷地持續出現並存在著；可是這些詩人、
作家、畫家是從事創作時，多半是疏洩自己胸中之塊磊，
或為歌生民病的家國大業，絕少眷顧及嬰幼弱兒（何三本，
1995：46）。

這個觀察是符合史實的，戰國時代屈原（約 339-約 278BC）、
晉朝陶淵明（372-427）、唐代李白（701-762）、杜甫（712-770）、
宋朝蘇東坡（1036-1101），古希臘柏拉圖（plato, 427-347 BC）、
義大利奧古斯丁（354-430）、英國莎士比亞（1564-1616）等莫不
如此。

幼兒圖畫書的出現，肇因於「近古」（較近的古代）社會的形
成過程中，有識之士開始認識到幼童不同於成人的人格特質與認知
模式。而直接具體的起因，則是特別關心幼兒教育的思想家與實踐
家身體力行，將之體現出來，編著、出版圖畫化書本，以「直觀教
學法」的精神完成教育幼童的教科書。

本文採取文獻探討法，旨在舉述近古以來教育思想家論幼兒圖
畫書的觀點及其實際創作之成果。這方面的研究，相當罕見：何三
本在其《幼兒故事書》以數行文字非常簡略地提到柯門紐斯（參後）
及魯迅（參後）的觀點；楊漢麟、周采合著的《外國幼兒教育史》
闢有一小節介紹柯門紐斯；美國教育學者 Cuberley 在《教育思想
史》（History of Education Thought）、Ulich 在《教育史》（The History
of Education）也先後探討了柯氏如何論衡幼兒圖畫書。可見，學
界對於這主題的研究，並不多，且聚焦在柯門紐斯一人身上，有待
廣化的探討。

二、張居正

　　教育史最早出現幼兒圖畫書，並有教育觀點提出，在所謂「近代」之前的「近古」，其實已有雛形萌芽。明代教育家張居正（1525-1582）在隆慶、萬曆之際（1572年）編著了專門教導皇太子的圖像化教科書──《歷代帝鑑圖說》，並提出相關教育觀點，應是首開風氣之作。

　　司琦在《兒童讀物研究》一書中，謂：

> （中國）啟蒙讀物如《三字經》、《千字文》等，都是白紙黑字，沒有插圖。日本、韓國等亞洲國家，早期接受了中國文化，採用了中國的啟蒙讀物，也沒有插圖（司琦，1993：129）。

此說法係就通俗的兒童啟蒙讀物而論，並未注意到明代中葉張居正所編著的已有插圖的《歷代帝鑑圖說》。

　　另者，何三本在《幼兒故事書》提到：

> 據說，我國在明代嘉靖（1552-1566）年間的版本《日記故事》，已經用圖畫來說故事，如果這本書也算幼兒圖畫書，那麼，在這時間上比柯門紐斯更早了一個世紀。可惜的是，此後再也無後繼者出現（何三本，1995：457）。

何氏此處的意見，自己表明是「據說」，故史實如何尚待考察。唯筆者目前搜集到一本《日記故事大全》，著作人標為：「明・張瑞圖校」，由臺北廣文書局於1981年12月出版發行。該書，凡七卷，共收390個小故事，但只有文字，且為文言文，並無插圖。筆者復查《明人傳記資料索引》，得張瑞圖之生平為：

> 張瑞圖（1576-1641）字長公，一字果亭，號二水，晉江人。
> 萬曆三十五年（1607）進士，以附魏忠賢仕至建極殿大學士。
> 善畫山水，尤工書，與刑侗、米萬鍾、董其昌齊名，時稱張
> 朱米董。後入逆案坐徒，贖為民。年七十二。有《白毫菴集》
> （中央圖書館，1987：543）。

若《日記故事》校輯者為這位明晚期儒者，則此書初版應非嘉靖年間，而是萬曆中後段時期，已在張居正卒後約 20 年以後了。

　　張居正是湖北江陵人，他於明世宗嘉靖二十六年（1547）登進士第，從此走上錦繡仕途。穆宗隆慶元年（1567），張居正晉禮部尚書兼武英殿大學士，參贊機務。隆慶四年（1570），張居正轉吏部尚書，奏上〈請皇太子出閣講學疏〉，請求讓不滿八歲的皇太子朱翊鈞（即六年後接帝位的明神宗）出閣接受教育。這一請求得到了穆宗皇帝的贊同；並任命張居正為老師，負責教育皇太子的重任。

　　張居正認為人生八歲，良心淳固，情竇未生，認知能力漸長，應適時接受啟蒙教育。他在〈請皇太子出閣講學疏〉云：

> 蓋人生八歲，則知識漸長，情竇漸開，養之以正，則日就規
> 矩；養之不正，則日就放逸，所至重也。……（皇太子八歲）
> 正聰初發之時，理欲互勝之際，必及時出閣，遴選孝友敦厚
> 之士，日進仁義道德之說，以開發其智識，以薰陶其德性（張
> 居正，1968：13）。

這就是說，早期教育對於開發智力、培養德性很重要。這個見解與現代教育心理學的學理是一致的。

　　依當代認知發展心理學家皮亞傑（J.Piaget, 1986-1980）的「認知發展理論」（cognitive-development theory），兒童在七歲至十一歲之間的認知發展階段是所謂的「具體運思期」（concrete operational stage），其特徵是兒童在面對問題時，能根據眼見的具體情境或熟悉的經驗，循邏輯法則進行推理思維，這同七歲以前幼兒不能從事邏輯思考是大不相同的。因此七、八歲應是正式教育的關鍵期（黃文樹，2002：123-124）。

　　神宗九歲時，張居正認為九歲兒童，要學習經史義理，光憑文字講誦是難以領會的。於是，他召集了翰林院講官，為神宗編纂了一部生動有趣的《歷代帝鑑圖說》作為教材。該書富贍直觀形象，共 117 個故事，且每一歷史故事多理趣並臻，頗能寓教於興味中。每一故事繪製一圖畫，共 117 個插圖，梨棗精工，很適合皇太子的學習心理。其特色為「假象於丹青」、「取明白易知」（張居正，1968：33-34）。當皇太子看到這本書時，「披圖而悅於目，味解而遜於心」，快活地跳了起來，忙讓張居正從旁指點講解。可見張居正的教學，善於適應學童學習心理，儘可能的將教材圖像化、白話化，使學習內容生動活潑，易學易懂，發揮了「直觀教學」的原理。

　　茲先以「任賢圖治」（見圖一）為例。古史記載，帝堯命羲仲居嵎夷，理東作；羲叔居南交，理南訛；和仲居昧谷，理西成；和叔居朔方，理朔易。堯又訪群臣，舉舜登位。

圖一　《歷代帝鑑圖說》〈任賢圖治〉

　　張居正據此史事，將堯舜事蹟繪製成「任賢圖治」，再以白話文字說明以後：

　　《唐史》，記帝堯在位，任用賢臣，與圖治理。那時賢臣有羲氏兄弟二人，和氏兄弟二人。帝堯著他四個人敬授人時，使羲仲居於東方嵎夷之地，管理春時耕作的事；使羲叔居於南方交趾之地，管理夏時變化的事；使和仲居於西方昧谷之地，管理秋時收成的事；使和叔居於北方幽都之地，管理冬時更易的事。……蓋天下可以一人主之，不可以一人治之。雖以帝堯之聖，後世莫及，然亦必待賢臣眾而後能成功。書曰：「股肱惟人，良臣為聖」，言股肱具而成人，良臣眾而後成聖，意亦謂此。其後帝舜為天子，也跟著帝堯行事，任用九官十二枚，天下太平……。所以古今稱堯舜垂衣裳而天下治，斯任賢圖治之效也（張居正，1997：310-311）。

　　我們知道，堯在位的時代被認為是中國古代的至治時代，他是個仁德君主，廣為任用賢臣，國家治理很有成效，頗得百姓愛戴，這正是歷代人民歌頌他的主要原因。還有，堯把天子之位讓給大家公認的賢人舜，讓賢者治國，公於天下而非私於天下，這在歷史上也傳為美談。堯舜之治，說明了「得民心者得天下」的王政之道。張居正利用「任賢圖治」描述堯舜事蹟，勉勵神明宗作聖君，是頗為適當的（黃文樹，2002：126）。

　　再以「屈尊勞將」（見圖二）為例。漢史記載，漢文帝時，匈奴屢犯邊境，朝廷命周亞夫屯兵細柳，以防備胡人。漢文帝親自前往勞軍，激勵士氣，過程雖頗受阻擋，但文帝不以為意，反而因此肯定周亞夫軍紀嚴整。張居正據此史事，將漢文帝勞軍細柳事蹟繪製成「屈尊勞將」圖，再以白話文字詳為說明。

圖二　《歷代帝鑑圖說》〈屈尊勞將〉

在「屈尊勞將」圖下，張居正直解道：

《西漢史》上，記文帝時，北虜匈奴入邊為寇。文帝拜劉禮、
徐厲、周亞夫三人俱為將軍，各領兵馬出京，分布防守。……
亞夫屯細柳。文帝親到各營，撫勞將士。初到霸上、棘門二
營，車駕徑入，沒些阻擋。末後往細柳營，導駕的前隊已到
營門，被軍士阻住不得入。與他說：「聖駕就到，可速開營
門。」那軍門對說：「我軍中，只知有將軍的號令，不知有
天子的詔旨。」少間，文帝的駕到了，還不開門。文帝乃使
人持節召亞夫·說：「朕要進營勞軍。」亞夫才傳令開營門
接駕。臨進門時，守門軍士又奏說：「將軍有令，軍中不許
馳驅走馬。」文帝乃按住車轡，徐徐而行。到中軍營，亞夫
出迎，手執著兵器，只鞠躬作揖，說道：「甲冑在身，不敢
拜跪。臣請以軍禮參見。」文帝聽說，悚然改容，俯身式車，
使人傳旨致謝亞夫，說皇帝敬勞將軍，成禮而去。文帝出營

門，歎美亞夫說道：「這才是個真將軍，洽才見霸上、棘門二營，那樣疏略，如兒戲一般，萬一有乘虛劫營之事，其將固可掩襲而擄也，至如亞夫這等紀律，可得而侵犯耶？」……觀周亞夫之紀律嚴明，誠然一時名將，然非文帝之聖明，重其權而優其禮，則亞夫將求免罪過之不暇，況望其能折衝而禦侮哉？後世人君御將，宜以文帝為法（張居正，1968：338-339）。

於此，張居正應用漢文帝勞軍細柳一段史事，為明神宗詳為解說重用武將的原理。

據張居正自己的說法，童年時期的神宗，「銳意學問，隆寒不輟。」（張居正，1968：285）這應是直觀教學的正向效應。

三、柯門紐斯

既是「幼教前驅」（朱敬先，2004：27），又是「圖畫書之父」（何三本，1995：455）的捷克人柯門紐斯（J.A.Comenius，1592-1670），其於 1658 年出版的《世界圖解》（Orbis sensualium Pictus，又名《世界圖繪》、《可感界圖示》），乃中外教育史上最富歷史地位與意義的帶插圖的啟蒙教育教科書。

《世界圖解》全書有 150 課，由 187 幅插圖及對插圖加以解說的簡易文字。這本書在柯門紐斯規劃的「母育學校」（Mother School，又名「母親學校」或「保母學校」，對象為六歲以下幼兒）中，是幼兒人手一本的圖畫書。依其觀點，在這種年齡進行教導的主要媒介應當是感官知覺，而視覺感官是其中最主要的一環，所以學校應提供世界中各種重要物件的圖像化教科書。諸如日月、星辰、雲氣、山岳、河谷、樹木、花草、鳥兒、魚兒、昆蟲、狗、馬、

牛、羊，各種年齡與行業的人，以及各式各樣日常生活的物件，例如房子、缸、盤、碗、碟、錘子、鉗子、鋸子之類等，皆應囊括在內，不宜摒落。換言之，這本圖畫化教科書，應朝百科全書的編輯方式呈現。

　　茲列舉《世界圖解》二例如下：

　　例一：第 24 課飛蟲

圖三　《世界圖解》第 24 課飛蟲

資料來源：楊漢麟、周采《外國幼兒教育史》頁 80

蜜蜂[1]造蜜，

蜂子[2]吃蜜。

黃蜂[3]和胡蜂[4]

蜂螫刺人；

牛虻[5]首先將牲畜騷擾；

蒼蠅[6]和蚊子[7]把我們攪亂；

蟋蟀[8]茲茲叫個不停；

蝴蝶[9]是長著翅膀的毛蟲；

甲殼蟲[10]身上包著硬殼；

螢火蟲[11]在夜裡閃閃發亮。

例二：第 75 課理髮店

The Barbers Shop.   LXXV.   Tonſtrina.

The Barber, 1.	Tonſor, 1.
in the Barbers-Shop, 2.	in Tonſtrina, 2.
cutteth off the Hair	tondet Crines
and the Beard	& Barbam
with a pair of Sizzars, 3.	Forcipe, 3.
or shaveth with a Razor,	vel radit Novaculd,
which he taketh out of his Caſe, 4.	quam è Theca, 4. depromit.
And he washeth one	Et lavat
over a Baſon, 5.	ſuper Pelvim, 5.
with Suds running	Lixivio defluente
out of a Laver, 6.	è Gutturnio, 6.
and also with Sope, 7.	ut & Sapone, 7.
and wipeth him	& tergit
with a Towel, 8.	Linteo, 8.
combeth him with a Comb, 9.	pectit Pecline, 9.
and curleth him	crifpat
with a Crisping Iron, 10.	Calamiſtro, 10.
Sometimes he cutteth a Vein	Interdum Venam fecat
with a Pen-knife, 11.	Scalpello, 11.
where the blood spirteth out, 12.	ubi Sanguis propullulat, 12.

圖四　《世界圖解》第 75 課理髮店（1727 年英文—拉丁文對照版本）

資料來源：楊漢麟、周采《外國幼兒教育史》頁 81

據柯氏的說法，《世界圖解》這樣的圖畫書有三宗功能：其一是它可以幫助世界事物在兒童心靈上留下一個印象；其二是它可以使兒童養成一種觀念，認為從書本上可以得到快樂；其三是它可以幫助幼兒學習閱讀，掌握語言文字。因為每個重要物件的名稱都標明在代表它的圖畫的上端，初步的閱讀就可以這樣去達到（柯門紐斯著，傅任敢譯，1990：232）。這些原則在該書可明顯得到印證。

柯門紐斯對於幼兒圖畫書的論點及其編著的《世界圖解》，在教育史的地位與貢獻是鉅大的。史家指出，幼教之父——福祿貝爾（F.W.A.Froebel, 1782-1852）學說的重要細節，差不多都是建立在柯門紐斯的基礎之上（克伯爾編，任寶祥、任鐘印譯，1991：395）。傑出的幼兒教育家蒙特梭利（D.M.Montessori, 1870-1952）在創立自己的理論時也明顯受到柯氏的影響（楊漢麟、周采，1998：82）。《世界圖解》自出版發行後，被迅速譯成歐洲各國的文字，流行達200多年之久，啟迪了一代又一代幼兒（楊漢麟、周采，1998：82）。完成《浮士德》、《少年維特的煩惱》等、馳名宇內的德國作家歌德（J.W.V.Coethe, 1749-1832），在其自傳裏稱《世界圖解》是他童年時代「唯一的一本書」（Robert Ulich, 1945: 196）。今天，兒童看圖識字的出版物已普及到千家萬戶，追本溯源，它們實濫觴於《世界圖解》（楊漢麟、周采，1998：83）。無怪乎教育史家譽稱柯門紐斯「在教育史上首屈一指的地位」（E.P.Cuberley, 1920: 415）。

四、康有為

康有為（1858-1927），廣東南海人，是清光緒年間進士，他依靠光緒皇帝，發動維新變法運動，訴求興學校、育人才、辦報刊、譯西書、立會社等，但受到慈禧太后的鎮壓，維新變法僅推行百日便結束。

　　1913年，康有為正式發表《大同書》，論述了其「大同思想」，包括破除家族制度、提倡男女平等和婦女解放、廢除私有財產、改革教育制度等主張。關於教育的立場，集中在該書「己部：去家界為天民」中的前六章，其中第三、四章對於幼兒圖畫書有所探討；此外，「辛部」的「第十三章學校」也略有涉及這方面的議題。

　　首先，康有為看重學校教育的功能和價值，視其為實現大同社會的理想的重要手段。他說：

> 太平世以開人智為主，最重學校。自慈幼院之教至小學、中學、大學，人人皆自幼而學，人人皆學至二十歲，人人皆無家累，人人皆無惡習，圖書器物既備，語言文字同一，日力既省，養生又備，道德一而教化同，其學人之進化過今日不止千萬倍矣（康有為，2002：37）。

強調每個人都接受自慈幼院（又稱懷幼院）到大學一貫的學校教育，認為這是實現「太平世」──即大同社會的條件。

　　《大同書》設計創立公養公教的學前教機構──育嬰院及慈幼院，前者收受斷乳嬰兒至二歲幼兒，後者則收受三至六歲的幼兒。如果不設立慈幼院，則總歸於育嬰院即可。對於育嬰院及慈幼院的教育實施，康有為有諸多要求，其中涉及幼兒圖畫書的部分。

　　其次，關於育嬰院、慈幼院的教育宗旨，康氏強調「務令養兒體，樂兒魂，開兒知識為主。」（康有為，2002：248）所謂「樂兒魂」，就是要使嬰幼兒的道德正常、心理健康、精神快樂（陳漢才，1996：264）。康有為規劃幼兒教育機構的教具設備，「凡弄兒之物，無不具備。」他說：

> 畫圖雛型之事物，皆用仁愛慈祥之事以養嬰兒之仁心。凡爭殺、偷盜、奸詐種種惡物，皆當摒除，無使入嬰兒心目中……

子能言時教以言，凡百物皆備，制離形或為圖畫，俾其知識日增（康有為，2002：248）。

這段規定，至少可得出兩項觀點：第一，康氏要求兒童閱讀的圖畫書，必須經過審慎選擇、製作，內容需符合「仁愛慈祥原則」，以涵養幼兒仁心；凡是負面的或反社會的教材，皆應排除於外。第二，康氏已經注意到透過幼兒樂於觀看圖畫形式之教材，對他們進行啟蒙教育，促進其認知發展。這些卓識，彌足珍貴。

五、魯迅

「橫眉冷對千夫指，俯首甘為孺子牛」的魯迅（1881-1936），原名周樹人，出生於浙江紹興。1909 年自日本留學返回中國，先後獲聘為杭州兩級師範學校教師、紹興師範學堂校長、教育部科長、北京大學教授、廈門大學教授、中山大學教授等。他的著述宏富，其中涉及兒童語文教育的不少。他關注兒童讀物、兒童圖畫書的發展，一方面批判傳統教育的童蒙課本，另一方面提出改進之道，觀點新穎，對二十世紀中國幼童語文教育注入生機與活力。

對於幼兒讀本，魯迅在〈我們怎樣教育兒童的〉一文，針對當時兒童教科書充斥前後矛盾、照搬古董的形式與內容，提出批判。他指出：村塾裏還有《三字經》和《百家姓》；有些人讀的是「天子重英豪，文章教爾曹，萬般皆下品，惟有讀書高」的《神童詩》；有些人讀的是「渾沌初開、乾坤始奠，輕清者上浮而為天，重濁者下凝而為地」的《幼學瓊林》等，教育兒童做古人的濫調。即便是新式教科書，「忽而這麼說，忽而那麼說」，以致「學校裏造就了許多矛盾衝突的人」（魯迅，2005a：271）。

　　在城市中，兒童讀物也進步不了多少。魯迅在〈《表》譯者的話〉說：

> 看現在新印出來的兒童書，依然是司馬溫公敲水缸，依然是岳武穆王脊梁上刺字；甚而至於「仙人下棋」，「山中方七日，世上已千年」；還有《龍文鞭影》裏的故事的白話譯。這些故事的出世的時候，豈但兒童們的父母還沒出世呢，連高祖父母也沒有出世，那麼，「有益」和「有味」之處，也就可想而知了（魯迅，2005C：437）。

這些兒童教材，顯然與幼兒生活經驗是脫離了，與幼兒學習需要是背道而馳了，但大人們並未發現問題。魯迅上面的檢討與評騭是相當中肯的。

　　兒童讀物應如何改善？魯迅有他的卓見。首先，他認為兒童讀物要適應兒童的心理特點，以淺顯易懂、生動有趣為原則。他在〈看圖識字〉一文中說：

> 孩子在他的世界裏，是好像魚之在水，游泳自如，忘其所以的。……孩子是可以敬服的，他常常想到星月以上的境界，想到地面下的情形，想到花卉的用處，想到昆蟲的言語；他想飛上天空，他想潛入蟻穴……所以給兒童看的圖書就必須十分慎重，做起來也十分煩難。……倘不是對於上至宇宙之大，下至蒼蠅之微，都有些切實的知識的畫家，決難勝任的（魯迅，2005b：36-37）。

在這裏，魯迅提到幼兒想像力豐富，好奇心強等特質，同時他強調成人為兒童編著讀物時應慎重其事；兒童讀物中之圖畫，有必要委請對宇宙內各種事物皆有切實知識的畫家執筆繪畫，力求精緻、活潑、優美為宜。

　　其次，他認為兒童讀物要用幼兒的語言來寫。他在〈人生識字胡塗始〉一文中表示：

> 作者先把似識非識的字放棄，從活人的嘴上，採取有生命的詞彙，搬到紙上來；也就是學學孩子，只說些自己的確能懂的話（魯迅，2005b：306-307）。

依其觀點，兒童讀物應避免難字和生僻字，而採用幼兒明白易懂的文字來表達，使他們易於吸收、理解。

　　再者，魯迅認為兒童讀物要圖文並茂，且圖畫需清楚、真切。他在〈致孟十還〉書信中提到：

> 歡迎插畫是一向如此的，記得在十九世紀末，繪圖的《聊齋誌異》出版，許多人都買來看，非常高興的。而且有些孩子，還因為圖畫，才去看文章，所以我以為插畫不但有趣，且亦有益（魯迅，2005d：464）。

有一回投稿者孟十還寄作品給魯迅審查，因插畫不理想，魯迅給孟氏退件信道：「插畫二幅，底子已不太清楚，重做起來就更不清楚了，只好不用，今寄回。」（魯迅，2005d：236）這可見魯迅對兒童讀物中圖畫的要求是一點都不含混。

　　此外，魯迅尚提到「連環圖畫」的吸引力，他在〈連環圖畫瑣談〉一文認為，在書中繪圖，可「誘引未讀者的購讀，增加閱讀者的興趣和理解。」「借圖畫以啟蒙」，用圖畫可濟文字之窮；「連環圖畫」實在是一種啟蒙的利器（魯迅，2005b：28）。

　　魯迅另在〈「連環圖畫」辯護〉一文中，甚至呼籲給兒童創行一種用「電影」的方式實施教學。他說：「用活動電影來教學生，一定比教員的講義好，將來恐怕要變成這樣的。」（魯迅，2005e：

457）為此，他鼓勵藝術學校青年努力創作連環圖畫，因為「連環圖畫不但可以成為藝術，並且已經坐在『藝術之官』的裏面了。」（魯迅，2005e：460）

六、結語

綜上可知，自大約 440 年前起，就有教育思想家為教育年紀小的學生，而編製適應受教者心理與認知發展特徵的有插圖的教科書，並提出在這方面的教育觀點。上面所舉述的張居正、柯門紐斯即其中佼佼者。另外，康有為、魯迅雖未實際編著幼教圖畫書，但也先後提出這方面許多寶貴的教育論述，閃爍著智慧的光芒。

張居正提倡早期教育，對學童學習心理有一定的掌握，其《歷代帝鑑圖說》的教育對象是九歲的皇太子，為了讓未來的皇帝認識與瞭解歷代賢能帝王的寶貴經驗，他一方面將教材圖像化，一方面將經史白話化，使教學內容「悅目」、淺明易懂，取得良好效果。柯門紐斯的《世界圖解》，則面向社會上六歲以下的學童，提供百科全書式的廣泛的基礎知識為目的。柯氏揭櫫幼兒圖畫書具有三大教育功能，是實施幼教不可或缺的教材。此一觀點，奠定了幼兒圖畫書在教育上的地位和價值。

熱衷於政治改革的康有為，對教育文化工作，也賦予極大的關切。他在《大同書》裏不僅提出完整的學校教育系統與制度，同時對於各級學校課程與教材有所著墨。他強調二至六歲幼兒的教育，在開發其知識的過程中務須「樂而魂」。學前教育機構，應先充分準備「弄兒之物」──即教具，應該要有豐富的正向、積極、足以培養幼兒「仁心」的圖畫書。學術活動時代稍晚於康有為的魯迅，也有諸多新穎議論，他除了大力批評傳統幼兒讀物之外，更建設性

的提出改進辦法。魯迅呼籲要根據幼童心理來編寫、設計兒童讀物，聘請夠格的畫家來為兒童讀物畫插圖或創作精美繪本。此外，兒童讀物應力求兒語化，需圖文並茂，寧缺勿濫。「連環圖畫」、「活動電影」之用於幼教，也在他的論述中首先出現。

　　從教育再度盱衡，張居正、柯門紐斯、康有為、魯迅等人，在他們的時代，能夠有上述對於幼兒教育、幼兒圖畫書方面的理念論述和具體的編著成果，確實可貴可敬，說他們是幼兒圖畫書教育的領航者兼貢獻者，應不為過。

參考書目

中文文獻

中央圖書館編（1987）。明人傳記資料索引。臺北：中華。

司琦（1993）。兒童讀物研究。臺北：台灣商務。

朱敬先（2004）。幼兒教育。臺北：五南。

何三本（1995）。幼兒故事書。臺北：五南。

克伯爾編，任寶祥、任鏡印譯（1991）。《外國教育史料》。武漢：華中師大。

柯門紐斯著，傅任敢譯。大教學論。臺北：五南。

康有為（2002）。大同書。北京：華夏。

張居正（1997）。歷代帝鑑圖說。臺南：莊嚴文化。

張居正（1967）。張文忠公全集。臺北：商務。

張瑞圖（1981）。日記故事大全。臺北：廣文。

陳漢才（1996）。中國古代幼兒教育史。廣州：廣東高等教育。

黃文樹（2002）。張居正的教學思想與教育改革。臺北：秀威。

黃文樹（2009）。幼稚園創新教學理念與實務。臺北：秀威。

楊漢麟、周采（1998）。外國幼兒教育史。南寧：廣西教育。

魯迅（2005a）。魯迅全集（第五卷）。北京：人民文學。

魯迅（2005b）。魯迅全集（第六卷）。北京：人民文學。

魯迅（2005c）。魯迅全集（第十卷）。北京：人民文學。
魯迅（2005d）。魯迅全集（第十三卷）。北京：人民文學。
魯迅（2005e）。魯迅全集（第四卷）。北京：人民文學。

英文文獻

E.P.Cuberley（1920）. The History of Education。Houghton Mifflin Company，New York.
Robert Ulich（1945）. History of Education Thought。Americen Book Company，New York.

繪本及其在教學研究上的探討

蔡銘津

樹德科技大學師資培育中心暨應用外語系教授

摘要

　　繪本有擴展幼兒生活經驗，增進認知與學習的效果，除提供幼兒語文學習，並培養美感與欣賞的價值，進而發展情感與同理心的價值觀。亦即，以繪本做為幼兒課程活動設計有其功能與優勢，其在幼兒教育的應用上自有其重要性與適切性。

　　本文首先釐清繪本的定義，繼而探討繪本的內涵，深究繪本的特質，並瞭解繪本的功能，剖析繪本教學在幼兒教育上之價值，同時比較近年幼兒教育在繪本教學的相關研究，歸納出研究的結果、趨勢與方向，最後提出進一步研究的建議與參考。

關鍵字：繪本、圖畫書

一、前言

　　書本對幼兒的作用就如同鏡子，在閱讀圖書的過程中，反映他們在週遭環境中，所呈現的外貌、人際關係、感覺，以及思考。而繪本，亦即圖畫書就如同一扇開向世界的窗，邀請幼兒拓展豐富的

生活經驗，透過圖畫內容身歷其境，在自身之外找到興趣（鄭瑞菁，1999）。

二、繪本的定義

「繪本」一詞源自於日本，也稱為圖畫書或故事書，英文為「picture books」（林敏宜，2000；蘇振明，1987）。Glazer（1991）認為繪本是圖畫和敘述性故事的結合，此兩者融合成一完整的作品。日本松居直先生指出文字＋圖畫＝帶插圖的書，文字　×　圖畫＝圖畫書的說法，（引自林真美，1999），區分了插畫與圖畫的不同功能性，也說明了圖畫與文字的關係。國外兒童文學教科書的作者 Donna Norton 更有效的區辨插畫書（illustrated book）和繪本（picture book）的特性，他認為大部分的童書都有插畫，但不是所有有插的童書都是繪本，因為在繪本作品中，需提供圖畫與正文之間的一種平衡，缺一不可（引自葉嘉青譯，2008）。針對圖文對應的論述，Linder（2007）指出「繪本」是由文字與圖畫相輔相成來述說故事或呈現內容，透過作者之文字與繪者之圖畫的交互作用，才能產生書本完整的意義。

因此，「繪本」顧名思義是一種以圖畫為主，文字為輔，甚至完全沒有文字、全是圖畫的書籍，因此文字不僅要淺顯易懂，具有口語感及韻律感，還要符合幼兒的發展與興趣，通常以幼兒有興趣且關心的事物為題材。插畫上考慮孩子視覺心理的適當表現，運用趣味、動態、具體、鮮明的造型特質來吸引孩子的興趣與注意力（林敏宜，2000）。

學者們（李連珠，1991；何三本，1996；洪慧芬，1996；鄭瑞菁，1999；蘇振明，2002；吳淑惠，2010）分別對繪本做出了定義：

學者	年代	繪本之定義
李連珠	1991	認為繪本是指有圖畫、包含簡單的主題、簡短情節內容的故事書。
何三本	1996	以文字和圖畫的關係來看，若圖畫僅是文字敘述所附帶插畫性質，那只能說是一本帶插畫的書，而稱不上是一本圖畫書。真正的圖畫書，是文字和圖畫彼此之間是統合完整的、互補的。
洪慧芬	1996	認為繪本是以圖畫為主、文字為輔的故事書，其中圖畫扮演了統整故事脈絡發展的角色，使得故事更為持續、完整與豐富。
鄭瑞菁	1999	並非所有有插畫的童書都可以稱為是繪本，當中圖畫和文字要以能傳遞知識且要能透過視覺來影響孩子才可稱之為繪本。
劉鳳芯	2000	認為繪本是同時運用圖畫和文字來表現主題的文學形式，作品的意義需要圖畫與文字兩種符號系統間的相互補充，融合交織而成，就像是圖畫語言和文字語言合奏而成的樂章。
蘇振明	2002	認為圖畫書可簡略歸納成兩種說法：（一）廣義的圖畫書－有圖畫的書，凡以圖畫為主體，用來說明或介紹某種事物的書，皆可視為圖畫書。（二）狹義的圖畫書-給兒童看的畫本，指的是專為兒童閱讀設計精美畫本，這種圖畫書裡頭，每一頁或每一版本，以大幅的圖畫和一些簡單的文字相互配合，以便引發兒童觀賞的樂趣。
Nodelman	1988	圖畫書是透過一系列的圖畫與少許相關文字或者完全沒有文字的結合，來傳遞訊息或說故事。
Kiefer	1982	認為「繪本」是一種藝術品，它藉著連續數頁來傳達訊息，這個訊息可以完全的以圖畫來呈現，也可以透過文字與圖畫兩者聯合來表達。
Glazer	1991	說明繪本是以故事為主軸，串聯所有畫面，具有情節，有開始有結局，有因有果，有時間，有過程的故事書。也就是說，繪本中的圖畫與文字互相融合、協調，共同表現一個主題，創造一個世界（黃雲生，1999）。
Huck 等人	1993	從藝術的角度解釋，他指出繪本透過文學藝術與插畫藝術兩種媒介傳遞訊息，共同承擔敘事的責任。

綜合國內外學者對繪本的定義，繪本是以圖畫形式呈現的書籍，主要以豐富的視覺訊息表現故事內涵的文學作品，可以說是一種圖像和文學語言結合的綜合藝術。

三、繪本的內涵

由上表學者對於繪本的定義，可以看出其共通性都是強調繪本中圖畫與文字之關聯性，並且必須是經由圖畫去彌補文字中的不足，圖畫在圖畫書是相當重要的，不僅要能明確表達主題，甚至有時能取代文字的表達。讓孩子經由繪本的講述與視覺的刺激去豐富其自身以外的生活經驗（蕭麗鳳，2008）。

林良（1996）對好的繪本最基本的看法是，文字和圖畫必須一唱一和，可見圖文需搭配得宜。而 Huck（1979）指出一聽完故事內容並看插畫之後，孩子可否只看圖畫，就可講述故事內容？如果可以，那它就是一本繪本了。因此，繪本中圖畫所呈現的訊息，不是陪襯的輔助角色功能，而是主導故事發展脈絡的關鍵，換言之，圖畫所表現的藝術性與結構性是評價繪本良窳的重要指標。

Huck 等人（1993）認為繪本裡的插畫要能描繪每一頁畫面不同的事物，並且精確的表達文本的意思。Sutherland 和 Arbuthnot（1977）提出相似的觀點，他們認為在繪本中插圖與文字同等重要，甚至比文字更重要，故事對孩子的影響不僅是聽覺，也是視覺，有些具有影響力的繪本是完全沒有文字的。曹俊彥（1998）認為，圖畫書中的圖畫比文字的敘述更為具體，使學生有身歷其境的感受，也就是圖畫也必須有說故事的功能。李連珠（1991）也呼應繪本中的圖畫可以獨立存在，它有時能超越文字，成為書本的主題，有時圖與文字具同等地位。

　　由上述學者論述可知，繪本最大的特色於它的「圖畫角色」，它可說是一種以圖畫為主，文字為輔的書籍，其中包含了完全沒有文字、全是圖畫的部分，是一種「畫出來」並以圖畫說故事的兒童書（林敏宜，2000；Glazer, 1991）。由此可知，圖畫呈現的必要性是構成繪本的重要因素。

　　就年齡層次而言，鄭麗文（1999）認為不同於傳統的書籍，繪本的閱讀對象包括了學前至小學二年級學齡兒童的讀物。然而邱琡雅（1996）卻以為圖畫書是一種以優美的、富創意的圖畫搭配淺顯易懂之文字為主體的兒童讀物，亦是一種以圖畫符號來傳達思想、知識、文化、習俗、好玩的書，因而有三歲到一百歲的人都愛看的書；可見繪本的通俗與魅力影響之大。從上述歸納整理，繪本的意義價值是以透過文字與圖畫的組合呈現來詮釋其內涵，賞讀的年齡可說是老少咸宜。

四、繪本的特質

　　繪本是一種視覺的藝術形式，是兒童對文學、藝術及語言的最初體驗（郭麗玲，1991）。透過美妙的繪本牽引，小朋友可以進入一個新世界，擴大他的生活知覺領域（徐素霞，2002）。Huck & Hickman 進一步指出，圖畫書最高的價值呈現，在於透過圖畫和文字所傳達的意念符號來產生藝術經驗，而這樣的藝術經驗活生生的為讀者重建、延伸過去的經驗，並創造一個全新的經驗與感受（引自郭恩惠，1999），也就是繪本所傳達的內容是以貼近的舊經驗為基礎，讓讀者能感同身受，再與新的訊息交互作用而建構出新的感受。因此徐素霞（2002）認為好的圖畫書需具有兒童發展性、想像創造性、傳達教育性與藝術表現性的特點。

國外 Sutherland（1997）指出幼兒繪本應具有以下五項特徵：

（一）繪本將故事的台詞以一種簡潔和直接的方式呈現。

（二）包含了有限的概念。

（三）包含了孩子所能理解的概念。

（四）所提供的正文是以一種直接、簡單的風格書寫而成。

（五）所提供的插畫與正文互補。

國內學者張湘君（1994）認為，適合兒童閱讀的繪本，具有以下的特質：

（一）趣味性：凡能引發孩子好奇、驚訝和同情心的讀物，都可說是具備了趣味性的條件，這個特點會使孩子們樂意和書做朋友。

（二）兒童性：在心理和語文層面上，符合兒童的年齡發展情況，才能算是好的兒童讀物。

（三）教育性：好的兒童圖書都儘可能不違背教育原則，但教育並不意味著教訓孩子，而是用迂迴、隱藏的手法，將正確觀念傳送到讀者內心。

（四）文學性：好的兒童讀物也需要注意文章的結構、用字遣詞與教導孩子審美的藝術。

而林敏宜（2000）也提到圖畫書的特質應包含下列五項：

（一）兒童性：兒童性是指圖畫書必須專為三到八歲的孩子所設計，在文字方面，必須淺顯易懂，具有口語感與韻律感，並符合孩子的發展與興趣，以適合孩子的理解程度。

（二）藝術性：圖畫書的藝術性乃經由文字與插畫兩者來表現，在文字方面，有作者所欲傳達的意義，應重視文字表現的技巧，以想像、譬喻、描繪、敘述等方式，利用優美而適合孩子程度的文字、語言進行創作；在插畫方

面，應考慮孩子視覺心理的適應，運用創意的構想、趣
味的情境、新穎的技法、和諧的版面、美感的造型、獨
特的風格等要素，以吸引他們的興趣及注意力。

（三）教育性：教育性是指兒童藉由閱讀圖畫書而使其個人在
認知方面，獲得豐富的知識，增進生活的閱歷；在人格
方面，得人生意義與方向的啟迪，學會自我接納、自我
認同及自我實現；在道德方面，涵養心性、陶冶氣質、
學習善惡的判斷及培養正義感與同情心；在生活方面，
培養良好的生活習慣及正當的生活態度。

（四）傳達性：在圖文並茂的圖畫書中，透過文字的解說敘
述，再配合圖像的描繪，使其整體感、連續性、節奏感
與動態感得以產生，達到傳達的功效。

（五）趣味性：圖畫書的趣味性展現在文字間的幽默感、插畫
的遊戲性、音樂性，以及整體的設計與安排。大多數孩
子的注意力短暫，因此內容必須講求趣味性，使孩子有
參與感，得到互動的樂趣。

　　綜合上述繪本的特質發現，適合幼兒的繪本應以發展能力為考
量，其圖畫所表現的視覺藝術，要先能吸引幼兒專注的目光及勾起
幼兒一探究竟的好奇心；文字所表現的內涵，以言簡意賅的呈現方
式，傳遞出畫面與情境蘊含的深層意義。倘若繪本是一座文學殿
堂，圖畫所代表的就是進入殿堂的門檻，牽引幼兒心領神會文字與
圖畫結合所傳遞的文學之美；換言之，幼兒繪本的特質應先以博得
幼兒視覺的注意，才能從中體驗繪本的美好與感受。此外，繪本不
僅是畫面表現的訊息回饋，也蘊藏心智的內涵與省思（吳淑惠，
2010）。

五、繪本的功能

　　繪本獨特的兒童文學特質，擁有牽動幼兒想窺視其內涵的獨特魅力。Diana Mitchell 認為「繪本」這個名詞使人聯想到有亮麗的色彩、美麗插圖的書本，以致令人忍不住想閱讀……（引自葉嘉青譯，2008）。文學的世界相當豐富多元，國外諸多學者（Baker, & Greene, 1987; Berman, 2001; Bettelheim, 1976; Neuman, Copple, & Bredekamp, 2000）認為繪本對零至八歲的幼兒能達到以下的功能：

（一）經由廣泛的故事分享經驗，刺激孩子的想像力。

（二）增加孩子對其他時代、文化和地方的真實知識與了解。

（三）將孩子與他們的文化遺產做連結，教導他們懂得欣賞其他文化的遺產。

（四）教導孩子更多敘事性故事的結構，像是情節的先後順序、故事中的慣用語言，以及角色的發展等。

（五）尊重個人和文化在會話型態方面的差異。

（六）延伸並豐富孩子的聲音、姿態和字彙，提供孩子良好的口語示範。

（七）幫助孩子學習如何透過語言和姿態吸引聽眾。

（八）鼓勵孩子去傾聽，集中注意力，並且領會將事件高度組織化的材料——繪本。

（九）以一種不具威脅的方式質疑、假設和介紹新點子給孩子。

（十）發展孩子的思考技巧、問題解決策略，還有對因果關係、比較與對比，以及相似性的了解。

（十一）助長和鼓勵幽默感，並且讓孩子感到愉快，這樣可以
讓孩子習於將故事與愉悅的感覺聯想在一起。

（十二）增加孩子對於文學和不同文學的喜好。

（十三）提升孩子在社會和民族方面的發展。

（十四）孩子學習使用語言與人分享和詮譯故事，並建立自信
和自尊。

林訓民（1992）指出圖畫書有三 H 的功能，所謂三 H 是指 Head
（想像、思考）、Hand（觸覺、動作）、Heart（心靈、感動）。其具
備的功能以彙整諸位學者（祝士媛，1989；陳娟娟，1997；陳珮琦，
2000；張清榮，1991；鍾玉鳳，1996）的立論分述如下（吳淑惠，
2010）：

（一）娛樂功能

能使兒童化身成故事中的不同角色，神遊其間，充實其心靈生
活，加上其版面新穎精美，能取代傳統課本的呆板與枯燥，使讀者
充分享受閱讀樂趣並提高學習動機。

（二）知識功能

指的是語文、自然科學、社會科學等天文、人際方面知識的成
長，而最終的目的是為了成為十全十美的個體而預作準備。藉由圖
畫和文字協助，可訓練兒童推理、聯想、理解及組織能力。同時因
為兒童讀物能把多種不同時空的事物，濃縮在一本書或一個畫面
中，故可幫助兒童在短時間內習得一些基礎概念，做為日後學習的
起點。

（三）想像功能

想像、幻想是創造力的來源，每個故事都具有某種程度的想像性，使得愛聽、愛看故事的孩子思路靈活、自由奔放，尤其是在遇到挫折或情緒困擾時，能夠扭轉自己的想法，積極樂觀。透過想像可以在心中勾勒出一幅設計的藍圖，使得文學、音樂、藝術家完成作品，科學家發明新事物。因此，以童話或幻想為題材的兒童讀物，除了可以促進兒童的想像力及創造力，更可激發其解決問題、創造發明的潛能。

（四）品德敦化功能

品德是立身之本，兒童具有良好的品德，便能表現良好的行為。透過兒童讀物的陶冶，能將優良德行與遠大理想，於無形中引納至兒童的潛意識之下，習而化焉。同時，文學作品也可以增強幼兒的道德感。優良的兒童讀物能透過生動形象的人物和情節，巧妙地讓兒童掌握道德的標準，把他們學到的好品德，付諸於行動中。

（五）社會化功能

從兒童文學的社會功能層次分析，社會化是兒童心態和人格成長的最重要的功能，亦即是一種兒童由「自然人」發展為「社會人」的過程，透過兒童文學內容逐漸形成兒童與人相處，與社會互動的價值體系和行為模式。一個好的作者可將讀者帶到不同的空間、時間，不僅可以使讀者經歷不同的人生經驗，也可以讓讀者站在別人的情境中，體驗別人的感受。因此，在兒童由「自然人」發展到「社會人」的社會化過程中，兒童讀物是重要的媒介之一。

黃迺毓等（1994）所陳述的童書，本研究則以繪本一詞替代，她認為繪本具有以下功能：

（一）提供孩子豐富的知識，不但使孩子認識周遭熟悉的事物，甚至可以擴展到他的生活經驗以外。

（二）可以讓孩子認識字，文字是一種符號，孩子一開始看到字時，只是將它當做是一個符號，但看熟了，加上旁人的引導，逐漸知道字的意義而吸引他去讀。

（三）培養孩子欣賞美的能力，繪本多半印刷精美，五彩繽紛，頗得孩子喜愛，有的圖畫書幾乎稱得上藝術品，是視覺上極大的享受。

（四）可以培養品格。繪本可以告訴孩子什麼是別人認為對的、好的，但品格教育光靠書是不夠，能落實在生活教育才重要。

（五）能抒解情緒，孩子從情節的發展中找到認同，並能面對情緒帶來的某些干擾。

（六）可以帶來趣味性。

綜合上述，繪本的功能，針對不同年齡層的發展有其的不同程度的功能意義，對幼兒而言，繪本不僅具有促進認知能力、增進社會技巧、建立自我概念、陶冶品格及抒發情緒上的功能，對於不同社會文化的尊重也在繪本中萌芽，此趨勢意謂繪本無國界。黃迺毓等（1994）認為繪本的許多功能雖然都可以以其他事物取代，但它最能幫助孩子統整生活經驗及滿足發展需求，它是唯一具備上述各樣功能的。

六、繪本教學在幼兒教育上之價值

在我國教育部所頒布的「幼稚園課程標準」中，將幼稚園語文的學習範圍分成故事歌謠、說話及閱讀三方面。其中故事是師

生互動強而有利的教學媒介（邱愛貞，2004）。國外學者 Eldredge and Butterfield（1986）研究證明，以文學為基礎的課程，有高度引起動機和改進學習的效果。國內學者黃迺毓（1995）提到圖畫書能促進孩子的生理發展，讓孩子學習、表達各種情緒並可給予孩子廣大的思考空間；透過圖畫書能增進人際關係的學習，閱讀的過程能領受語言的美妙；經由故事情境可培養積極樂觀的自我概念。

　　近年來的語文教學活動或統整課程，開始嘗試以文學作為課程設計的依據，鼓勵幼兒利用討論、戲劇、圖畫的呈現、以及複述故事等方式，對文學充分回應，鼓勵幼兒教師以文學讀物，統整幼教課程領域的活動（谷瑞勉，2001）。蔡子瑜（2000）研究指出，故事討論不僅在幼兒語言表達能力和分享概念層次上有顯著的提升，在道德推理與解決衝突能力上有明顯的進步，同時受到老師故事內容引導的影響，幼兒能提出較多自己的看法和同理故事主角的感受，在故事結束的訪談中，能提出較多非暴力性、和平解決衝突的的方法。另外，兒童繪本特別重視表現的技巧，不直接做的教訓，深入淺出事件的真實，讓幼兒有所感覺，有所領悟，因此它能讓幼兒在不知不覺的淺移默化、陶冶融鑄當中，培養出良好的品格（陳美姿，2000）。因此，繪本教學在現今幼兒教育階段更具有舉足輕重的角色。

　　總而言之，繪本所涉及的主題包羅萬象，從自我成長、人際關係、大環境的認識，可說是題材廣泛，應有盡有，由於內容豐富，對閱讀的學童有不可抹煞的價值。

　　林敏宜（2000）對圖畫書的價值提出了以下六點：

（一）增進認知學習

　　圖畫書的內容包羅萬象，舉凡天文、地理、歷史與人文社會等種種常識皆有所描述，對閱歷不多、經驗有限的孩子而言，他猶如百科全書般，提供各種觀察性、思考性與感受性的認知學習經驗。

（二）增進語言學習

　　透過圖畫故事的朗讀，不僅讓孩子中體會語言之美，更能豐富語彙。一旦孩子享受到圖畫書的樂趣，必然會不斷地問問題，不斷的表達自己的想法，此時家長或老師以感情洋溢的豐富語言回應，無形促進孩子溝通與表達能力的發展。

（三）提供生活的經驗

　　孩子的生活經驗大都侷限在周遭家人與朋友關係，然而圖畫故事書的內容可以使孩子從中體驗到不同的生活方式、不同的人事物，甚至是人性百態。許多無法直接接觸的生活經驗，透過圖畫書的媒介，間接的讓孩子了解與體會，無形中開拓了視野，豐富生活經驗。

　　國外學者 Korgh & Lamme（1985）在研究中指出，透過故事中的主角，可以教導兒童與人分享及促進兒童的社會化，而且故事本身經常蘊含社會的價值觀、道德分析、生活規範及一些日常知識（引自陳美姿，2000）。

（四）涵養美學

　　優美的圖畫書大都具備簡淺的文字、調和的色彩和精美的印刷，他可以說是一種陶冶孩子心性、創造視覺效果的藝術品。

（五）增進閱讀興趣

圖畫書需要家長或老師時常浪讀給孩子聽。在這一段共讀的時光裡，會透露出語言、情感與思想，毫不保留地傳遞給孩子。孩子無形中體現閱讀的樂趣。

（六）培養創造想像能力

圖畫書的文字簡明，而插圖細膩，因此孩子的想像力與創造力得以自由發揮，並進而產生學習遷移的效果，奠定日後探索思考、解決問題的基礎。

繪本教學是指運用繪本圖文並茂的特性，透過圖畫來敘述故事，讓幼兒從圖畫及文字中了解一本圖畫的內容（邱翠珊，2004；陳海泓，1997）。從上述繪本的特質與功能歸納彙整，繪本是啟迪兒童思想，增進兒童的視覺知覺、認知發展以及思考能力的媒介（陳海泓，2001）；是一種支持孩子發展的主要資源，孩子與繪本間的互動具有相當的功效，是優先也是最重要的考量，且符合發展適當性和功效性的標準（Bredekamp & Copple, 1997）；學者鄭明進（1989）指出繪本能運用簡單具體的圖畫及文字來表達日常生活中複雜的事物及形象，並突出他們的特徵和產生過程，兒童容易從繪本中學習並瞭解真義。它不但圖文並茂且主題廣泛，若適當的使用，可在兒童的情意、社會、認知和語文學習上產生許多正面的影響（李連珠，1991）。再者，繪本雖然內容簡短，卻又能提供永無止盡的新奇觀念，引發兒童思考，激發兒童的想像力（陳海泓，1997）。因此，Huck, Hepler 和 Hickman（1993）認為圖畫書最高的價值呈現，乃在於以圖畫和文字所傳達的意念符號，產生藝術經驗。

　　林良（1986）提出繪本有四大價值：1.由於繪本是兒童認知過程中所接觸到的第一種文字，因此透過繪本可以擴展視野和認知範圍；2.幫助孩子吸收知識；3.幫助孩子學習語言；4.使孩子享受閱讀的樂趣。

　　林敏宜（2000）認為繪本的價值在於：1.增長兒童的認知學習；2.增進兒童的語言能力；3.提供兒童生活的體驗；4.涵養兒童的美學基礎；5.增進兒童閱讀的樂趣；6.培養孩子創造想像的能力。

　　劉美玲（2002）在繪本教學研究中，提出繪本在教學上的重要性：1.孩子喜歡圖畫，圖畫可以吸引孩子的注意；2.繪本可以提供認知和想像的素材；3.故事是一種記憶結構，使新、舊經驗易於連結，產生學習；4.故事可以幫助學生理解概念。

　　方素珍等（1997）認為好的圖畫書具有以下教學功能：1.擴大生活領域、豐富學習經驗；2.促進人格之成長；3.提供美感教育；4.增進語文的能力；5.促進認知的發展；6.培養學習的基本能力。

　　綜合上述發現，繪本的教育價值涵蓋多元且廣泛，對於發展還在起步階段的幼兒而言，繪本是最好的啟蒙讀本，選擇適當的圖畫書為媒介進行繪本教學，尤其在是幼兒時期扮演著傳遞教育訊息的最重要角色。

七、繪本教學在幼兒教育上之相關研究

　　繪本教學在教育上的使用已經被眾多學者肯定，適用範圍甚廣，以下僅針對以學齡前階段幼兒為對象之繪本教學之相關研究進行統整與分析如下：

（一）一般性研究

作者	篇名	研究方法	研究結果
陳美姿 （2000）	以兒童繪本進行幼兒情感教育之行動研究	行動研究	以 Hendirck 的理論架構所訂定的情感教育課程，內容包括「自我情緒」與「社會能力」兩大領域，其中包含了十六項能力。幼兒在自我情緒的七項能力上，除了「克服困難」與「表達內心感受」兩項能力外，其餘五項能力表現，頗令人滿意。
林宛霖 （2002）	台北市幼兒對圖畫書及電子童書之調查與反應研究	問卷調查 觀察訪談	研究結果發現 99.6%的幼兒家中擁有圖畫書，以故事類最多，多數幼兒進入幼兒園之前就已經接觸圖畫書；幼兒觀看電子童書後，再度閱讀同樣版本的圖畫書，出現口語反應類型有重述故事、模仿影片中的聲音、表達自己的喜好、比較電子童書與圖畫書的差異、與自己的生活經驗連結以及有關故事的問題。
朱伶莉 （2004）	幼兒對圖畫書回應行為之探究	質性研究	幼兒對於圖畫書中的情節、書中的角色、圖畫等，皆有不同的回應，在討論中將生活經驗和故事情節相結合並表達出來，有助於幼兒生活經驗的統整與回顧。
高玉鈴 （2004）	我是這樣說故事的——二位幼稚園大班女生看圖畫書說故事	質性研究	幼兒在說故事時，容易接受好朋友所提供的意見，而幼兒除了被動接受訊息之外，有時遇到問題時也會積極主動地以提問的方式尋求協助。不同的故事閱讀經驗也能幫助幼兒瞭解不同形式的文本，當幼兒敘述故事時能覺察到故事基模，以及由圖文線索與個人相關知識中找到合適的基模概念，都能幫助幼兒進行故事敘述。
邱愛貞 （2004）	以兒童繪本增進幼兒友誼互動之研究	質性研究	友誼繪本能有效促進幼兒友誼互動關係。而繪本課程對積極想要建立友誼的幼兒成效最大。

蘇黃美菊（2004）	生命教育圖畫書教學之行動研究-以幼稚園大班為例	行動研究	關於生命教育教學活動對幼兒的影響有兩個向度。1.自我向度：知道自己的優點、肯定自己的能力、對自己更有信心；2.人我向度：尊重、關懷、接納漸漸在互動中出現。並在實際觀察中，發現幼兒仍有爭吵的現象，但比較會用口語溝通的方式解決，降低了許多人際衝突的問題。
張秀娟（2004）	圖畫書導賞教學對幼兒創造力影響之研究	實驗研究	研究顯示圖畫書導賞教學能增進幼兒創造力之獨創力。
陳秀梅（2005）	幼教工作者以繪本進行幼兒生命教育行動研究之省思	行動研究	身教與境教是生命教育的關鍵。透過故事賞析、討論與多元的體驗活動，孩子在分享、關懷、感恩的生命態度與行為確實有正向的改變與成長。幼兒生命教育是全人、生活的教育，因此，應以孩子為主體性，建立其正向的信念及價值觀，以便在面對問題時能智慧判斷、理性抉擇。
張淑松（2005）	幼兒口中的無字圖畫書	質性研究	由幼兒的敘事內容可以發現，幼兒並不那麼在意場景與時間是否出現在故事中，但是對於人物角色的描述，則一定會在幼兒的敘事中出現。幼兒不見得完全受到圖片的限制來建構意義，但卻能依據前後的情節，發展出合理而連貫的故事串連。
王怡雯（2005）	以繪本開啓閱讀的窗：探索語言表現低落幼兒讀寫萌發歷程	質性研究	研究結果顯示，繪本介入提升了三位語言表現低落幼兒在閱讀態度、圖書概念、文字概念上之表現；繪本的介入且能使其對故事理解有正面的意義。
張天慈（2006）	繪本對幼兒算數與幾何概念學習成效之研究	質性研究	使用繪本教學能夠引發幼兒對數字變化的興趣、培養幼兒對數字加減變化的敏感度、及提升幼兒十以內數字合成與分解的能力。

林妹靜（2006）	圖畫書應用於幼兒藝術教學之研究—以色彩遊戲為例	行動研究	透過圖畫書發展色彩遊戲教學，更能增進幼兒學習興趣與創作表現能力也能增進幼兒色彩認知與運用能力。
張櫻花（2006）	圖畫書教學提升幼兒環境覺知之行動研究	行動研究	研究結果顯示環境覺知的發展是透過感官去體驗而產生興趣、專注、關懷、領悟、了解的連續歷程，且覺知是幼兒具備帶著走的能力，能將生活中遭遇到的問題迎刃而解。
涂金鳳（2007）	艾瑞·卡爾（Eric Carle）圖畫書插畫導賞與幼兒繪畫表現關係之研究	行動研究	Eric Carle 圖畫書之插畫導賞活動，有助於幼兒在繪畫造型方面的表現，尤其是造型有較為具象的表達，描繪上也較細緻和富變化；並能有效增進幼兒在色彩上的認知與運用能力，尤其是使用色彩的變化和創意表達的提升。對於激發幼兒的聯想力，提升幼兒對繪畫內容有較為結構性、故事性、和較富創意性的敘說表達。
洪雅惠（2007）	繪本融入課程進行幼兒責任教學之行動研究	行動研究	繪本融入課程進行責任教學，可以引發幼兒的興趣、喚起經驗，使責任的培養不需以說教方式進行，促使責任表現落實在生活中。而責任的培養單靠學校教育是不足的，家庭給予的家庭教育、生活教育及機會教育更為重要。經由此行動歷程的啟發，幼兒將落地生根在生活周遭，漸於感染自己的兄弟姊妹或同儕。
許惠卿（2008）	實施「幼兒自我概念教學活動」之行動研究	行動研究	以四至六歲之中大班 21 位混齡幼兒為對象，其中 12 位大班生，9 位中班幼兒，以繪本導讀的教學方式，探討實施幼兒自我概念教學活動之影響，研究結果指出，規劃自我概念活動必須有連貫性，才能引導幼兒從生理我到心理我及社會我的層次，使幼兒能有效的學習；於自我概念教學活動實施過程中，幼兒於認知方面的轉變：

			會從不同角度看見自己的獨特性,接納個別差異的特質,並且試圖突破社會性別角色刻板印象所造成的影響,於發掘自己的優勢能力後,有助於更認識自己;在情感方面的轉變:幼兒藉由身邊週遭的人事物學習接納自己,繼而肯定自己,能調適自己的情緒,透過溫馨、安全、尊重的學習環境,敞開自己的心胸以宣洩情緒;在行為上的轉變:幼兒能適時對同伴關懷、協助與接納,為達到自我實現,能自發性的學習,遇到困難的事情,也有堅持下去的表現。
蕭麗鳳(2008)	幼兒品格教育融入繪本教學之行動研究	行動研究	以高雄縣國小附幼十三名滿五足歲幼兒為研究對象,進行為期八週之行動研究,採用品格繪本教學方式,進行品格教育的課程教學與體驗活動。本研究主要結果如下:1、品格繪本對於幼兒品格學習上具有其吸引力與影響力,且在品格繪本教學後實施之體驗活動能使幼兒具體了解品格概念,並加以身體力行。2、幼兒經過品格繪本教學後,在家庭生活及學校生活中對於尊重與責任兩項品格核心概念之實踐有良好表現。三、尊重與責任之品格教學皆完成教學後四週所得之延宕效果,在家庭生活之表現尊重品格實踐有良好表現;在學校生活品格實踐表現中,尊重與責任皆有顯著成長。

(二)繪本教學對幼兒同儕互動之研究

　　如只針對繪本教學對幼兒同儕互動之影響,可整理如下(吳淑惠,2010):

作者 （年代）	研究主題	研究對象	研究方法	研究結果
邱愛真 （2004）	以兒童繪本增進幼兒友誼互動之研究	6位友誼困難的大班幼兒	同儕互動檢核表、照片社會測量方法	友誼繪本能有效促進幼兒友誼互動關係。實施繪本課程對於積極想要建立友誼的幼兒成效最大，而繪本課程的推動，增加獨行俠與他人互動的機會，同時也改善被拒絕的幼兒與他人之間的互動技巧。
李淑梅 （2005）	以圖畫書為本之活動增進個案幼兒社會能力之行動研究	個案	行動研究	個案幼兒在社會能力的表現上有明顯的進步。在與別人共處的能力、自主性及情緒開放性的表現上，改善最為明顯。而在工作取向、領導取向、行動取向特質、依賴性等方面的表現，雖然有所改善，但是較無明顯差異。在互動溝通行為的分析方面，個案幼兒出現主導行為，且有適當的回應行為，而其與同儕互動上，溝通凝聚性明顯提高。
詹日宜 （2006）	圖畫書教學情境中幼兒分享概念發展之探究	大班30位幼兒	質性研究	實施分享圖畫書教學後，幼兒對圖畫書的分享概念由「完全給予」、「分享」、「先維護自己的權益轉變至願意讓給他人」以及正面的分享評價進而發擴展出分享內涵中精神層次的「好事」與主動態度，以及與生活經驗聯結。
林季樺 （2007）	運用繪本教學提升智能障礙幼兒社會能力之行動研究	1位學前五歲智障兒	行動研究	繪本教學能有效提升智障兒童的社會及學習能力，並促進人際互動的方法和技巧。對於普通班的同儕能更正向看待個案的問題，以及家長和普通班教師對繪本教學的支持與認同。

夏紫涵 （2008）	透過「繪本 故事活動」 課程增進學 前融合班幼 兒互動之行 動研究	融合班： 一般幼兒 15位幼 生，4位 特殊兒	行動研究	透過「繪本故事活動」課程實施， 對於一般幼兒的影響方面：一般幼 兒與特殊幼兒之間的正向互動行 為增加了，也會主動幫助特殊幼 兒。其二是提昇一般幼兒尊重、愛 與關懷特殊幼兒的情懷，幼兒在對 待特殊幼兒時，會開始以同理心、 體諒心，包容他們的行為，會以讚 美鼓勵特殊幼兒的進步，並以愛與 關懷陪伴特殊幼兒，欣賞並認同特 殊幼兒的優缺點，因此之故，降低 兩者之間的衝突。 對於特殊幼兒方面，由於一般幼兒 們對特殊幼兒態度的改變，讓特殊 幼兒有充裕的時間及動機，透過模 仿學習、漸漸的改善原本出現的問 題行為，願意參與團體活動，在社 會能力的表現上有明顯的進步，與 同儕互動時也表現出適當的回應 行為。
林玲如 （2008）	其實我懂你 的心──以 繪本探究幼 兒「同理心」 之行動研究	28位大 班幼兒	行動研究	研究結果驗證幼兒有同理他人的 行為能力；幼兒在透過同理心繪本 的教學討論活動之後，在仁慈、寬 容與尊重的行為或想法上，都獲得 正向的影響；同理心的繪本教學除 了增進行為的學習發展，也可以同 時培養幼兒的閱讀興趣。
蘇貞夙 （2009）	運用繪本教 學增進幼兒 同理心發展 之探究	6位幼兒	質性	運用繪本融入同理心的教學課 程，可達「班級經營」、「增進幼兒 同理心」之雙贏效果；同時，也提 升幼兒與人互動的品質及同理心 的發展層次。在教學技巧上，以概 論性問題討論，有助引導幼兒深入

				繪本情境，表達內心潛在的思想。而家庭教養方式會影響同理心繪本課程實施的效果。
吳淑惠（2009）	幼兒攻擊行為歷程表現分析——以幼稚園實施繪本教學為例	兩名具攻擊傾向之中班幼兒	觀察、個別訪談	幼兒攻擊行為的形成來自於個人、家庭、園所以及社會的因素，因此，對班級經營則產生安全上、課程上、秩序上以及親師互動上的影響。繪本教學對於兩位研究個案攻擊行為的發生具有減少之正面的影響，但各自仍有後續應改善之處。對於利社會行為方面，兩位個案在分享、關懷及感恩方面，各自不同層次的歷程表現，仍需老師與家長持續地給予引導。
吳淑惠（2010）	繪本教學對幼兒自我概念與同儕互動影響之研究。	幼稚園的中班47位幼兒	準實驗研究法	研究對象隨機分派兩班為實驗組與控制組，經由專家效度挑選十六本繪本對實驗組幼兒進行十二週之教學，獲致如下結果：幼兒自我概念的提升有整體的成效，在幼兒同儕互動的整體表現有顯著的提升效果，經過繪本教學後的女生對於「利社會行為」的發展有顯著的成效。

　　經由上表可見，繪本教學在幼兒教育階段之相關研究中，其課程所適用範圍有自我概念、生命教育、口語能力、同儕互動、友誼與責任概念、創造力培養、繪畫能力的提升以及數學課程之教學運用，相關研究中所使用之方法以行動研究與質性研究為主；研究結果多顯示，繪本的運用能有效提升幼兒各領域學習上之成效。

　　就進一步研究的建議，個人認為「語文領域」的區塊，尚值得多加開發。研究方法上，應多從事質量並重的研究方法，幼兒領域

已發展出許多效度和信度很高的測量工具，可以用來佐證教學後所的到的成果資料是否如所稱的能力提高。例如適當時候準實驗研究的應用，控制組可剔除成長因素，用科學化操控一些數據，應可提高客觀水準。畢竟量化雖未見深化，但質量並重，可彌補質化研究所竊缺可彌補的科學證據。

八、結語

綜合上述而言，繪本有擴展幼兒生活經驗與增進認知與學習的價值，經由閱讀，不僅能和書中的主角與情境做認同，也會和自己的生活環境或經驗做聯結，更重要的是書中主角的行為與態度往往被幼兒視為社會接受與否的指標。繪本也提供幼兒語文學習，並培養美感與欣賞的價值，進而發展情感與同理心的價值觀。

換言之，以繪本做為幼兒課程活動設計有其功能與優勢，繪本教學的實施成效也會彰顯。因此，繪本教學在幼兒教育的應用上自有其重要性與適切性。老師和家長如能夠透過故事的動人情節來取代責備或懲罰，必能發揮最大的教育功能。

參考書目

中文文獻

王怡雯（2005）。以繪本開啟閱讀的窗：探索語言表現低落幼兒讀寫萌發歷程。樹德科技大學幼兒保育學系碩士論文。
方素珍等（1997）。圖畫書、學習與探索。台北：光佑。
朱伶莉（2004）。幼兒對圖畫書回應行為之探究。屏東師範學院國民教育研究所碩士論文。
何三本（1996）。幼兒故事學。台北：五南。

李淑梅（2004）。以圖畫書為本之活動增進個案幼兒社會能力之行動研究。
　　國立臺南大學幼兒教育學系碩士論文，未出版，台南。

李連珠（1991）。將圖畫書帶進教室——課室內的圖畫書。國教之友，43
　　（2），29-36。

谷瑞勉（2001）。假如故事書就是書本——談以文學為基礎的課程。國教
　　天地，145，30-35。

吳淑惠（2009）。幼兒攻擊行為歷程表現分析－以幼稚園實施繪本教學為
　　例。致遠管理學院幼兒教育學系碩士論文。

吳淑惠（2010）：繪本教學對幼兒自我概念與同儕互動影響之研究。樹德
　　科大幼保所碩士論文。

林妹靜（2006）。圖畫書應用於幼兒藝術教學之研究——以色彩遊戲為例。
　　國立臺北教育大學藝術與藝術教育學系碩士論文。

林宛霖（2002）。台北市幼兒對圖畫書及電子童書之調查與反應研究。國
　　立臺灣師範大學家政教育研究所碩士論文。

林良（1986）。兒童讀物插畫。載於：施政廷主編，認識兒童讀物插畫。
　　台北市：天衛文化。

林良（1996）。淺語的藝術。台北：國語日報社。

林真美（1999）。在繪本花裡和孩子共享繪本的樂趣。台北：遠流。

林訓民（1992）。給孩子一生的愛「台英世界親子圖畫書」出版理念。精
　　湛季刊，16，30。

林敏宜（2000）。圖畫書的欣賞與應用。台北：心理。

林季樺（2007）。運用繪本教學提升智能障礙幼兒社會能力之行動研究。
　　樹德科技大學幼兒保育學系碩士論文。

林玲如（2008）。其實我懂你的心——以繪本探究幼兒「同理心」之行動
　　研究。國立臺東大學幼兒教育學系碩士論文。

邱愛真（2004）。以兒童繪本增進幼兒友誼互動之研究。屏東師範學院國
　　民教育研究所碩士論文。

邱琡雅（1996）。幼兒圖畫書的欣賞與應用。蒙特梭利雙月刊，7，29-31。

邱翠珊（2004）。故事教學對於國小二年級學生語文能力的影響。國立屏
　　東師範學院國民教育研究所碩士論文。

洪雅慧（2007）。繪本融入課程進行幼兒責任教學之行動研究。臺北市立
　　教育大學幼兒教育學系教師在職進修幼教教學碩士論文。

洪慧芬（1996）。幼兒圖畫書中父親及母親角色之內容分析研究。國立臺灣師範大學家政教育學系碩士論文。

祝士媛（1989）。兒童文學。台北：新學識文教出版中心。

高玉鈴（2004）。我是這樣說故事的——二位幼稚園大班女生看圖畫書說故事。國立台北師範學院幼兒教育學系碩士論文。

夏紫涵（2007）。透過「繪本故事活動」課程增進學前融合班幼兒互動之行動研究。國立臺南大學幼兒教育學系碩士論文。

涂金鳳（2007）。艾瑞·卡爾（Eric Carle）圖畫書插畫導賞與幼兒繪畫表現關係之研究。國立臺北教育大學幼兒教育學系碩士論文。

徐素霞（2002）。兒童圖畫書的圖像特質與文字表現。載於徐素霞（主編），臺灣兒童圖畫書導賞（41-48）。台北：國立台灣藝術教育館。

曹俊彥（1998）。圖畫、故事、書。美育月刊，91，19-30。

張天慈（2006）。繪本對幼兒算數與幾何概念學習成效之研究。國立中山大學教育研究所碩士論文。

張秀娟（2004）。圖畫書導賞教學對幼兒創造力影響之研究。朝陽科技大學幼兒保育系碩士論文。

張淑松（2005）。幼兒口中的無字圖畫書。國立台北師範學院幼兒教育學系碩士論文。

張櫻花（2006）。圖畫書教學提升幼兒環境覺知之行動研究。國立臺北教育大學幼兒教育學系碩士論文。

張湘君（1994）。圖畫書的欣賞與應用。兒童文學研究（七）——鄉土文學專輯（2），P.94-97。台北：台北市國語實驗國民小學。

陳娟娟（1997）。道德題材兒童讀物之分析研究。中國文化大學碩士論文。

陳珮琦（2000）。1989-1999 年臺灣地區兒童圖畫書中兩性角色之分析研究。國立台北師範學院碩士論文。

陳海泓（1997）。讓兒童的想像力展翅飛翔以《瘋狂星期二》導讀為例。語文教育通訊，18，43-54。

陳海泓（2001）。Booktalks：增進學生閱讀和討論的有效班級閱讀教學。載於國民教育輔導叢書第十輯——兒童閱讀教育。台南：國立台南師範學院實習輔導處。

陳秀梅（2005）。幼教工作者以繪本進行幼兒生命教育行動研究之省思。輔仁大學兒童與家庭學系碩士論文。

陳美姿（2000）。以兒童繪本進行幼兒情感教育之研究。國立東華大學教育研究所碩士論文。

許惠卿（2008）。實施「幼兒自我概念教學活動」之行動研究。國立臺東大學碩士論文。

郭恩惠（1999）。兒童與成人對兒童圖畫故事書的反應探究。國立臺灣師範大學碩士論文。

郭麗玲（1991）。在畫中說故事的「圖畫書」。社教雙月刊，46，20-33。

黃迺毓、李坤珊、王碧華（1994）。童書非童書。台北：宇宙光。

黃雲生（1999）。兒童文學概論。台北：文津。

黃迺毓（1995）。如何閱讀圖畫書。臺北市：鹿橋文化事業有限公司。

詹日宜（2005）。圖畫書教學情境中幼兒分享概念發展之探究。國立新竹教育大學人資處課程與教學碩士論文。

葉嘉青譯（2008）。Mary Renck Jalongo 著。幼兒文學：零歲到八歲的孩子與繪本（Young children and picture books）。台北市：心理。

蔡子瑜（2000）。故事討論對幼兒道德推理影響之研究──以「分享」的故事主題為例。國立台灣師範大學家政教育研究所碩士論文。

劉美玲（2001）。以繪本為媒介進行環境議題教學之研究。臺北市立師範學院科學教育研究所碩士論文。

劉鳳芯（2000）。臺灣之圖畫書批評語言與討論語彙。毛毛蟲，120，3-9。

劉鳳芯譯（2000）。Nodelman, P.著。閱讀兒童文學的樂趣（The Pleasure ofChildren's Literature）。台北市：天衛文化。

鄭明進（1989）。談圖畫書的教育價值。林文寶主編，兒童文學論述選集，61-69。台北：幼獅。

鄭瑞菁（1999）。幼兒文學。台北：心理。

鄭麗文（1999）。幼兒文學。台北：啟英。

鍾玉鳳（1996）。近十年圖畫故事書內容價值觀之分析研究。中國文化大學碩士論文。

蕭麗鳳（2008）：幼兒品格教育融入繪本教學之行動研究。樹德科大幼保所碩士論文。

蘇振明（1987）。認識兒童圖書及教育價值。幼教天地，5，37-50。

蘇振明（2002）。圖畫書的定義與要素。載於徐素霞（編著），台灣兒童圖畫書導讀，13-15。台北：國立台灣藝術教育館。

蘇黃美菊（2004）。生命教育圖畫書教學之行動研究——以幼稚園大班為例。國立師範大學人類發展與家庭學系幼兒教育專班碩士論文。

蘇貞夙（2008）。運用繪本教學增進幼兒同理心發展之探究。國立屏東教育大學幼兒教育學系碩士論文。

英文文獻

Baker, A., & E. Greene.(1987). *Storytelling: Art and technique*(2nd ed). New York: Bowker.

Berman, R.A. （2001）. Setting the narrative scene: How children begin to tell a story. In *Children's langeuage: Developing narrative and discourse competence*, Eds.K.E. Nelson, A. Aksu-Koc, & C.E Jason, 1-30. Mahwah, N: Lawrence Erlbaum Associate.

Bettelheim, B.(1976). *The uses of enchantment: The meaning and importance of fairy tales*. New York: Knopf.

Bredekamp, S. & C. Copple, eds.(1997). *Developmentally appropriate pratice in early childhood programes*. Rev. ed. Washington, DC: NAEYC.

Eldredge, J. L. & Butterfield, D. （1986）. Alternatives to traditional reading instruction. *The Reading Teacher*, 40 （1）, 32-37.

Glazer, J. I. （1991）. *Literature for young children*. （3rd ed.）. New York: Macmillan Publishing Company.

Huck, C. S. （1979）. *Children' s literature in the elementary school*. New York：Holt,Rinehart, & Winston.

Huck, C. S., Hepler, S., & Hickman, J. （1993）. *Children's literature in the elementary school*. （5th ed.）. New York: Harcourt Brace Jovanovich.

Kiefer, B. Z. （1982）. *The Response of Primary Children to Picture Book*. Unpublished doctoral dissertation, The Ohio State University.

Krogh & Lamme （1985）. "But what about sharing？" Children's literature and moral development.*Young Children*, 40（4）, 48-51.

Linder, R. （2007）. Text Talk with Picture Books：Developing Vocabulary in Middle school. *Illinois Reading Council Journal,35*（4）, 3-15.

Neuman, S.B., C. Copple, & S. Bredekamp. （2000）. *Learning to read and write: Developmentally appropriate practices for young children*. Washington, DC: NAEYC.

Nodelman, P.（1988）.*The Narrative Art of children's books*. The University of
　　Georgia Press.
Sutherland, Z., & Arbuthnot, M. H.（1977）. *Children and books　（5th ed.）*.
　　Glenview, IL: Scott, Foresman and Company.
Sutherland, Z.（1997）. *Children and books. （9th ed.）*. Boston, MA:
　　Addison-Wesley.

關係失落兒童繪本之文本分析研究

郭洪國雄

樹德科技大學諮商與生涯發展中心主任

兒童與家庭服務系助理教授

一、研究緣起與動機

兒童繪本（picture books）是一種多圖少字的童書，它的圖很多，字很少；它的圖很大，字也很大。雖然稱它為童書，但是兒童繪本絕對不是兒童的專利，它也非常適合成人與老人閱讀。河合隼雄（2006）道：「繪本，實在是很神奇的東西。從零歲到一百歲的人都喜愛。」（林美貞譯，2006）。因此，繪本是一種最不受到年齡限制的書籍，只要讀者願意打開繪本，就可以在繪本的文字與畫面中恣意飛翔。

（一）圖文並茂的繪本最夯

隨著閱讀習慣的改變，年輕讀者對於視覺與圖像的需求大為提昇，面對新世代特別崇尚視覺圖像的刺激，對他們而言繪本無疑是最適合不過的書籍了（Feiler & Webste, 1998; Owens & Nowell, 2001）。因為，繪本沒有讀不完的文字，也沒有遙遙無期的頁碼，有的只是大張大頁的圖畫，以及特質鮮明的主角，每一個讀者都可以輕易擁有閱讀的樂趣，與享受一口氣閱畢的成就感。日本心理學

家河合隼雄公開表示過二十一世紀，繪本將會越來越重要（引自唐一寧、王國馨譯，2006）；近年來，繪本在國內也逐漸成為老少咸宜的作品（陳景莉，2002；邱麗香，2003；魏珮如，2005；黃碧枝，2010）。可見閱讀繪本的魅力與樂趣，已漸漸受到各年齡層讀者的喜愛，成為最夯的課外書籍。

（二）生活處處有繪本

　　兒童繪本已普遍運用於輔導、教學、親子共讀以及自助閱讀的情境中（方玫芳，2004；吳淑玲，2001；陳凱婷、陳慶福，2008；盧美桂、郭美雲，2008；黃碧枝，2010；羅明華，2001）。學校的故事媽媽常常利用晨間早自習時段，與小學生分享故事或繪本，幫小朋友打開另外一扇閱讀的視窗；小學老師也會利用每週兩節課彈性上課時間，運用繪本與學生討論性別平等教育與生命教育等相關主題；輔導老師在處理學生的心理問題與偏差行為時，也使用繪本撫慰了個案內心深處的失落，以及幫助學生找到情緒的出口；在教育部政策以及各級中小學大力推動閱讀與親子共讀的努力下，更多家長會使用學校、鄉鎮市立圖書館資源，借閱兒童繪本與孩子一起閱讀，購買兒童繪本的意願也隨著親子共讀的樂趣提升不少。兒童繪本已成為家長、師長與孩子、學童互動時，最熟悉也最拿手的溝通工具，兒童繪本也成為兒童閱讀課外讀物的選項之一，有鑑於此，如何輕易辨識兒童繪本的屬性，以及如何選擇適當的兒童繪本處理兒童的身心議題即是本研究動機之一。

（三）繪本處處有生活的縮影

　　兒童繪本之所以可以引起讀者的共鳴，往往在於簡單的文字以及親切的插圖與畫面，越是簡單的概念，越能包容讀者的想像空

間；越是簡單的圖文，越能喚醒讀者的赤子之心。因此，兒童閱讀
繪本不但可以幫自己找到許多童趣；成人欣賞兒童繪本，也可以讓
自己重溫童年的舊夢，找回許多生命的精采片段。郭洪國雄（2008）
強調繪本是有生命的，一本本繪本都是一段段生活的紀實，也是生
命的縮影，在不同時間與不同心情閱讀同一本繪本，讀者將會看見
繪本的不同面貌與生命，也可以從繪本中看見自己，與自己的心靈
再做一次貼心的對話。這些年來，台灣的兒童繪本推陳出新，大部
分都翻譯自國外大師的繪本，大舉攻佔國內的兒童繪本市場；近年
來，越來越多本土兒童繪本創作也漸漸展露頭角，幾米、郝廣才、
陳致元、郭洪國雄每年都有新的作品與讀者見面，更能符合讀者的
在地文化與讀者需求。家長與師長很容易根據自己的意圖與需要，
找到具有教育以及輔導效果的繪本，讀者也不難在繪本中發現自己
的生命片段以及生活縮影。

（四）失落的感受兒童繪本都了解

　　失落的經驗，我們都曾經有過。近來，人禍與天災不斷，戰爭、
恐怖攻擊以及 911 事件，都成了許多親朋好友心中不可承受之重；
另外，地震、海嘯、颱風、水災以及八八風災所釀成的悲劇，也是
倖存者心中難以磨滅的創傷。生命教育繪本儼然成了治療創傷、撫
慰心靈，以及陪伴兒童走過生命幽谷最簡易、最普遍的教材，它不
只幫助我們停止哭泣，更要幫助我們展露笑容；它不只幫助我們停
止悲傷，更要幫助我們長出力量。柳田邦男（2006）認為繪本的存
在不單是為了孩子，繪本裡面有靈魂層次的語言，可以與任何人在
靈魂層次上溝通（引自唐一寧、王國馨譯，2006）。與失落主題或
是生命教育相關的兒童繪本相當多，內容從動物與動物、人與寵物
到人與人的關係失落，都有適合不同年齡層閱讀的兒童繪本。因

此，解讀與分析與關係失落相關之生命教育繪本的文字意涵，試圖找出生命教育的相關元素，以供讀者作為選購兒童繪本的判斷依據，亦是本研究的另一動機。

二、文獻整理

（一）文本分析

　　繪本具有兩套溝通系統，一為以文字為符號的文本，一為以圖像為符號的畫本。圖像也被當作語言來解讀，不識字的幼兒也可以深深地被圖像所吸引，因為它讀的是圖畫，繪本的圖畫是會說故事的。

　　文本分析重視文法詮釋以及心理詮釋兩個層面。前者是分析文本的文字語言與圖像，包括句型、語意、結構與文采等語文的知識，後者則強調有關作者的個人資料、身世背景、時代背景以及創作動機。本研究僅將文本分析的重點聚焦於前者，不考慮文本分析的心理層面。

　　文本分析是從作品分析逐漸發展演變過來的，作品分析比較侷限在文中的語句、結構等所建構的意涵，此意涵必須透過對作品有所專研的人才能予以釋放（夏春祥，2000）。任何文本都不會是單一訊息，而是複雜而且充滿多個角度的視窗，需要了解前後的脈絡以及相關線索以後，才能夠為文本找到一個最貼切的詮釋與定位。從研究分析的角度看來，「文本分析」所要分析的不僅僅只是某種形式存在的作品，它同時包含了詮釋的過程，並且對其中所蘊含的關係進行分析探究（陳雍正，2006）。進一步說，「文本」是一個由語言、文字、畫面、聲音所構成的作品，只有在閱聽活動進行的過

程中始能產生作用，才能夠體會（莊梅萍，2008）。換句話說，「文本」本身只是一堆文字、聲音與畫面，沒有欣賞，文本就沒有生命；沒有感受，文本就沒有感動。「文本分析」是一個動態的過程，它必須透過閱聽與欣賞等活動，在經過研究者的解碼與譯碼之後，才能夠充份詮釋文本的意義以及充分了解、掌握作品的深度與廣度。

　　「文本」指的是一段文章、一段話、一段可以分析的文字或符號作品，以「詮釋學」做為分析的理論基礎，文本分析即為資料分析的方法學，分析的對象是文本的內容，研究者將文本內容熟讀過後（將滿漢全席的食譜仔細閱讀過後），根據研究假設與目的篩出與研究相關的文字或圖像（將所有食材洗乾淨後挑選出需要的材料），進而分類整理有意義的概念（將挑選出來的材料分門別類切好置於不同盤子），再進一步將相近或類似的概念歸納整理成數個主題（可以放在一起燉、煮、蒸、炒的食材分別下鍋做出十二道名菜），最後再進一步歸納詮釋成幾個重要的命題（將十二道名菜再歸納出春夏秋冬或梅蘭竹菊四種非常特別的帝王饗宴）。所以，從一個試圖找出事物意義的方法學科來看，當然可以用「詮釋學」來進行文本分析。在此，文本有可能是劇本、音樂、詩、電影、文學作品等等。

　　文本分析的流程包括資料整理與資料分析，文本分析適用於描述性研究，利用現有的作品進行分析，分析的作品以及文本就是研究對象，所以研究者必須先將十本描述關係失落兒童繪本的文字重新整理，再進行資料分析工作，分析的內容包括文本中的文字（名詞、動詞、形容詞）、句子以及段落，先將文字加以編碼，在分析與歸納出有意義的概念出來。

（二）面對失落是人生的必修課

　　人是群居的動物，不可能離群索居，而且每一個人都需要在各種關係當中才能夠生存與成長。在人生的舞台上，我們努力扮演著各種不同的角色，不同的角色也為我們發展出不同的關係。例如，在兒子、女兒的角色中，於是我們有了親子關係；在先生或太太的角色中，我們有著夫妻關係；在兄弟姊妹的角色中，我們有了手足關係；在哥兒們與姐妹淘當中，我們擁有了朋友關係；因著飼主的角色，我們也與寵物們建立了有如家人的關係。這些關係的起點與發展，曾經帶給我們無限的希望與歡樂；也因著這些關係的離散與結束，帶給我們無盡的傷痛與失落。

　　失落的經驗，每一個人都曾經經歷過。它小至心愛的東西不見了，大到生活經驗中的悲歡離合、生離死別，都可能成為我們生命中難以承受的失落。失落的經驗如影隨行，無所不在，而且每一分鐘每一秒鐘都正在發生著，各位朋友當你正在閱讀這篇研究的時候，我們的青春不也一點一滴正在失落著？但是，我們毋需不安與恐懼，我們的青春不會白白失落，因為我們正在經驗一場豐富的生命饗宴。

　　失落的樣態與種類相當多。例如，一夕之間從家財萬貫變成一貧如洗，這是財富的失落；從門庭若市變成門可羅雀，這是權力地位的失落；從萬人迷變成鬼見愁、從大英雄變成落水狗，這是光環的失落；一個人從身強力壯變成體弱多病，這是健康的失落；一個人的年華漸漸老去、容顏漸漸衰老，這是青春或歲月的失落；當我們面對人世間的悲歡離合，生命中的生離死別，這就是關係的失落，這些關係舉凡親情、愛情、友情、親子、手足、夫妻、情人、師生、朋友、同學以及人與寵物的關係皆然；另外，還有一種失落

叫做存在的失落，失落本是生活與生命的一部分，不論財富、地位、學歷與權力的高低，誰都沒有特權與免疫力，因此存在的失落正是任何人都無可避免的失落。在各種失落中，最沉重與最傷痛者莫過於關係失落中的生離死別。因此，面對關係的失落，每一個人都無可倖免，學習用正向、積極、健康的態度面對生活與生命中的各種失落經驗，正是每一個人客不容緩的課題。

（三）打開繪本話（畫）失落

關係失落已經不再是個禁忌的話題，文學、戲劇、電視與電影已有諸多著墨。與兒童討論各種失落的生命課題，也不再難以啟齒，老師與家長都可以找到貼切與適當的媒材。探討關係失落的繪本相當多，大致可分為以動物為主角的繪本、以人物與動物為主角的繪本以及以人物為主角的繪本三大類。以動物為主角的繪本即將各種動物擬人化、人格化，來探討動物世界中的悲歡離合與生離死別。例如，獾的禮物（林真美譯，1997）、沒有你我怎麼辦（方素珍譯，2000）。以人物與動物為主角的繪本，主要在探討人與動物的情感，以及主人如何面對與調適失去寵物的失落感。例如，我永遠愛你（趙映雪譯，1999）、毛弟，再見了（劉清彥譯，2004）、永遠記住你的好（郭洪國雄，2009）。以人物為主角的繪本，即以讀者最熟悉的家庭、學校、親情、友情為題材，直接探討人際關係中的失落經驗。例如，想念（陳致元，2000）騎車到岸邊（江明涓譯，2004）我的父親（郭洪國雄，2007）、留住天空的微笑（郭洪國雄，2007）、一個懷念與感恩的日子（郭洪國雄，2010），都是探討關係失落的兒童繪本。

繪本具有心理療癒的效果（Jacobs, Morrison, & Swinyard, 2000；柳田邦男，2006），繪本不僅撫慰了讀者受傷、脆弱的心靈，

幫助讀者走出生命的幽谷，走過失落的歷程，繪本讓更多讀者重新找回生命的希望與面對未來的力量。正面臨失落議題的讀者，以及久久無法走出失落陰霾的朋友，關係失落的兒童繪本可以協助他們整理百感交集的情緒，表達難以啟齒的情感，修復冷淡疏離多年的關係，甚至與來不及說再見的親朋好友道別。透過讀者的自我對話與心理投射，簡單的文字可以道盡讀者的複雜情緒，繪本中的圖像亦能卸下讀者裹著一層理性鐵甲的感性，觸動讀者的軟弱與脆弱，讓讀者有機會面對最真實的自我，與自己做一次最貼心的對話。

　　面對失落是人生的必修課（Mathis, 2002; Olofsson & Niedersoe 1999; Owens & Nowell2001）。不論年齡、身分、地位，失落是無可避免的人生課題，關係失落更是如此。柳田邦男在五十七歲那年遭逢喪子之痛，人生頓時陷入憂鬱狀態，過著漫無目標的生活。有一天他來到一間書店，下意識地走到繪本區的書櫃前，竟發現那些二、三十年前自己曾經唸給兒子聽的繪本，依舊感動著不同的世代與讀者。再度看見熟悉的繪本，回憶的素材不單只是繪本的文字與圖畫，更多的回憶是柳田邦男與兒子的親密互動與對話，以及流露在他們之間飽飽的愛。人生不走到窮途末路，不失去重要的親人，就不會曉得什麼才是最珍貴的。柳田邦男說（2006）：「走到人生的後半段，更需要重拾繪本並仔細閱讀。那些因為汲汲營營於工作而被遺忘的事物，例如幽默、悲傷、孤獨、別離、死亡、生命，將會再次浮現在腦海裡。」（引自唐一寧、王國馨譯，2006）。

　　從兒童文學發展歷史中，童書中的圖畫早期並沒有敘述故事的功能，圖畫長久以來只是扮演裝飾畫面的角色，讀者得從文字理解故事的內容，對於增進讀者對故事的了解並沒有太大助益（楊昕昕、陳奕萍，2003）。相較於現今的童書，無論故事內容是否有文

字敘述，讀者都能從圖畫中得知角色性格或相關情節的線索，兒童繪本更是如此。

三、研究方法

（一）研究方法的選擇

　　為了完整呈現關係失落兒童繪本的文字與圖像意涵，並歸納整理出文字與圖像中，和關係失落議題相關的重要元素，本研究採取文本分析（text analysis）進行兒童繪本內容分析，並進一步運用質性研究的方法進行料整理與詮釋，探討關係失落兒童繪本的創作元素。文本分析乃是針對文本內容進行文字與圖象之分析，並藉由相關研究方法論進一步詮釋文本的內涵，在質性研究脈絡下思考最適合本研究的的方法。所以，做一個研究，必須先知道自己要做的是什麼（ends），然後再去找最適合的工具（means），不是拿起工具，想做什麼就做什麼；或是拿起工具，才開始思考自己要做什麼（莊梅萍，2008）。

（二）研究對象

　　本研究對象為十本與關係失落主題相關之兒童繪本。研究者根據自己對繪本與繪本創作的敏銳度，以及十年來使用繪本教學、輔導的經驗，先篩選二十本與關係失落議題相關的兒童繪本進行專家效度的檢定。由十位相當熱愛兒童繪本，並經常使用兒童繪本於工作之專家，評選出十本與關係失落議題最為貼切的兒童繪本進行文本分析，十位兒童繪本專家（詳見表 3-1）以及十本兒童繪本如下（詳見表 3-2）：

表 1　姓氏排列順序依照專家姓氏筆劃

編號	專家	備註
01	王○○	十年資歷的國小故事媽媽
02	王○○	資深大學講師專長美術教學
03	伍○○	國小輔導主任專長繪本教學
04	江○○	十年資歷的國小故事媽媽
05	吳○○	大學助理教授專長繪本研究
06	林○○	大學助理教授專長繪本研究
07	侯○○	資深幼稚園老師專長繪本教學
08	洪○○	資深幼稚園老師專長繪本教學
09	陳○○	諮商心理師專長繪本輔導
10	郭○○	大學副教授專長繪本創作教學

表 2　二十四本具有專家效度之兒童繪本

編號	繪本書名	作者	專家效度
01	騎車到岸邊	文圖／麥可度朵　譯／江明涓	10
02	好好哭吧	文／葛倫・林特威德　圖／夏綠蒂・帕迪　譯／賴美玲	10
03	獾的禮物	文圖／蘇珊・巴蕾　譯／林真美	10
04	小魯的池塘	文／伊芙・邦婷　圖／羅奈德・希姆勒　譯／劉清彥	10
05	我永遠愛你	文圖／漢斯・威爾罕　譯／趙映雪	10
06	永遠記住你的好	文／郭洪國雄　圖／游文宏、郭洪國雄	10
07	莉莎的星星	文／Patrick Gilson　圖／Claude Dubois　譯／彭慧雯	10
08	豬奶奶說再見	文／瑪格麗特・威爾德　圖／藍・布魯克斯　譯／柯倩華	10
09	毛弟，再見了	文／蘿比・哈利斯　圖／珍・歐・梅洛德　譯／劉清彥	10
10	你到哪裡去了	文圖／羅倫絲・艾凡諾　譯／劉清彥	10

1.兒童繪本的國籍

在十本兒童繪本中，有九本國外翻譯成中文的兒童繪本，只有一本是國內本土創作的兒童繪本，對於兒童繪本的創作，本土繪本作家仍有許多創作的空間（詳見表3）。

表3　兒童繪本的國籍

繪本國籍	國外翻譯繪本	國內本土創作繪本	總共
次數分配	9	1	10
百分比	90%	10%	100%

2.兒童繪本中的主角

依繪本主角做分類，根據表4得知，在十本兒童繪本中，有三本兒童繪本描述動物與動物的生離死別；有三本兒童繪本描述人與寵物的悲歡離合；另外四本兒童繪本則描述人與人的關係失落。

表4　十本兒童繪本中所描述之主角

主角	動物與動物之間	人與動物之間	人與人之間	總共
次數分配	3	3	4	10
百分比	30%	30%	40%	100%

3.兒童繪本中的失落關係

若依關係做分類，在十本兒童繪本中，有三本兒童繪本描述人與寵物的關係；有三本兒童繪本描述朋友關係；有二本兒童繪本描述祖孫關係；另外各有一本兒童繪本描述親子關係與手足關係（詳見表5）。

表 5　十本兒童繪本中所描述之關係

關係	父母親	（外）祖父母	手足	朋友	動物
次數分配	1	2	1	3	3
百分比	10%	20%	10%	30%	30%

（三）資料整理與分析

文本分析適用於描述性研究，針對而十本與關係失落議題相關的繪本進行文字與圖像的分析。為了增進資料分析的嚴謹度與客觀性，資料整理與分析的過程皆由另外二名受過質性研究訓練，並持續質性研究的老師，以及二名從事繪畫教學，並對繪本有相當研究的美術老師陪同研究者作業，已期能提高資料分析的信度。對於資料分析的信度考驗，不論在文字與圖像的一致性皆達 0.90，符合文本分析信度係數的標準。

1.資料整理

資料整理分成文字分析與圖像分析兩個部份。研究者先將二十本兒童繪本進行文字編碼與圖像編碼工作，在文字編碼部分，每一本兒童繪本的文字編碼共有五碼，包括一個英文字母碼和四個數字碼，第 1 碼為英文字母碼，代表研究對象（兒童繪本）之編號，第 2-3 碼為數字碼，代表繪本之頁次，第 4-5 碼為數字碼，代表文字段落，詳見表 6。例如，研究者若要幫兒童繪本做文字編碼，第六本兒童繪本第十二頁第三個句子，正確的編碼為 F1203；另外，編碼若為 D1105 是指：第四本兒童繪本第十一頁第五個句子。

表 6　文字資料編碼符號意義表

編碼	符號	意義
第 1 碼	英文字母碼	繪本編次，從 A 至 J
第 2、3 碼	數字碼	繪本頁次
第 4、5 碼	數字碼	文字段落

2.資料分析

　　為了提高資料分析的可性度，研究者特別邀請二位對文學創作與繪本教學相當有經驗的大學國文老師，一同進行文字之分析與整理(詳見表 7)；資料分析的過程皆採共識決，三方皆可提出自己的分析與詮釋，並說服其他二名協同分析員，無異議全數通過或是達成共識的圖文始能成為有意義的資料。對於未達共識而且尚有一些爭議的圖文資料，則由研究者與另外兩名協同分析員進行評分作業，評分範圍從零分至一百分，將三位分析者的分數加總之後再除以三，所得結果即為三個人的一致性與共識。三人皆無異議通過的圖文內容，一致性即為百分之百，為求資料分析之高可性度，本研究將.90 以上之共識稱做高度一致性，.85 以上至.90 以下之共識稱為中度一致性，.85 以下的分析結果則不採用。經過分析整理的結果，對於未達共識而且尚有一些爭議的圖文資料，經充分討論與評分結果，皆有達.88 至.96 之水準。因此，由資料分析結果可見，一致性達百分之百的資料最多，佔 65%；高度一致性之資料次之，佔 28%，中度一致性資料最少，佔 7%。

表 7　文字協同分析員

協同分析員	學歷	職業	專長	備註
陳〇〇	碩士	大學國文老師	散文、繪本	教授國中小作文
劉〇〇	博士	大學國文老師	繪本、現代詩	

四、研究結果

（一）用惜字如金的心情珍惜每一句創作

兒童繪本是一種多圖少字的童書，每一個字、每一個句子都是兒童繪本創作的菁華，筆者必須再三思量、再三篩選文本，就像掏金一樣的謹慎與珍貴，始能讓創作者的文字得到最完整的闡述。本研究分析之兒童繪本，每一本所分析的文本內容至少都超過整本繪本內容的百分之六十，例如表 8：

表 8   十本兒童繪本文本中堪用句數與例句

兒童繪本	句子總數	堪用句數	百分比
A.騎車到岸邊	24	19	79%
B.好好哭吧	60	46	77%
C.獾的禮物	48	34	71%
D.小魯的池塘	50	42	84%
E.我永遠愛你	30	22	73%
F.永遠記住你的好	36	30	83%
G.莉莎的星星	46	32	70%
H.豬奶奶說再見	36	24	67%
I.毛弟，再見了	60	52	87%
J.你到哪裡去了	38	32	84%

小女孩和爸爸踩著腳踏車，緩緩的沿著堤岸前進。（騎車到岸邊-A0101）

這個人就是死神。（好好哭吧-B0105）

獾常常告訴牠們，在不久的將來，牠會走向隧道的另外一頭，牠希望到時候大家不要為牠難過。（獾的禮物-C0204）

小魯全身虛脫，已經住院了。（小魯的池塘-D0701）

阿雅一天天老了，她越來越愛睡覺，越來越不愛出去散步，我也越來越擔心。（我永遠愛你-E1501）

有一天早上，媽媽輕輕喚醒了我，爸爸、媽媽、妹妹和我靜靜地圍著 KULO，我們都不敢哭出聲音，害怕吵醒熟睡的 KULO。（永遠記住你的好-F0101）

班尼說：「她又生病了嗎？」，班尼有點擔心，因為莉莎從開學以來已經好多次沒去上學了。（莉莎的星星-G0203）

豬小姐說：「今天晚上我想躺在你身邊抱緊你，好不好？」（豬奶奶說再見-H1901）

今天早上起床的時候，我摸摸毛弟的肚子，可是毛弟沒有醒過來。（毛弟，再見了-I0201）

星期天你的頭重重的撞到大石塊。（你到哪裡去了-J0101）

（二）去蕪存菁後的意象元素

　　經過研究者與另兩名協同編碼專家再三討論過後，將兒童繪本文本中的每一句堪用的文字，根據名詞、動詞、形容詞等詞性的概念，以及文字情境的描述，嚴選挑出可以進一步分析的文字，即為最原始的創作文字，也是最接近兒童繪本創作的原意；另外，亦根據文本中文字所描述的情境，經過三位專家共同認定後再下一個初步的概念，冀期最貼切轉述創作者的原意，稱之為意象元素。例如：在騎車到岸邊中，第三頁的文字，「再見，孩子」爸爸說。「再見，爸爸」，「再見」即此句子嚴選出來的名詞。另外，該繪本第一頁之

文字寫道,「小女孩和爸爸踩著腳踏車,緩緩的沿著堤岸前進。」, 根據文字所描述的情境,經過三位專家共同認定後所下的一個初步 概念為「陪伴」,在關係失落之前,小女孩常常都陪在爸爸身邊。以 「騎車到岸邊」為例進一步說明,經過專家信度考驗,整理出「陪 伴」、「道別」、「離別」、「等待」、「逝去」、「想念」、「守候」、「坦然」、 「牽掛」、「舒服」、「驚喜」、「興奮」等十二個意象元素(詳見表9):

表 9　兒童繪本文本中意象元素

編號	兒童繪本文本文字	編碼	意象元素
1	小女孩和爸爸踩著腳踏車,緩緩的沿著堤岸前進。	A0101	陪伴
2	「再見,孩子」爸爸說。「再見,爸爸」	A0301	道別
3	爸爸做上船,輕輕划著槳,朝地平線遠去。	A0401	離別
4	小女孩等待爸爸回來,一直等到太陽落入地平線消失。	A0601	等待
5	爸爸並沒有回來。	A0701	逝去
6	夏天過去,冬天也過去了。	A0801	逝去
7	然後又過了一個夏天,和一個冬天……。	A0901	逝去
8	時間流逝,樹木抽長,小女孩也長大了	A1001	逝去
9	爸爸還是沒有回來。	A1101	逝去
10	女孩和一群朋友們在林間嬉戲。她還是常常想到爸爸……。	A1201	想念
11	女孩成為少婦,以不再是當時年輕的模樣。	A1801	逝去
12	孩子們一個個長大離開。	A1901	離別
13	堤岸的風景還是當年的模樣,但是潮水已經退去。	A2001	逝去
14	只剩下水鳥靜靜的佇立在岸邊。	A2002	守候
15	女孩老了,看盡人生的悲歡離合。	A2201	坦然
16	但是她的心仍牽掛著遲遲未歸的爸爸……。	A2202	牽掛
17	她找到一塊空地,舒服的躺下。	A2401	舒服
18	她好像發現一些東西,突然坐了起來。	A2601	驚喜
19	女孩興奮的站起來,一直跑一直跑,有一件不可思議的事情就在前方……。	A2701	興奮

　　在「好好哭吧」這本兒童繪本中，筆者與另外二位協同編碼專家總共找出「死神」、「沉重」、「可怕」、「擔心」、「重病」、「死亡」、「抗拒」、「欺騙」、「討好」、「求情」、「悲傷」、「快樂」、「空虛」、「悲喜合體」、「生命教育」、「無奈」、「接受」、「盡情哭吧」、「沒有離開」等二十個意象元素。

> 死神來這裡，就是為了接走老祖母。（B0305）──死亡的
> 意象元素

　　他的哥哥攔住了他，哥哥說：「不，我們不能妨礙生命的進行」。（B1903）──接受的意象元素

　　筆者與協同編碼專家在「獾的禮物」繪本中，找出「老化」、「死亡」、「坦然」、「書信道別」、「擔心」、「傷心」、「難過」、「想念」、「不安」、「為難」、「談論老友」、「哭泣」、「不捨」、「禮物」、「互相幫忙」、「心情變好」、「邊談邊笑」、「謝謝」、「老友聽見」、「確定」二十個意象元素。

> 狐狸帶來了傷心的消息，獾死了。（C0803）──死亡的意
> 象元素

　　信上說：「我到長隧道的另外一頭去了，再見。獾上。」。（C0805）──道別的意象元素

　　在「小魯的池塘」這本繪本中，共找出「生病」、「一起畫畫」、「蜂鳥餵食器」、「陪伴」、「住院」、「重病」、「困惑」、「遇見蜂鳥」、「誠實回答」、「擁抱」、「卡片」、「布條」、「生氣」、「同理」、「過世」、「傷心」、「抱在一起」、「父母陪睡」、「握緊小手」、「難過」、「只是噩夢」、「寫詩」、「畫畫」、「承諾保證」、「討論紀念」、「掛餵食器」、「刻上名字」、「裝飾池塘」、「奇怪想法」、「無話不談」等三十個意象元素。

小魯全身虛脫，已經住院了。（D0701）──重病的意象元素
媽媽告訴我：「那表示他病得非常嚴重」。（D0703）──誠
實回答的意象元素

在「我永遠愛你」這本繪本中，共找出「老化」、「死亡」、「生
病」、「走不動」、「爬不動」、「擔心」、「睡在一起」、「睡枕頭上」、「永
遠愛你」、「埋葬」、「傷心」、「哭泣」、「擁抱」、「沒說出口」、「遺憾」、
「欣慰」、「婉謝新狗」、「傳承愛心」、「另結新歡」、「承諾保證」等
二十個意象元素。

每晚在她睡前，我都要跟她說：「我永遠愛你」。（E2002）
──永遠愛你的意象元素
有一天早上我醒來，發現阿雅已經在夜裡死掉了。（E2101）
──死亡的意象元素

在「永遠記你的好」這本繪本中，共找出「陪伴」、「昏迷」、「死
亡」、「老化」、「哭泣」、「傷心」、「天堂」、「上路」、「禮物」、「木工
圍巾」、「分享」、「謝謝」、「回憶」、「安心走吧」、「滿足」、「驕傲」、
「懷念」、「自信」、「感激」、「得意」、「羞澀」、「尷尬」、「欣慰」、「述
說」、「幸福」、「平靜」、「美夢」等二十七個意象元素。

媽媽說：「今天晚上，你們都得想出五個與KULO有關的回憶。」
（F0901）──回憶的意象元素
爸爸說：「明天早上送KULO上路的時候，我們要好好的謝謝
牠。」（F0902）──謝謝的意象元素

在「莉莎的星星」這本繪本中，共找出「生病」、「不能上學」、
「常常生病」、「住院」、「擔心」、「沉重」、「傷心」、「自責」、「想哭」、
「落寞」、「告知」、「探病」、「討論」、「畫圖」、「寫信」、「紙娃娃」、
「紙花朵」、「表達思念」、「我想念你」、「好朋友」、「緊握小手」、「困

惑」、「誠實回答」、「每天來訪」、「看星星」、「滿臉淚水」、「想像」、「舞會」、「星星微笑」、「心心微笑」等三十個意象元素。

> 今天到學校的路似乎特別漫長，班尼的心裡一直惦記著莉莎。（G0301）──沉重的意象元素
> 其他同學說：「我們還可以帶許多小禮物給她，我們可以畫圖、寫信，或是剪些紙娃娃或紙花朵。（G0803）──論的意象元素

在「豬奶奶說再見」這本繪本中，共找出「沒有起床」、「好累」、「一起嚐到」、「一起看雲」、「一起聞到」、「一起散步」、「一起遇見」、「一起聽見」、「涼亭倒影」、「沉重」、「傷心」、「傷心」、「坦然」、「一起睡覺」、「緊緊擁抱」、「最後一次」、「直到天亮」、等十七個意象元素。

> 豬奶奶一直在睡覺，豬小姐試著一邊工作一邊吹口哨，卻只能發出一聲小小的、寂寞的嘆息。（H0701）──沉重的意象元素
> 豬小姐說：「今天晚上我想躺在你身邊抱緊你，好不好？」；豬奶奶說：「再好不過了」。（H1901）──緊緊擁抱

在「毛弟，再見了」這本繪本中，共找出「沒有醒來」、「叫不醒」、「摟著我」、「告知事實」、「緊緊抱著」、「生氣」、「否定」、「分享心情」、「說明死亡」、「討論死因」、「難過」、「再抱毛弟」、「現在就抱」、「冷冰冰的」、「活的很好」、「怎麼處理」、「埋在院子」、「埋在何處」、「做個牌子」、「毛弟在這」、「親親」、「鞋盒」、「吐司」、「紅蘿蔔」、「葡萄」、「巧克力」、「寶石戒指」、「橘色蠟筆」、「自己照片」、「鞋盒塗色」、「媽媽挖洞」、「爸爸插牌」、「我埋鞋盒」、「仙女棒」、

「我會想你」、「毛弟再見」、「牠真死了」、「不再回來」、「另結新歡」等三十九個意象元素。

> 我說：「騙人，毛弟在睡覺，牠很快就會醒來，牠只是很累很累，你騙人，毛弟不會死掉，毛弟才沒有死呢？」（I0301）──否定的意象元素
>
> 爸爸說：「死亡和睡覺很不一樣，死亡就是沒有生命了」。（I0501）──說明死亡的意象元素

在「你到哪裡去了」這本繪本中，共找出「頭部重創」、「動也不動」、「不會醒了」、「困惑」、「等你叫我」、「等到睡著」、「好傷心」、「常常放空」、「擔心忽視」、「天天流淚」、「疑惑」、「主動找你」、「一直叫你」、「到處找你」、「玩捉迷藏」、「賭你出現」、「算你贏啦」、「利誘」、「威脅」、「激將法」、「討好法」、「哀兵政策」、「生氣」、「終於出現」、「你找到了」、「永遠的哥哥」、「永不忘記」、「永遠陪著我」、「心裡說悄悄話」、「你會繼續愛我」等三十個意象元素。

> 我們叫你、跟你說話、用力搖你……，你還是一動也不動。（J0102）──死亡的意象元素
>
> 哼，你要是再不出來，我就要把你的東西通通扔掉，我再也不想看見它們了。（J1901）──生氣的意象元素

（三）不同意象合體成有意義的概念飾品

每一本兒童繪本都可以找到十數個至數十個不等的意象，這些意象就像尚未做成產品的的材料一樣，價值差很大，接下來筆者要將屬性相同或類似的材料放在一起，夠創造出一個完整而且有造型的飾品，它才會成為一個消費者接受而且有價值的產品。所以，筆

者將每一本兒童繪本所找出的意象列出之後，經過三位專家共同認定，達到高度一致性後，再將屬性類似或相同的意象歸類在同一類別上，就可以繼續加工成為一個有意義的概念了。

　　例如，在「騎車到岸邊」的十二個意象元素中，筆者將「離別」與「逝去」二個意象元素重新命名為「死亡的隱喻」；將「等待」、「守候」、「想念」與「牽掛」重新命名為「永不遺忘的愛」；將「舒服」、「坦然」、「驚喜」與「興奮」等情緒意象重新命名為「接受與釋懷後的喜悅」，經過飾品加工的過程後，原本十二個意象元素就歸類為「生命最後盡頭的陪伴」、「親口與父親說再見」、「死亡的隱喻」、「永不遺忘的愛」、「接受與釋懷後的喜悅」等五個有意義的概念。

　　在「好好哭吧」這本繪本中，筆者分析二十個意象元素，最後分類成「死亡的隱喻」、「死亡的直喻」、「從重病到死亡的合理解釋」、「不願面對的真相」、「真情流露的負向情緒」、「向家人說明死亡的必然」、「說服家人接受死往的事實」、「慢慢接納死亡的事實」、「允許自己好好哭吧」、「想念就會一直在身邊」等十個有意義的概念。

　　在「獾的禮物」這本繪本中，筆者分析二十個意象元素，最後分類成「坦然面對生老病死的過程」、「坦然面對死亡的事實」、「死亡的直喻」、「死亡的隱喻」、「真情流露的負向情緒」、「談論老友的欣慰與喜悅」、「留給我們愛、生活與學習的能力」、「愛與分享的美德」、「最後心情慢慢變好」、「感恩的心情最美麗」、「懷念的滋味最甘甜」等十一個有意義的概念。

　　在「小魯的池塘」這本繪本中，筆者分析三十個意象元素，最後分類成「從生病到死亡的合理歷程」、「擁有許多美好的回憶」、「生命最後階段的陪伴」、「真情流露的負向情緒」、「面對生命無常引發的困惑」、「最誠實坦白的回應」、「安撫受傷心靈的擁抱」、「討論自己可以為死者做些什麼」、「死亡的直喻」、「最溫暖人心的同理」、「可

以睡得更安心的陪睡」、「承諾是最有力量的保證」、「行動可以暫時忘記悲情，沒時間悲傷」、「想念就不會遺忘」等十四個有意義的概念。

在「我永遠愛你」這本繪本中，筆者分析二十個意象元素，最後分類成「死亡的直喻」「坦然面對生老病死的事實」、「真情流露的負向情緒」、「事必躬親的照顧最放心」、「我永遠愛你的承諾」、「勇敢的把愛說出口」、「參與埋葬寵物的儀式」、「一個最安慰的擁抱」、「沒有憾事的心情好安慰」、「把愛送給更需要的人」、「尊重孩子另結新歡的需要」、等十二個有意義的概念。

在「永遠記住你的好」這本繪本中，筆者分析二十七個意象元素，最後分類成「生命最後階段的守候」、「死亡的直喻」、「死亡的隱喻」、「為生老病死找到一個合理歷程」、「真情流露的負向情緒」、「為寵物送行的儀式不可以缺席」、「感恩寵物曾經為自己做過的好事」、「全家一起起來送寵物上路」、「回憶的時候充滿好心情」、「分享的時候充滿好心情」、「送行儀式後有平靜與美夢」、「送禮物可以表達自己的心意」等十二個有意義的概念。

在「莉莎的星星」這本繪本中，筆者分析三十個意象元素，最後分類成「為生老病死找到一個合理歷程」、「真情流露的負向情緒」、「坦白告訴孩子生病的事實」、「讓孩子討論自己可以做些什麼」、「大家一起動起來做」、「親口表達自己的思念」、「親口給朋友友誼的承諾」、「最安慰與安定人心的握手」、「生命最後旅程的陪伴」、「想像一個迎新舞會的熱鬧與歡樂」、「看星星想念好朋友」、「到醫院探視朋友的行動」等十二個有意義的概念。

在「豬奶奶說再見」這本繪本中，筆者分析十七個意象元素，最後分類成「坦然面對生命的盡頭」、「坦然面對生老病死的事實」、「真情流露的負向情緒」、「一同留下許多美好的回憶」、「雙臂緊緊

擁抱至親入睡」、「生命盡頭的最後擁抱與陪伴」等六個有意義的概念。

　　在「毛弟，再見了」這本繪本中，筆者分析三十九個意象元素，最後分類成「死亡的隱喻」、「死亡的直喻」、「不願面對的真相」、「充滿安慰的擁抱」、「向孩子說明生與死的差異」、「與孩子討論寵物的死因」、「強調寵物曾經很幸福」、「真情流露的負向情緒」、「堅持再抱一次的需要與必要」、「與孩子討論如何幫寵物善後」、「允許孩子餵寵物做自己喜歡的事」、「全家一起動起來送寵物上路」、「親口向寵物說再見」、「慢慢接受寵物死亡的事實」、「承諾不會忘記舊愛」、「孩子有另結新歡的需求」等十六個有意義的概念。

　　在「你到哪裡去了」這本繪本中，筆者分析三十個意象元素，最後分類成「死亡的隱喻」、「不願面對的真相」、「真情流露的負向情緒」、「坦然接受哥哥死亡的事實」、「對不告而別的憤怒情緒」、「承諾會永遠記得哥哥」、「保證與哥哥說悄悄話」、「相信哥哥會永遠陪我」、「相信哥哥會繼續愛我」、「用自己的方法哀悼哥哥的死亡」十個有意義的概念。

（四）將類似概念調配成幾帖復原的處方

　　筆者從十本繪本中總共分析歸納出一百一十二個有意義的概念，經過初步整理將重複出現的概念剔除，最後還剩下八十三個有意義的概念如下：「陪父親騎車到岸邊」、「親口與父親說再見」、「永不遺忘的愛」、「接受與釋懷後的喜悅」、「死亡的隱喻」、「從重病到死亡的合理解釋」、「不願面對的真相」、「真情流露的負向情緒」、「向家人說明死亡的必然」、「說服家人接受死往的事實」、「慢慢接納死亡的事實」、「允許自己好好哭吧」、「想念就會一直在身邊」、「坦然面對生老病死的過程」、「坦然面對死亡的事實」、「死亡的直喻」、「談

論老友的欣慰與喜悅」、「留給我們愛、生活與學習的能力」、「愛與分享的美德」、「最後心情慢慢變好」、「感恩的心情最美麗」、「懷念的滋味最甘甜」、「從生病到死亡的合理歷程」、「擁有許多美好的回憶」、「生命最後階段的陪伴」、「面對生命無常引發的困惑」、「最誠實坦白的回應」、「安撫受傷心靈的擁抱」、「討論自己可以為死者做些什麼」、「最溫暖人心的同理」、「可以睡得更安心的陪睡」、「承諾是最有力量的保證」、「行動可以暫時忘記悲情，沒時間悲傷」、「想念就不會遺忘」、「事必躬親的照顧最放心」、「我永遠愛你的承諾」、「勇敢的把愛說出口」、「參與埋葬寵物的儀式」、「一個最安慰的擁抱」、「沒有憾事的心情好安慰」、「把愛送給更需要的人」、「尊重孩子另結新歡的需要」、「為生老病死找到一個合理歷程」、「為寵物送行的儀式不可以缺席」、「感恩寵物曾經為自己做過的好事」、「全家一起動起來送寵物上路」、「回憶的時候充滿好心情」、「分享的時候充滿好心情」、「送行儀式後有平靜與美夢」、「送禮物可以表達自己的心意」、「坦白告訴孩子生病的事實」、「讓孩子討論自己可以做些什麼」、「大家一起動起來做」、「親口表達自己的思念」、「親口給朋友友誼的承諾」、「最安慰與安定人心的握手」、「陪伴好朋友看星星」、「想像一個迎新舞會的熱鬧與歡樂」、「看星星想念好朋友」、「到醫院探視朋友的行動」、「坦然面對生命的盡頭」、「一同留下許多美好的回憶」、「雙臂緊緊擁抱至親入睡」、「道別前的最後擁抱與陪伴」、「充滿安慰的擁抱」、「向孩子說明生與死的差異」、「與孩子討論寵物的死因」、「強調寵物曾經很幸福」、「堅持再抱一次的需要與必要」、「與孩子討論如何幫寵物善後」、「允許孩子餵寵物做自己喜歡的事」、「全家一起動起來送寵物上路」、「親口向寵物說再見」、「慢慢接受寵物死亡的事實」、「承諾不會忘記舊愛」、「孩子另結新歡的決定」、「坦然接受哥哥死亡的事實」、「對不告而別的憤怒情緒」、「承

諾會永遠記得哥哥」、「保證與哥哥說悄悄話」、「相信哥哥會永遠陪我」、「相信哥哥會繼續愛我」、「用自己的方法哀悼哥哥的死亡」。

筆者與協同編碼專家將上述八十三個概念，進一步分析歸納成十二個更重要的命題如下：

1.面對關係失落不能不說的秘密

筆者將「死亡的隱喻」、「死亡的直喻」、「從重病到死亡的合理解釋」、「從生病到死亡的合理歷程」、「為生老病死找到一個合理歷程」五個有意義的概念，進一步歸納為「面對關係失落不能不說的秘密」此一命題。「面對關係失落不能不說的秘密」，翻開關係失落兒童繪本，不論是直喻或是引喻，明喻或是暗喻，「死亡」絕對是一個不可以「避而不談」的主題。「死亡」是生命歷程的一部分，陪伴孩子學習死亡與生命教育的人生課題，不說、不談、不問、不答絕對不是明智之舉，誠實與誠懇描述失落事實以及陳述死亡的歷程，都是關係失落兒童繪本不可迴避與缺席的內容。

2.面對失落的千頭萬緒誰人知

筆者將「真情流露的負向情緒」、「允許自己好好哭吧」、「面對生命無常引發的困惑」、「不願面對的真相」、「對不告而別的憤怒情緒」五個有意義的概念，進一步歸納成一個新的命題。「面對失落的千頭萬緒誰人知」，個體面對失落經驗，情緒是最直接、最自然、最普遍呈現的心情與感受。從困惑、懷疑、生氣、憤怒、悲傷、無奈到絕望；從否定、哭泣、討好到控訴，情緒表達與行為反應都是關係失落兒童繪本描述的重點，每個孩子面對關係失落經驗時，皆有不同的情緒與行為反應，各種情緒與行為反應乃是人之常情與真情留露，關係失落兒童繪本從不忌諱描述這些真實現象，足堪協助

讀者了解孩子面對失落可能會引發哪些情緒，以及接納孩子表達面對失落所引爆的各種情緒與行為反應。

3.心靈與肢體都是家人的安慰

筆者將「最溫暖人心的同理」、「可以睡得更安心的陪睡」、「安撫受傷心靈的擁抱」、「一個最安慰的擁抱」、「最安慰與安定人心的握手」、「雙臂緊緊擁抱至親入睡」、「充滿安慰的擁抱」七個有意義的概念，進一步歸納為「心靈與肢體都是家人的安慰」此一命題。翻閱與關係失落以及死亡議題相關的兒童繪本，讀者不難從繪本中發現同理與安慰的對話，以及親親、緊握雙手、擁抱等安撫情緒的肢體語言，讓原本沉重的心情得到不少撫慰。因此，安慰受傷的心靈與處理失落的經驗，口語表達與肢體接觸都是關係失落兒童繪本不可缺少的元素。

4.坦誠與孩子討論心中的困惑

筆者將「向家人說明死亡的必然」、「說服家人接受死往的事實」、「向孩子說明生與死的差異」、「與孩子討論寵物的死因」、「最誠實坦白的回應」、「坦白告訴孩子生病的事實」六個有意義的概念，進一步歸納成「坦誠與孩子討論心中的困惑」此一命題。年紀越小的孩子，認知發展尚未成熟的孩子，面對失落或是死亡事件的時候，心中會產生越多困惑與疑問，這些困惑若得不到適當的解答，會猶如滾雪球般越滾越大，重重壓在孩子的內心深處。一本好的兒童繪本，在處理孩子面對失落與死亡的疑問時，誠實回答孩子提出的各種疑問，以及坦誠與孩子討論心中的疑惑，是繪本為讀者做的最好的示範。

5.行動讓生活有目標，心理有寄託

筆者將「討論自己可以為死者做些什麼」、「讓孩子討論自己可以做些什麼」、「大家一起動起來做」、「與孩子討論如何幫寵物善後」以及「行動可以暫時忘記悲情，沒有時間悲傷」五個有意義的概念，進一步歸納成「行動讓生活有目標，心理有寄託」此一命題。筆者發現，和孩子一起討論大家可以為失落的關係做些什麼？在大伙兒七嘴八舌的討論之下，以及大家實際為失落關係一起動起來做些事情，都是關係失落兒童繪本著墨的動點。

6.孩子有自己走出失落的速度與方法

筆者將「堅持再抱一次的需要與必要」、「允許孩子餵寵物做自己喜歡的事」、「送禮物可以表達自己的心意」、「用自己的方法哀悼哥哥的死亡」、「孩子另結新歡的決定」、「尊重孩子另結新歡的需要」六個有意義的念，進一步歸納為「孩子有自己走出失落的速度與方法」此一命題。翻開關係失落兒童繪本，筆者發現孩子走出關係失落的方式不盡相同，以及孩子走出失落需要的多少時間因人而異，但是尊重孩子的速度與方法卻是不變的原則，是兒童繪本給讀者最終肯的建議。

7.生命盡頭的守候與陪伴沒有遺憾

筆者將「陪父親騎車到岸邊」、「生命最後階段的陪伴」、「一同留下許多美好的回憶」、「陪伴好朋友看星星」、「道別前的最後擁抱與陪伴」、「到醫院探視朋友的行動」、「事必躬親的照顧最放心」七個有意義的概念，進一步歸納成「生命盡頭的守候與陪伴沒有遺憾」此一命題。筆者發現本研究十本繪本，皆強調靜靜的守候與陪伴非

常重要，特別是在生命的盡頭與終點時刻，守候與陪伴為每一份關係帶來多一點安慰，少一點遺憾。

8.告別是關係失落復原的起點

筆者將「親口與父親說再見」、「為寵物送行的儀式不可以缺席」、「全家一起動起來送寵物上路」、「全家一起動起來送寵物上路」、「親口向寵物說再見」、「送行儀式後有平靜與美夢」、「參與埋葬寵物的儀式」七個有意義的概念，進一步歸納為「告別是關係失落復原的起點」此一命題。綜觀本研究十本關係失落兒童繪本的內容，筆者發現兒童繪本不忌諱直接與讀者談論埋葬、送行、上路這些觀念，而且強調告別、道別與再見，絕對是面對關係失落不可或缺的一個元素。

9.人都是靠著被想念才能夠永遠存在

筆者將「永不遺忘的愛」、「想念就會一直在身邊」、「懷念的滋味最甘甜」、「想念就不會遺忘」、「看星星想念好朋友」、「承諾會永遠記得哥哥」六個有意義的概念，進一步歸納成「人都是靠著被想念才能夠永遠存在」此一命題。誰說走出失落，邁向復原之路就一定要學會遺忘；誰說一定要把一份關係忘的乾乾淨淨才叫做復原，筆者發現本研究十本繪本強調，每一個人都可以一邊處理自己的失落經驗，一邊想念對方；一邊懷念一個人（寵物），一邊走出失落的傷痕，這兩者完全沒有衝突。

10.走出失落迎向復原需要時間

筆者將「接受與釋懷後的喜悅」、「慢慢接納死亡的事實」、「慢慢接納死亡的事實」、「坦然面對生老病死的過程」、「坦然面對死亡

的事實」、「最後心情慢慢變好」、「坦然面對生命的盡頭」、「慢慢接受寵物死亡的事實」、「想像一個迎新舞會的熱鬧與歡樂」九個有意義的概念，進一步歸納成「走出失落迎向復原需要時間」此一命題。筆者發現這十本繪本帶給讀者最大的安慰與信心，就是「走出失落總有時，邁向復原終有日」。所以，一本好的兒童繪本，最後一定要有坦然、接受、釋懷等心情元素，才能帶著讀者走出沉重的心情。

11.懷念與感恩為大家帶來更大的幸福

筆者將「談論老友的欣慰與喜悅」、「感恩寵物曾經為自己做過的好事」、「分享的時候充滿好心情」、「擁有許多美好的回憶」、「把愛送給更需要的人」、「回憶的時候充滿好心情」、「留給我們愛、生活與學習的能力」、「愛與分享的美德」、「強調寵物曾經很幸福」、「感恩的心情最美麗」十個有意義的概念，進一步歸納成「懷念與感恩為大家帶來更大的幸福」此一命題。復原的方法相當多，尤其懷念與感恩的力量何其大，筆者從十本繪本發現處理關係失落的課題，帶著懷念與感恩的心情面對傷痛經驗，都可以為活著的人找到更大的平靜與幸福。

12.承諾與保證在關係失落後找到信守與堅定

筆者將「我永遠愛你的承諾」、「勇敢的把愛說出口」、「沒有憾事的心情好安慰」、「親口表達自己的思念」、「親口給朋友友誼的承諾」、「承諾不會忘記舊愛」、「承諾是最有力量的保證」「保證與哥哥說悄悄話」、「相信哥哥會永遠陪我」、「相信哥哥會繼續愛我」十個有意義的概念，進一步歸納為「承諾與保證在關係失落後找到平靜與堅定」此一命題。筆者發現承諾與保證是關係失落兒童繪本終

了前的重要元素,透過主角或是小主人對一份關係的承諾與保證,讀者也可以感受到主角或小主人對一份關係的信守與堅定。

五、在失落的關係中重建關係

失落若是生命中不可避免的經驗,從失落到復原的歷程中,我們都得學習如何勇敢面對失落,才能夠勇敢走出失落邁向復原之路。在失落關係中重建關係,是走出失落,走向復原之路的不二法門,如何在關係中重建關係,筆者將一一介紹以下。

(一)面對孩子的疑問與困惑,誠實以對絕對是上策

禁聲與迴避並不能解釋死亡與失落之事實,反而讓孩子產生更大的恐懼與疑惑。誠實絕對是上策,用孩子可以理解的方式告知;死亡或是生了很重的病不是秘密,也不是禁忌的話題,當孩子可以從家長與師長的口中獲得真相的時候,他們就不會臆測,以訛傳訛,捕風捉影,最後嚇到自己,也傷害別人。真相若透過小道消息,口耳相傳或道聽塗說的方式取得,就更容易因為失真而產生不必要之困擾。

(二)自己與孩子的情緒都需要被同理與處理

大人的情緒沒有處理好,往往會直接影響孩子的心情。適度表達自己的感覺與照顧孩子的情緒,是面對關係失落必修的功課,父母與師長適度表達自己的心情與感受,讓孩子覺得我們的感覺站在同一陣線;引導孩子慢慢接受事實,引導想法也引導情緒,接納孩子的生氣、難過,才能讓孩子承認自己的各種情緒,並提供安全與放心的情境讓孩子宣洩情緒、放聲大哭。

（三）全家動起來就沒有太多時間悲傷

與其坐困愁城，坐在原地傷心難過，倒不如起身做一點對自己與對朋友有助益的事情，大家一起來，大家動起來，因為找到生活目標而更有力量，因為作一些有意義的事情，讓我們暫時忘記悲傷，忘了悲傷我們就可以快樂起來。全家動起來意味大家都重視這件事情，這不單單是大人的事情，也不該讓孩子孤孤單單獨自面對，分工合作可以分攤悲傷與難過，也可以分享珍貴的生命經驗，這是一段很棒的共同回憶。

（四）透過討論與對話可以了解孩子的想法

回到理性的思考層面，與孩子討論寵物的死因，就有機會了解孩子的思維，解開孩子心中的困惑，並找到孩子可以接受的理由。也許我們一輩子都不會知道毛弟真正的死因，但是可以確定的事情是毛弟活著的時候很幸福、很快樂，因為毛弟有一個非常善良、非常愛牠的小主人，所以知不知道死因好像已經不那麼重要了，重要的是我們都知道毛弟有一個很棒的小主人。

（五）允許孩子對失落的關係做自己想做的事情

讓孩子對寵物多做一點事情，孩子就會少一點悲傷；孩子忙一點，就沒有時間閒的發慌。此刻，孩子的自我概念與心智情緒好像都長大了不少，讓孩子有超齡演出的機會。處理孩子的情緒時，允許他偶而出現退化行為；在行動與思考的層面上，與父母親討論善後事宜時，提供孩子超齡演出的機會並尊重孩子表達的權利。好的善後可以幫助孩子儘快走出失落，邁向復原之路；處理不好，可能

讓孩子二度傷害。將寵物埋在孩子熟悉的地方，離家很近的地方，有安心、放心的效果，不至於產生分離焦慮。

（六）「再見」是關係失落復原的起點

親口道別，親口說再見，親自與毛弟話別，不論是生氣或傷心，是抱怨還是愛，都是處理不了情很重要的過程。許多一輩子的遺憾都是因為「來不及和親人說再見」，或是「面對一段來不及道別的關係」。所以，在處理善後之前，在節哀順變之前，讓孩子有機會再端詳的看看他的寵物。再看一眼是為了正式說再見，再看一眼是為了親自和它告別，再看一眼是為了永遠記得它。許多大人都不讓孩子看往生者的最後一眼，往往留下永遠再也看不見的遺憾；最後一次擁抱是為了重溫擁抱的舊夢，最後一次擁抱是為了勇敢說再見。

（七）生命盡頭的守候與陪伴最美

多一點守候，少一點遺憾；多一點陪伴，多一點回憶。生命最後階段的守候與陪伴，往往為一份關係留下最珍貴、最美麗的記憶。他們走過相同的路，看過相同的風景，吹過相同的微風，曬過相同的陽光，生活中有許多相同的經驗與感動，生命中有許多美麗的曾經，將來有一天，即使人面不知何處去，桃花依舊可以笑春風，滿滿的記憶不會使人孤獨，歷歷在目的曾經讓生命沒有遺憾與悔恨。及時的陪伴勝過千千萬萬個承諾；及時的擁抱勝過千言萬語，與親人擁抱即使只是生命的片刻，但是卻是剎那的永恆，足夠回味一輩子。

（八）甲你攬條條是最撫慰人心的肢體語言

擁抱、緊握雙手、拍拍肩膀，都是好安慰好安定人心的親密互動。當孩子面對關係失落的時候，總有波濤洶湧的情緒在心底深處

翻攪，此刻擁抱與身體接觸更重要，它有安慰與安定作用；即使是緊緊握是孩子的小手，或是孩子之間小手拉小手，小小的手有大大的溫暖，小小的手有大大的安慰，不管是大手或是小手，握的注的手就是最溫柔、最溫暖的手。

（九）尊重孩子走出失落陰霾的步調與方式

　　接受孩子面對失落到復原的步調，孩子復原的速度與腳步都不一樣，要不要養新的寵物讓他自己決定，我們相信他一定會在最好的時機做出作適當、最聰明的決定，不要比較、也不要揠苗助長，用自己的標準去要求孩子配合，容易造成不了情或是二度傷害，樂觀以對並帶著祝福的心情，陪伴孩子漸漸走出失落傷痕。

參考文獻

中文文獻

王瓊珠（2000）。和孩子談特殊教育。國小特殊教育，29，41-47。
方玫芳（2004）。說故事的技巧：以「一片葉子落下來」為例。國民教育期刊，44（4）。
方素珍（2000）。沒有你我怎麼辦。台北：上人文化。
江明涓譯（2004）。騎車到岸邊。台北：格林文化公司。
邱麗香（2003）。幾米繪本插畫之新探。未出版碩士論文，國立屏東教育大學教育心理與輔導研究所，屏東縣。
松居直（2000）。幸福的種子：親子共讀圖畫書。台北：台灣英文雜誌社。
吳淑玲（2001）。特殊關懷與繪本主題閱讀。國教新知，48（2），50-58。
林真美譯（1997）。獾的禮物。台北：遠流出版公司。
林美琪譯（2007）。怎麼會這樣？？！艾維斯的故事。台北：小魯文化。
陳質采譯（2001）。想念外公。台北：遠流出版公司。
陳致元（2000）。想念。台北：信誼出版社。

柯倩華譯（2009）。豬奶奶說再見。台北：東方出版社。

張莉莉譯（1999）。爺爺有沒有穿西裝。台北：格林文化公司。

張淑如（2002）。打開孩子的心窗。Gopher://gopher.ntntc.edu.tw/00/ping/530/
　　530-10.txt。

張碧如（2003）。說故事、看故事、討論故事：故事繪本的特色與運用。
　　兒童福利期刊，5，169-180。

劉清彥（2003）。圖畫書的生命花園。台北：宇宙光出版社。

劉清彥譯（2002）。小魯的池塘。台北：三之三文化。

劉清彥譯（2004）。毛弟，再見了。台北：悅讀文化。

劉清彥譯（2008）。你到哪裡去了。台北：三之三文化。

唐琮譯（2003）。超棒貓迪西。台北：上堤文化。

張玲玲譯（2003）。阿讓的氣球。台北：維京國際。

趙映雪譯（1999）。我永遠愛你。台北：上誼出版社。

柳田邦男（2006）。尋找一本繪本，在沙漠中……。台北：遠流出版社。

柳田邦男、松居直、何核隼雄（2005）。繪本之力。台北：遠流出版社。

唐一寧、王國馨譯（2006）。尋找一本繪本，在沙漠中……。台北：遠流
　　出版社。

夏春祥（2000）。媒介記憶與新聞儀式：二二八事件新聞的文本分析
　　（1947-2000）。未出版博士論文，國立政治大學新聞學系博士論文，
　　台北市。

許素婷（2009）。繪本教育團體輔導對國小學童性別角色刻板印象之研究。
　　未出版碩士論文，國立屏東教育大學教育心理與輔導研究所，屏東縣。

郭洪國雄（2007）。留住天空的微笑。屏東：香遠出版社。

郭洪國雄（2008）。繪本在生命教育與教學輔導上的運用。樹德科技大學，
　　96學年度導師輔導知能暨義輔老師期末工作坊，2008年6月26日。

郭洪國雄（2009）。永遠記住你的好。台北：心理出版社。

郭洪國雄（2010）。一個懷念與感恩的日子。屏東：香遠出版社。

莊梅萍（2008）。國中班級聯絡簿之文本分析。未出版碩士論文，國立東
　　華大學教育研究所，花蓮市。

陳雍正（2006）。文本分析。管倖生等編著：設計研究方法，73-82。台北：
　　全華。

陳凱婷、陳慶福（2008）。繪本團體在喪親兒童輔導上之應用。輔導季刊，
　　44（4），1-11。

陳景莉（2002）。學步兒母親以繪本為媒介的親子互動經驗。未出版碩士
　　論文，國立嘉義大學家庭教育研究所，嘉義縣。
彭慧雯譯（2003）。莉莎的星星。台北：大穎出版社。
黃碧枝（2010）。關係失落者的繪本自助閱讀體驗之分析。未出版碩士論
　　文，國立台南大學諮商與輔導研究所，台南市。
黃岱瑩（2009）。繪本班級輔導之實施對兒童性別刻板印象與兩性互動關
　　係影響之研究。未出版碩士論文，國立屏東教育大學教育心理與輔導
　　研究所，屏東縣。
黃迺毓（2001）。回轉像小孩。台北：宇宙光出版社。
黃迺毓（2002）。童書非童書。台北：宇宙光出版社。
黃迺毓（2003）。童書是童書。台北：宇宙光出版社。
楊茂秀、黃孟嬌（2000）。編織童年夢。台北：遠流出版社。
楊昕昕、陳奕萍（2003）。兒童故事中圖畫和文字的纏綿。國教天地，153，
　　92-100。
盧美桂、郭美雲（2008）。幼兒生命故事的編織：幼稚園繪本教學策略的
　　運用。台灣教育，654，2-9。
魏珮如（2005）。圖畫故事書文字要素探究。未出版碩士論文，國立台中
　　教育大學語文教育研究所，台中市。
羅明華（2001）。故事在兒童諮商中的應用。輔導季刊，37（1），39-45。

英文文獻

Feiler, A. & Webster, A.（1998）. Success and failure in early literacy; teachers'
　　predictions and subsequent intervention. British Journal of Special
　　Education, 25（4）, 189-195.
Jacobs, J.S., Morrison, T.G., & Swinyard, W.R.（2000）. Reading aloud to
　　students; A national probability study of classroom reading practices of
　　elementary school teachers. Reading Psychology, 21, 171-193.
Mathis, J.B.（2002）. Pucture book text sets: A novel approach to understanding
　　theme. The Clearing House, 75（3）, 127-131.
Olofsson, A., & Niedersoe, J.（1999）.Early language development and
　　kindergarten phonological awareness as predictors of reading problems.
Journal of Learning Disabilities, 32（5）, 464-472.

Owens, W.T., & Nowell, L.S.（2001）. More than just pictures: Using picture story books to broaden young learners' social consciousness. The Social Studies, 23-40.

幼兒性教育圖畫書之文本分析

周俊良

樹德科技大學師資培育中心暨人類性學研究所副教授

郭素鳳

樹德科技大學兒童與家庭服務研究所

研究生暨師資培育中心師資生

摘要

本研究旨在探究幼兒教育現場或家庭中，經常為教師或父母教導或親子共讀使用的圖畫書中，能藉以發展有關「性」的概念議題者，它們的內容分析，包含多數圖畫及較少部分文字，所要傳達的教育意義、文學元素及視覺線索之文本。共有 8 本具有性教育相關主題，適合 5 至 8 歲幼兒身心發展，坊間近期出版之以圖為主文字為輔的中文圖畫書，作為剖析之標的文本。分析結果，將可作為幼兒親師實施性教育之教材教法運用的參酌。

關鍵字：幼兒、性教育、圖畫書、文本分析

從懷孕開始，知道了胎兒的性別之後，成人的態度即已開始作起幼兒性教育的準備了。而圖畫書（picture book）是父母或師長最常使用的幼兒性教育教材；因此，對於在我國發行出版，適合幼兒

性教育圖畫書文本（text）之內容的瞭解，有助於教師或家長，針對幼兒實施性教育的教學規劃之有利參酌。

一、前言

（一）緒論

對性的認識與探索，其實在出生的那一刻便已展開；對幼兒來說，從出生的那一剎那就開始發展性的觀念（林燕卿，2004）。從知道性別的開始，就對幼兒選擇一個適合他性別的顏色、名字、日常用品和玩具，從此幼兒的性教育就照著他的性別角色如火如荼的開始。惟，性教育的意義與內涵指涉，它「不僅只包括解剖和生殖方面的知識，也不只限於青春期的教育，還應強調有關兩性間親密人際關係的發展和指引」，一個人生命發展成健全並富有創造力的個體，是與性有著密切關係的，切勿侷限於「性行為」或「性交行為」之技能性的教導，同時應包括性（sex）與性別（gender）有關的人類行為教育標的；所以，性教育應由出生開始，終其一生，是一個很大、很廣泛的計畫，其至少包括了性生理、心理、倫理和法理等層面，是學習如何成為一個男人或女人的教育，目的是要產生社會和道德所接受的態度和行為，亦可稱之為「人格教育」或「人性教育」（Burt & Meeks, 1975；晏涵文，2000）。

家庭是一個人從出生到死亡的過程當中待得最久的地方；根據 Walberg（1984）的研究，倘若不含睡眠時間在內，18 歲以前的學子花費在學校的時間，大約為 13%；質言之，父母可及之在家庭中教養子女的時間，多達 87%。而家庭是幼兒學習性教育知識的第一個場所，父母或照顧幼兒的親人是他的第一位老師，照顧幼兒的成

人經常會對幼兒提供和性有關的資訊（林燕卿，2004）；例如，身體部位名稱、穿著（男生穿褲子、女生穿裙子）……等。

　　能夠健康的面對自己的性（sexuality），是身為教師首要的特質，教師從事性教育的「態度」，本身就是一種教育，它會影響學童對性的看法（Juhasz, 1970; Reed & Munson, 1976; Fetter, 1987）。教師在施教和處理性方面問題時，應讓學生感覺到性是可以談的，性並非骯髒羞恥，性器官和身體的任何器官一樣尋常，偶而觸摸並不犯忌，絕不會因此遭到羞辱或恐嚇，教師抱持正確而自然的性觀念和態度，詳細為學生解說，從學前教育階段開始，可以健全他們正確的觀念和態度（毛萬儀、晏涵文，1995）。在很多父母均需工作之雙薪家庭的現今社會，幼兒園應該是幼兒銜接家庭接受性教育的地方，幼兒教師在幼兒性教育上所扮演的是一個極為重要的角色。Renshaw（1973）認為，教師談論性課題時感到自在，比其他的教學硬體設備，如掛圖、模型、影片、幻燈片……等都還重要。幼兒教師除了透過日常生活教育、課程規劃進行幼兒性教育之外，更可藉由圖畫書對幼兒提供正確的性教育知識，以避免尷尬教導被視為隱私的「性事」（毛萬儀，2004）。

　　再者，對幼兒來說，「圖畫書」是幼兒最早與最容易接觸、影響力最大的書籍，因為圖畫是古今中外相通的「視覺語言」，它能突破時間、空間與人種的隔閡；而好的幼兒圖畫書都具有幼兒發展性、想像力、創造性、傳達教育性與藝術表現的特點，對尚未識字，主要經由圖像進行學習的幼兒來說，它的影響是強而有力的（曾琬雯，2003）。除此之外，大多數的幼兒圖畫書都會以圖文並陳的方式，呈現活潑生動的圖畫文本，透過親子共讀或幼兒教師導讀，對幼兒的學習產生重大的意義。

（二）研究目的

目前，國內幼兒性教育的圖畫書出版仍是有限，冀望藉由幼兒性教育圖畫書的分析，提供幼兒照顧者或幼兒教師，面對各種幼兒性教育的議題，可為足資參考的指導綱領。斯此，臚列本研究之目的如下：

1.分析幼兒親師性教育教材之圖畫書的內容脈絡與架構。

2.梳理幼兒親師使用圖畫書作為性教育教材之教學意義與內涵。

（三）研究設計與實施

1.研究方法

根據前述研究目的，本文研究方法採用「比較研究法（comparative research approach）」及「文本分析法（textual analysis approach）」進行探究。

（1）比較研究法

藉由比較的視角，可以擴充單一向度概念成為多元層面，並且敏銳研究知覺，發掘精微之異同。本方法藉助 Bereday（1964, 1977, 1979）的方式，從文學、性學與幼兒教育的角度，提出描述（description）、解釋（interpretation）、併列（juxtaposition）與比較（comparison）的研究程序，以鋪陳具有性教育意涵、對比文學、美學觀點的幼兒課程與教學之論述。

（2）文本分析法

採擷「性教育」為分析主題，利用幼兒圖畫書文本（text）為分析之材料，分析不同版本相關之性教育內涵、概念、圖畫、教學

法或為以上各項的合併，以萃取有關圖畫書和性教育，在幼兒課程
與教學之融合。至於，文本分析之進行與功能，乃利用 Fairclough
的理論，認為文本具有互文性（intertextuality），亦為社會之成品
（social artifacts），植基於社會脈絡，並蘊含社會意義，分析文本
即能將語言與意識型態的關係詮釋出來（Fairclough, 1995;
Fairclough, 2003；游美惠，2000）。而圖畫書的文本，屬於一種較
為穩定、一致的類型（genre），從中的解釋，可以梳理出性教育方
法的執行脈絡。將圖文羅列對照，視為文本選擇和組織的「再脈絡
化（recontextualization）」，茲以評析「再脈絡化」中的文字符號，
縱貫與橫斷的性教育議題重組，得出其所表徵之幼教隱含或明示的
意義，俾利明瞭幼兒性教育的發展紋路（詹寶菁，2006）。

2.文本蒐集與分析

　　分析歷程分為：首先，依據幼兒性教育相關文獻，擬訂本研究
圖畫書篩選標準：（1）近 10 年內出版者；（2）與性教育主題相關
者；（3）可為教師導讀或親子共讀者；（4）適合 5 至 8 歲幼兒身心
發展者；（5）圖畫比例至少超逾 50%以上的篇幅者。再根據前述所
蒐集到的資料，與學者、實務界專家研討後，設定適合 5 至 8 歲幼
兒閱讀之性教育圖畫書，計有《種子寶寶》、《是誰造了我》、《小威
向前衝》、《薩琪到底有沒有小雞雞》、《媽媽生了一個蛋》、《我的小
雞雞》、《媽媽沒告訴我》和《有什麼毛病》等，共 8 本（如下表 1）。
嗣後，針對圖畫書之文學性與教育性進行剖析和意義詮釋，分析幼
兒可從中獲取之有關性心理、性生理與性社會議題之性教育（如圖
1）的資訊與內容。

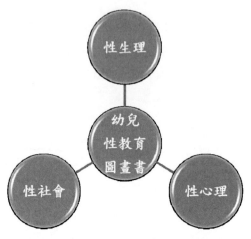

圖 1 本研究幼兒性教育圖畫書主題分類圖

（四）名詞釋義

以下將針對本研究之概念的操作，以界定重要之名詞如下：

1.幼兒

美國國家特別委員會（National Guidelines Task Force）在 1991 提出性教育教學四階段：5 至 8 歲兒童期、9 至 12 歲青春前期、12 至 15 歲早期青春期、15 至 18 歲青春期（林燕卿，1995）。本研究所指之幼兒，係指介於 5 至 8 歲此年齡層之兒童。

2.性教育

毛萬儀（2003）指出性教育是生理、心理與社會層面兼具的教育。本研究「幼兒性教育圖畫書之文本分析」所探討之性教育層面囊括性生理、性心理與性社會三種構面。

表 1　本研究研究圖畫書一覽表

書名	作者	繪者	譯者	主題	出版社	國內出版年代
種子寶寶	提利‧勒南	賽哲‧布洛克	武忠森	性生理	愛智	2004
是誰造了我	梅爾康、梅麗兒	尼克、米克	潘貞璇	性生理	光啓文化	2007
小威向前衝	尼可拉斯‧艾倫	尼可拉斯‧艾倫	黃筱茵	性生理	維京國際	2004
薩琪到底有沒有小雞雞	提利	戴爾飛	謝蕙心	性生理	米奇巴克	2010
媽媽生了一個蛋	巴貝柯爾	巴貝柯爾	王元容	性生理	親親文化	1999
我的小雞雞	山本直英	佐藤真紀子	游蕾蕾	性生理、性心理	維京國際	2003
媽媽沒告訴……	巴貝柯爾	巴貝柯爾	黃聿君	性心理	格林文化	2004
有什麼毛病？	巴貝柯爾	巴貝柯爾	黃鈺璇	性生理、性心理	格林文化	2000

3.圖畫書

「圖畫書」是翻譯自英文的「Picture Book」一詞，廣義的幼兒圖畫書，包括文學類的圖畫故事和知識類的圖畫書，亦稱為繪本（何三本，2003）。本研究所探討之圖畫書，指主題為性教育及其相關資訊，適合 5 至 8 歲幼兒閱讀或親子共讀，以圖畫為主要，文字為輔之適合幼兒身心發展的童書。

（五）研究範圍與限制

本文分析的 8 本幼兒圖畫書，係根據文獻探討，與學者、實務界專家研討後訂定得出。僅限適用符合幼兒身心發展之有關性教育

的中文圖畫書，其取得的方便性及幼兒對該繪本之理解程度，同樣為本研究的選書標準，無法針對市面上所有性教育圖畫書進行文本分析。此外，圖畫書原作者國籍、文化、性別、信仰各有不同，在圖畫書的文字描述與插圖表徵亦有所差異，進而或多或少影響到本研究的分析與詮釋。

二、幼兒性教育與圖畫書之探討

（一）性教育之意涵

晏涵文（1997）指出性教育是一種以積極的觀點、態度教導人們學習在現今民主社會中扮演適當的性別角色、建立良好的兩性人際關係，以及對個人行為負責、節制的教育。而性教育是生理、心理與社會層面兼具的教育，性教育是生活教育，更是家庭生活教育的一環，是幫助每一個人對自己的性行為負責任的教育，是發揚人性的品格教育、愛的教育（毛萬儀，2001）。

因此，幼兒性教育是一個廣泛而完整的教育範圍，應由出生開始，終其一生。幼兒性教育不僅教導幼兒有關性方面的知識，更透過科學的知識與適當的教學方法，藉以培養健全的性態度，促進兩性的和諧關係，引導幼兒性生理、性心理、性社會等方面的均衡，俾利全人發展的教育（林燕卿，2004）。

（二）性教育對幼兒之重要性

晏涵文（1995）更明確指出性教育的目的有三：1.是幫助每一個人正確認識自己在性生理、心理和社會等方面成熟的過程，以避免因錯誤知識或態度所導致的損害；2.是幫助個人對於人際關係有

較深的認識，並發展自己的性別角色，學習去愛、尊敬和他人負責；3.培養正確的觀念和建立道德所需的了解，它是在「做決定」時很重要的根據。

　　毛萬儀（1991）曾以家長及教保人員為研究對象，進行幼兒性教育應包含內容之調查，其中92.8%的家長認為幼兒性教育應包含「學習保持身體的清潔與衛生」，八成以上的家長認為幼兒性教育應包含「學習了解身體每一部位（包括生殖器官）的正確名稱與功能」、「學習保護自己的身體，不讓他人隨意的觸碰」、「學習了解與陌生人相處時的注意事項」，七成以上的家長認為幼兒性教育應包含「學習如何與同伴相處」、「學習了解生日的意義及新生兒的來源和出生」、「學習尊重他人的感受和權利」、「學習關於隱私的概念」，六成以上的家長認為幼兒性教育應包含「學習認識、扮演自己的性別角色」、「學習尊重異性」。另外，毛萬儀與晏涵文（1995）的親職性教育內容的調查也發現，有高達75%以上的幼兒家長認為應該包括在「親子溝通」、「在家庭中如何進行幼兒性教育」及「幼兒的性心理發展」三項，但在「性教育概論」只有48%的家長認為應該包括。綜上所述，性教育不僅具有性生理方面知識的傳授，包括性器官的構造、生育原理以及衛生常識等外，性教育還應融合生理、心理、社會三個層面的統整學習，其主要目的是培養具有愛、人際溝通、價值判斷分析能力及健康人格的個體；因為，對「性」有充分的了解而接納尊重不同的個體對事件分析判斷，做出合適的決定並為其負責，更能免除因無之產生的恐懼（毛萬儀，2001）。

（三）性教育與圖畫書之關聯

　　「性」是人生的重要課題，人一生的許多重要時刻都與性脫離不了關係。在民風文化較為保守的我國，性教育的起步雖然較為晚

慢，然而在教育、公共衛生、醫護、諮商輔導、法律、社會學等專業領域的努力下，許多與性及性教育相關的深入學術研究與專業師資培訓組織相繼成立，終於使得性教育在我國逐漸蓬勃發展，邁入更新的里程碑（毛萬儀，2004）。

Piaget（1976）曾說過：知識的緣起非僅存於物體本身（圖畫書），也非只在於主體自己（性教育），而是存在兩者間的緊密的交互作用（引自周淑惠，1996）。學者林燕卿（1997）指出，四種主要性教育教材類型（閱讀性材料、視覺教具、視聽教育教具、模型與物體）中，「閱讀性教材」（包含書籍、漫畫、報紙、雜誌、宣傳單、手冊等）中的「書籍」可以算是最普及、最容易取得的一種教材媒介。而圖畫書是幼兒最早接觸的讀物，也是幼稚園經常使用的教學材料（鄭博真，2005）。

具體從兒童文學的分類定義，就是圖畫比例要佔 50%以上的篇幅者，才能叫做圖畫書；惟，更嚴謹的定義認為，繪本的畫面必須有連貫，它的特色就是靠畫面連貫的韻律來說故事，否則只能叫做插畫書（illustration book）或插圖書（郝廣才，2006）。幼兒喜歡聽故事、看故事，是不徵的事實，圖畫書中描繪有關「性」的生活故事，乃是取自兒童最接近的環境與最熟悉的事物，茲以增進生活的體驗和探討身心所遭遇的可能問題為標的（林文寶，1994）。爰此，圖畫書具有多元的教育價值，可擴大孩子生活領域；豐富學習經驗；促進人格道德成長；提供美學感受；增進語文表達能力；促進認知能力發展；培養專注力、想像力及創造力；享受閱讀樂趣並能發展欣賞和評鑑文學作品能力等等（李侑蒔、吳凱琳譯，1998；李連珠，1991）。

在幼兒圖畫書的閱讀教學上，許多國外學者已經由實證研究發現，成人如果能引導孩子專注於文本的重點進行討論，並給予幼兒

思考、分析、回想的機會，對於促進其語文及建構意義的能力上相當有助益（許月貴，2002）。研究團隊同時身為性教育與幼兒教育界的成員，見到國內幼兒性教育風氣仍需持續推行，基於實務責任與學術興趣，認為探討如何將幼兒圖畫書運用於性教育知識上，是相當重要且具有迫切性的。因而以此為題，欲為探究兩者結合之深層的脈絡關係。

三、圖畫書內隱圖文元素與外顯性教育課題之逐本分析

　　本部分製表分析的內容，含括所選逐本圖畫書中的文學、圖畫元素，以及性教育主軸課題的意涵梳理。

（一）從幼兒性概念邏輯觀點出發的《種子寶寶》

　　《種子寶寶》是由法國作家撰寫，主要傳達精卵結合的過程、嬰兒在母體內成長及出生的歷程等兩大知識。特色為翻轉書，生命起源的問題解答，仍是本書圖文的功能；本書的另一特點，就是能比較開放的將男女性赤裸交疊的身軀描繪出來，男女性器官接合的交融情景，以圖畫來真實呈現，現代繪圖的筆觸，簡約的線條，自然化解了不自在的氛圍，這是本書與其它書籍最大的差異（如表2所示）。

　　另以「雞雞」代替陰莖、「種子」代替精子、「通道」代替陰道等詞彙，整本書的字數約莫600字，每字大小約0.8公分，附注音符號，適合教學展示及幼兒自行閱讀。在性知識內容的部分，「種子寶寶」提供較多偏醫學的專業知能，告訴幼兒有人工受孕及剖腹生產等知識。

表 2　《種子寶寶》圖文元素暨性教育議題萃析表

圖文元素	圖畫文學元素萃析
故事情節	以泛靈論的觀點，藉由女孩提問「baby 是怎麼製作的」，提出許多幼兒的假設，解答者提出自然受孕與人工受孕的兩種途徑；而「baby 從哪裡來」，提出許多幼兒的假設，解答者提出自然產與剖腹產等兩種途徑。
人物刻劃	以爸爸、媽媽為主角，暗示性關係在婚姻與家庭的價值。
時空背景	藉由幼兒提問，呈現各場景。本書提到較多醫學類專業知識。例如人工受孕、剖腹產等。
風格表現	幽默、創意，包含知識解答。
寫作觀點	小女孩為第一人稱，藉由第三人稱解答相關問題。
教育主題	生命從哪裡來、生命是怎麼製作的。此為雙主題式的「翻轉書」，一半部解答 baby 是怎麼製作的？另半部解答 baby 從哪裡來？兩個問題，文字敘述不多。
繪畫風格	具現代感，簡約線條。
素材運用	以鋼筆、水彩、紙雕、實體影像為創作之顯像工具。
色彩基調	底圖為白色基調，運用大量實體影像呈現立體感，每頁大多僅用單一色彩呈現。
版面構圖	圖示大多以鋼筆輔以單一水彩顏料構成，將卵子、精子用豆類取代。而有別於傳統，在圖畫中有赤裸的具體圖像，出現可能令幼兒「驚悚」之男女性交場景。

（二）帶有宗教色彩的《是誰造了我》

　　《是誰造了我》是從天主教的觀點描述上帝賦與家庭有著延續生命的使命，接著講解身體構造、性交過程、胎兒成長過程、分娩過程等。中、英文雙語呈現，無注音符號，字數約 2640 字，每字大小約 0.5 公分，適合教師於課程中講授性教育相關知識。在性知識內容的部分，《是誰造了我》對於生育的過程有詳盡的文字敘述，書本內沒有將性器官用其它詞彙代替，單純呈現專有名詞。在性行

為圖畫的部分，僅呈現父母親蓋著被子撫摸彼此頭部的畫面。本書特色是從宗教角度詮釋人類性生活、生育、情愛等現象（如表 3 所示）。將男女性行為譬喻為拼圖，為切入主題的比喻策略。男女性交場景在圖畫中僅有床上蓋被子的畫面，四兩撥千金避開隱晦處，文字敘述則較為詳盡。

（三）從活力精子游移視角激發幼兒閱讀興趣的《小威向前衝》

　　從書名即可一窺端倪，小威的向前衝，喻含超強競爭的生命力。《小威向前衝》是以精子的一生為故事主軸，包含精卵結合、受精卵成長、生育等歷程。字數約 500 字，每字大小約 0.7 公分，附注音符號，適合教學展示及幼兒自行閱讀。在性知識的部分，《小

表 3　《是誰造了我》圖文元素暨性教育議題萃析表

圖文元素	圖畫文學元素萃析
故事情節	從天地萬物的生命開始闡述，接著提到上天賦與家庭有著延續生命的使命，然後講解身體構造、性交過程、胎兒成長過程、分娩過程。
人物刻劃	以上帝、爸爸、媽媽為主角，宗教色彩濃厚，暗示性關係在婚姻與家庭的價值。
時空背景	從天地萬物的生命開始闡述。
風格表現	知識解答為主。
寫作觀點	藉由第三人稱的角度對讀者提問，並陳述知識。
教育主題	性生理的知識傳授，包含性器官介紹、性行為的經過、胎兒在母體內的成長速度、分娩的過程。明確的告知上帝為萬物造物者，賦予父母親創造生命的資格，以中英文雙語呈現。
繪畫風格	卡通筆觸、強調世上有各色人種，但主角為白種人。
素材運用	色鉛筆、水彩。
色彩基調	底圖為白色基調，圖片色彩以粉暖色系為主，沒有鮮豔強烈但卻有明亮之感。
版面構圖	圖文併陳，人物圖像畫面純樸、保守。

威向前衝》以擬人化的方式將精子視為男主角，精子與卵子結合的歷程視為游泳大賽，增加幼兒聽故事的趣味性，這是與其它本知識傳授為主旨的圖畫書不同之處，不過本書缺乏較詳細的性生理知識介紹，除了精子、卵子這兩個專有名詞有呈現出來，其於的性器官皆無提及（如表 4 所示）。

表 4　《小威向前衝》圖文元素暨性教育議題萃析表

圖文元素	圖畫文學元素萃析
故事情節	故事開頭先介紹精子小威的生活環境，參與游泳競賽的故事。接著描述成為受精卵後胚胎的生長過程，之後胎兒出生了，陳述小威與幼兒的相似性。
人物刻劃	以精子為主角，從男性的角色看待受孕生產這個歷程。暗示性關係在婚姻與家庭的價值。
時空背景	從精子在陰囊中成長、成為受精卵的歷程為主，背景多為精子們共同生活的情景。
風格表現	幽默、不同於其它圖畫書的觀點，將精卵結合視為有趣的競賽。
寫作觀點	藉由第三人稱的角度闡述精子小威的冒險故事。
教育主題	以精子一生的故事為主軸。包含精卵結合、受精卵成長、生育等歷程。將精子擬人化，故事趣味性十足，增進孩童閱讀的興趣。對於性行為的經過、性器官的介紹、分娩過程等描述，與其它圖畫書相較之下，明確性稍顯失色，知識傳授的功能較薄弱。
繪畫風格	卡通筆觸，簡約線條，主角為白種人。
素材運用	以水彩、鋼筆運彩。
色彩基調	底圖為各色的單一色調，圖片色彩以粉暖色系為主，沒有鮮豔強烈之感受。
版面構圖	圖示皆置於畫面正中央。文字約佔版面 15%，圖畫約占 30%，有大幅襯底留白處，以突顯鮮明的主題。

表 5　《薩琪到底有沒有小雞雞》圖文元素暨性教育議題萃析表

圖文元素	圖畫文學元素萃析
故事情節	從馬克思的觀點來看，有小雞雞的男生是最強壯了，沒有小雞雞的女生最弱了。有一天教室裡來一位女生薩琪，薩琪會爬樹、打架會贏、會畫長毛象。馬克斯在想「薩琪一定是有小雞雞的女生」。
人物刻劃	以爸爸、媽媽為主角，暗示性關係在婚姻與家庭的價值。
時空背景	長毛象、馬克斯小男孩有小雞雞，薩琪女孩沒有小雞雞卻很會爬樹、打架還會畫長毛象。
風格表現	幽默、創意，滿足孩子的好奇心。
寫作觀點	以小男孩的觀點去發掘兩性的不同，以學會互相尊重。
教育主題	以馬克思為主述認為，有小雞雞的男生是最強壯了，沒有小雞雞的女生最弱了，男女生是有性別差異的。有一天教室裡來一位女生薩琪，薩琪會爬樹、打架會贏、會畫長毛象。馬克斯在想「薩琪到底有枚有小雞雞」，產生了好奇、迷思，寓意要學會兩性彼此尊重。
繪畫風格	卡通風格，鼻、眼、四肢均不以人體比例呈現，帶有人畜共通的外在特質。
素材運用	以水彩著色。
色彩基調	大片底色留白，色彩鮮麗，線條曲折。
版面構圖	畫中人物對比強烈，小版面的呈現，仍以圖像為主。

（四）具性別因素對比的《薩琦到底有沒有小雞雞》

　　《薩琦到底有沒有小雞雞》開宗明義的基本假設，乃對於擁有陰莖的男孩，視為強壯的族類，優越的代表。故事中的男主角馬克思，為一具有性別意識及性別刻板印象的男孩。惟，破解馬克思男性優越想法之刻板印象者，卻為薩琪的轉學入班；因為，薩琪是一位具有很多男性特質的女孩，她不但可以是一位運動健將，踢足球、騎腳踏車、爬樹，均難不倒她，甚至連打架都會贏。爰此，性別認知衝突產生後，馬克思就想盡辦法，上廁所、更換衣服的時機，

百般地欲驗證薩琪女性性器官的存偽。最後，在一次游泳玩水前的機會，終於解開馬克思的性別刻板印象的疑惑，他看到薩琪的陰道（小妞妞），肯認女性亦能與男性一樣的優越。

文字比例稍顯密集，小版面的頁面設計，較不適合教師直接持本對幼兒導讀或講解。而馬克思極盡所能的，偷偷摸摸想要一窺薩琪裙底性器官的行為，以為證明只有男性才是優秀的性別刻板印象之舉動，雖無對薩琪強制，然似乎已經觸犯了校園性騷擾的規範的底線，似不可取。

（五）貼近視覺驚奇畫面的《媽媽生了一個蛋》

本書一開始為了回答兒童有關生命的來源問題，難為情的父母親，以似是而非、牽強附會、違反自然定律的答案，避免尷尬地來挑戰兒童矛盾的認知能力；例如，「把寶寶種籽種在花盆裡，寶寶就會慢慢發芽、長大」，這非性教育應有的示範。反倒是，兒童以此為引點，利用線條式的構圖，以管子與洞洞為實物比喻，說明父親將陰莖（管子）伸至媽媽的陰道（洞洞），再把蟲蟲（精子）放到媽媽的肚子裡。

另為抒解男女性器官接合的悚動驚奇視覺 4 張圖像作用，遂以帶著各種歡愉或無奈、戲謔表情的俏皮遊戲，伴以變換交媾體位方式，描繪管子伸進肚子，身體「黏在一起」的交疊性交姿勢。嗣後，呈現父親射精後的精子與卵子（蛋蛋）結合情境，以及腹中受精卵成長、出生等場景，作為收尾（如表 6 所示）。雖是避免尖銳的性交意向，所以才有遊戲式的男女交媾畫面，但是性交時男女的愉悅表情，應該忠實呈現才好，以免產生對性交不適當的負面看法。

表 6 　《媽媽生了一個蛋》圖文元素暨性教育議題萃析表

圖文元素	圖畫文學元素萃析
故事情節	爸爸和媽媽告訴孩子：「小寶寶怎麼來」開始，女孩從香料混出來的、男孩小狗尾巴和泥土做出來的、恐龍送來的漿餅做出來的、石頭下發現的、媽媽生了一個蛋……孩子畫圖告訴爸爸媽媽孩子真正從哪裡來……。
人物刻劃	爸爸媽媽用錯誤的訊息告訴孩子「小寶寶怎麼來」，孩子用畫圖告訴爸爸媽媽他們知道「小寶寶怎麼來」。
時空背景	香料、小狗尾巴、泥巴、恐龍、石頭、薑餅、花盆、蛋、小朋友畫圖蛋在媽媽肚子、蟲蟲在爸爸身體的袋子……，最後寶寶生出來了。
風格表現	幽默、創意，包含知識解答。
寫作觀點	藉由畫圖解釋小寶寶如何孕育生產。
教育主題	爰因父母難以啟齒性交行為的細節，藉由錯誤的示範，以反面對比來突顯教導兒童相關的性知識。
繪畫風格	筆觸活潑，人物多元呈現。
素材運用	以水彩、蠟筆作畫。
色彩基調	運用多彩，畫面溫和協調。
版面構圖	版頁主以多圖、多人物方式呈現，人物比例忽大忽小。

（六）大雜「繪」主題式的《我的小雞雞》

《我的小雞雞》一書同時呈現性生理、性心理與性社會之性教育的相關議題討論。在本書前部，以性社會之性別教育層面為主，意圖打破性別刻板印象，且亦為性騷擾、性侵害的防治，作了說教般的訓示。接踵而至的才是性生理的認識，惟性交的圖像並無呈現，僅以目標參照之精子與卵子的邂逅與結合場所，代替男女交媾的細節過程，慨略描述胎兒受精、成長與隨後的生產里程，以及迎接新生命誕生之愛的喜悅和分享（如表 7 所示）。

仍屬傳統式的性教育教材表現作法，每幕場景相接的連慣性鬆散，生殖器主角外之各次主題銜接縫隙過大，主題並未單純化的彰

表 7　《我的小雞雞》圖文元素暨性教育議題萃析表

圖文元素	圖畫文學元素萃析
故事情節	男孩和女孩身體構造的不同，如廁、洗澡及隱私，如何保護自己的隱私處，遇到不認識的人不可以跟他走或自己一個人跑出去，遇到危險不驚慌失措懂得如何呼救保護自己，青少年的發育、精子卵子如何結合，經過九個月的後，生下了你，那一天就是你的生日。
人物刻劃	男孩、女孩的不同，如何保護隱私處和陌生人；青少年時男女的身體構造，精子卵子住在睪丸和卵巢，經由結合生下了小生命的你，受到眾人的期待。
時空背景	男孩女孩玩耍開始，引入男女身體構造，精子卵子如何結合、生產。
風格表現	利用戲謔的口吻、寫實的圖文，呈現兒童有關性的議題。
寫作觀點	藉由第二人稱的角度對讀者陳述解答知識。
教育主題	呈現因為男女身體構造的不同，該如何清潔如何保護自己的隱私處，遇到陌生人不可以與其單獨相處，遭受危險不驚慌失措，懂得如何保護自己；成長的發育、精子卵子的結合，再經九個月的孕育，生下小寶寶……等主題。
繪畫風格	非寫實的模糊筆觸，人物臉上表情刻畫少樣，雖屬活潑，但帶有些傳統的味道。
素材運用	主以水彩，輔以蠟筆作畫。
色彩基調	樸實素色，間有留白處。
版面構圖	以人為中心，放大人物比例，或以連續圖案，序接故事情節。

顯，綱不舉目也就不張，如同一碗性教育的大雜「燴」（繪本），隨食者高興，愛吃什麼就吃什麼，應有儘有。

（七）青春期前通俗的性教育圖畫書《有什麼毛病》

本書《有什麼毛病》是以擬人化的手法，藉「賀爾蒙」的藥物作用，建構一個「功能性」的角色，搭配兒童應景的子女「旁白」身分，以說明如何影響人類的生理發展，藉此鋪陳性的成長故事。首先，因為賀太太調配了魔術藥水，以致由青春期開始的女性，從

胸部長大、初經、青春痘、注意外表、目光偏向周遭異性，最後戀愛、結婚生子的情緒變化寫照，均在此處呈現。

　　隨之，男生生理成長部分如出一轍，依樣複製女生線性發展的順序，僅換成男性生理特質者（如表 8 所示）。而圖的版面占了大部分的頁面，雖然圖中也將男女的身體特徵，沒有避諱的顯露，但是仍帶有傳統的性教育思維，著重在一定順序的青春期至成人的身心變化描繪，本書之圖文內涵平淡無奇，欠缺特別之性教育議題的突破表現。

表 8　《有什麼毛病》圖文元素暨性教育議題萃析表

圖文元素	圖畫文學元素萃析
故事情節	泰迪熊擔任成長專家，談賀爾蒙在男生女生身體上的變化，生理期，身體上的毛髮，青春期及鬱卒的心情，談戀愛、生小孩，幻想成一趟曲折的探險。
人物刻劃	泰迪熊是成長專家，談賀爾蒙產生的身體變化、成長，幻化成一趟成長探險。
時空背景	泰迪熊、賀爾蒙、男生、女生的身體變化。
風格表現	幽默、幻想、逗趣的圖畫。
寫作觀點	用幻化的角色談賀爾蒙造成身體上的變化。
教育主題	藉由泰迪熊擔任成長專家的角色，談賀爾蒙在男生女生身體上的變化，生理期，身體上的毛髮，青春期及鬱悶的心情，談戀愛、生小孩，幻想成一趟曲折成長的探險。
繪畫風格	誇張而卡通的線條，勾勒人物的情緒變化。
素材運用	以水彩、色筆做圖。
色彩基調	常以單調色彩為主，尤以人物裸裎表現，其餘的用色保守，雜有深色系背景色調。
版面構圖	時有留白，但常令人窒息的使用深色塗滿所有頁面，人物大小接近，並無突出之處。

表 9　《媽媽沒告訴我》圖文元素暨性教育議題萃析表

圖文元素	圖畫文學元素萃析
故事情節	從媽媽沒告訴我，生活裡有好多秘密，例如肚臍有什麼用，媽媽忙到沒時間陪我……女生為什麼喜歡女生，男生為什麼喜歡男生；有的人鼻子裡長毛，頭髮卻沒有毛……等，爸爸媽媽晚上睡覺為什麼要鎖門，以後他一定會告訴我……。
人物刻劃	以第一人稱我為主角，生活上有許多媽媽沒告訴我的事，男生和女生不一樣，大人男女分不清，談到男男、女女的愛戀，長大後，媽媽一定會告訴我。
時空背景	我，媽媽沒告我的事……例如男生女生不一樣的事，爸爸媽媽睡覺要鎖門……。
風格表現	幽默、直接的文字，生動的圖畫。
寫作觀點	用第一人稱我，談生活上的好多秘密。
教育主題	生活裡有好多秘密，媽媽沒告訴我，例如女生為什麼喜歡女生，男生為什麼喜歡男生，有的人鼻子裡長毛，頭髮卻沒有毛……等，爸爸媽媽晚上睡覺為什麼要鎖門……。用孩子的觀點去問一些生活上難以回答的問題。
繪畫風格	活潑的卡通式風格，屬非墨守成規的繪畫作法，但並無一特出的表現手法。
素材運用	以水彩、色筆、素描筆繪畫。
色彩基調	用色平淡，素顏暖色，多有留白，惟亦有鮮明對比用色者。
版面構圖	大小比例人物交互使用，以線條勾勒男女裸裎，以化解隱私外露的尷尬場面。

（八）多瑣議題併陳的《媽媽沒告訴我》

　　《媽媽沒告訴我》乃以未盡之媽媽的責任為題，運用日常有關生理、心理或生活瑣碎問題，給予引讀者或指導之親師極大的發揮空間，以澄清其背後的答案或價值觀。能與性教育直接牽涉之相關議題，大抵為家庭中暫時拋離子女之父母獨處（含約會、性交、婚姻關係維繫），以及性別意識、同性戀的現象觀察。

　　圖文中仍以圖像為主，文字不多，符合幼兒自己閱圖看故事的特性，惟書中主題圍繞在幼兒常提問的「為什麼」之上，稍顯無章雜亂，反而是性的議題較為顯眼，引人側目。然而，脫離不了傳統性教育教學思維的框架，以「問思」來取得教學繪本的地位（如表9所示）。

四、結論與啟示

　　圖畫書是幼兒最早可及的聽讀文本，也是幼兒園所經常使用的教學材料，在民風文化較為保守的我國，可以算是最普及、最容易取得的性教育教材。性教育的起步雖然較為晚慢；然而，援引圖畫書為媒介，激勵幼兒閱讀的興趣與機會，讓對「性」的正確知識與態度，在幼兒的心中滋長、建立。

（一）結論

　　透過本研究對於性教育相關文本的分析，萃得以下結論：

1. 性教育相關圖畫書主題，逐漸脫離傳統說教式之避重就輕的樣態。
2. 大版面的圖畫書文本，重要人物圖像比例放大，文字亦以寬面的字體字形顯現。
3. 圖文並茂的圖畫書在訴說教育性議題時，呈現活潑、詼諧、幽默、生動、色彩明亮、符映幼兒心理地吸引幼兒聽讀，以提升美學感受，豐富學習經驗。
4. 生命的起源仍是性教育發問的主流問題，能將以往視為禁忌之男女性器官接合的情形，不加以避諱的以圖片忠實呈現，以為親師理答幼兒問題的根據。

5. 性教育相關圖畫書主題出版，已界可提供親師課程與教學設計參
　考的水平，並能針對不同年齡的認知發展，提出結構化之不同層
　次的性教育內容。

（二）幼兒性教育之啟示

　　綜上言之，圖畫書具有多元的教育價值，可擴大幼兒生活領
域，豐富學習經驗，促進人格道德成長，提供美學感受，增進語文
表達能力。而結合「性」的生活經驗之後所得的文本分析，凝具帶
給性教育工作同道或父母的未來啟示為：

1. 一改前昔性教育偏重性生理（如認識性器官）、性社會（如性別
　事件）議題，而今亦有偏向性心理（如約會、性交的歡愉）主軸
　的轉移趨勢。
2. 幼兒性教育主題，倚重圖畫書來呈現的比率，更加顯著與全面。
3. 幼兒性教育教學輔以圖畫方式呈現，最能使親師去除尷尬，顯得
　自在，而沒有隱諱的實施，避免親師語焉不詳而讓孩子感到混淆
　的困窘情狀。。
4. 幼兒性教育以圖畫書方式、故事性內容呈現，以「同時學習原則」
　的啟動，不但能培養幼兒文學鑑賞的情意感知，更可增加詞彙運
　用的脈絡線索。
5. 幼兒性教育圖畫書的編製，需配合幼兒心理及符應當前社會價值
　觀，幼兒性教育圖畫書有本土化發展的迫切需求性。

參考文獻

中文文獻

毛萬儀（2004）：兒童繪本中的幼兒性教育議題分析——以「身體議題」
　　為例。台灣性學學刊，10（2），頁 61-84。

毛萬儀、晏涵文（1995）：幼兒「性好奇」及家長和教保人員對幼兒性教
　　育之看法。台灣性學學刊，1（2），頁 24-42。

江漢生、晏涵文編（2000）：性教育。台北市，性林。

何三本（2003）：幼兒文學。台北市：五南。

李侑蒔、吳凱琳譯（1998）：幼兒文學。台北：華騰。

李連珠（1991）：課室內的圖畫書。國教之友，43（2），頁 29-36。

林文寶（1994）：兒童文學故事體寫作論。台北市：毛毛蟲兒童文學基金會。

林燕卿（2004）：幼兒性教育。台北市：幼獅。

周淑惠（1996）：當前幼兒數學研究及其教育意涵。國民教育研究學報，2，
　　頁 255-284。

晏涵文（2000）：性教育導論。載於江漢聲、晏涵文主編「性教育（頁
　　14-26）」。台北市：性林文化。

郝廣才（2006）：好繪本如何好。台北市：格林文化。

許月貴（2002）：兒童文學之評鑑、選擇與教學探究－以圖畫故事書閱讀
　　教學為例。台北市：富春文化。

游美惠（2000）：內容分析、文本分析與論述分析在社會研究的的運用。
　　調查研究，8，頁 5-42。

鄭博真（2005）：幼兒教師運用多元智能進行圖畫書教學之研究。幼兒保
　　育學刊，3，頁 57-80。

詹寶菁（2006）：專書評介——Norman Fairclough 之《論述分析：文本分
　　析在社會研究上之應用》。初等教育學刊，24，頁 87-94。

英文文獻

Bereday, G. Z. F.（1964）. Comparative method in education. New York: Holt,
　　Rinehart Winston, Inc.

Bereday, G. Z. F. （1977）. Comparative analysis in education. *Prospects, 7* （4）, p. 472-487.

Bereday, G. Z. F. （1979）. Early teaching exposure to comparative dimensions in law and education. *Educational Perspectives, 18* （2）, p. 4-8.

Burt, J. J., & Meeks, L. B. （1975）. *Education for Sexuality: Concepts and Programs for Teaching.* Philadelphia, PA: W. B. Saunders Co.

Fairclough, N. （1995）. *Critical discourse analysis.* New York: Longman Publishing.

Fairclough, N. （2003）. *Analyzing discourse—Textual analysis for social research.* New York: Routledge.

Fetter, M. P. （1987）. Reaching a level of sexual comfort. *Health Education, Feb./Mar.,* p. 6-8.

Juhasz, J. S. （1970）. Characteristics essential to teachers in sex education. *Journal of School Heath, 40* （1）, p. 17-19.

Reed, D., & Munson, H. （1976）. Resolution of one's sexual self: An important first-step for sexuality educators. *Journal of School Health, 46* （1）, p. 31-34.

Renshaw, D. C. （1973）. Sex education for education for educators. *Journal of School Health, 43* （10）, p. 645-650.

Walberg, H. J. （1984）. Family as partners in educational productivity. *Phi Delta Kappa,* 65, p. 363-368.

電子繪本的製作：
以感恩學習活動為例

李新民

樹德科技大學兒童與家庭服務系暨師資培育中心副教授

摘要

本文以感恩學習活動為例，介紹 PPT 電子繪本的製作過程，並將此繪本實際應用於幼稚園大班幼兒的教學。根據經驗抽樣法的評估，本文所發展的電子繪本可以有效提升感恩體驗，而且對於幼兒快樂的提升和悲傷的降低具有潛在的作用效果。

關鍵字：電子繪本、感恩

一、緒論

誠如黃武雄（1994）所言，跟成人相比較，兒童比較缺乏豐富的人生經驗，他們需要一些兒童文學作品，做為經驗的補充，以提升有意識的學習和豐富的想像力。繪本（picture storybooks）透過圖畫與文字的編排，把故事情節串連在一起，即使是不識字的兒童，也可以經由圖片的瀏覽，在看圖說故事的心理運作過程中，猜測故事的涵義，解讀故事的寓意，乃至促進閱讀理解，學習語文和相關知能（林敏宜，2000；蕭淑美，2007）。繪本可以說是兒童進

入認知學習、情意涵養的「導遊」。國內目前大力推動繪本教學，行政院文建會兒童文化館（2006，2010）即提供諸多繪本教學的現成作品，坊間也有不少出版社出版繪本以供教師和家長使用。另外一方面，隨著數位科技的突飛猛進，教學早已進入多媒體時代。多媒體教學軟體能有效地呈現教學內容，活化教學、節省教學時間與成本，並提供一個非同步個別化的豐富學習環境（鐘樹橡、林慶宗，2006）。在這股浪潮驅使下，電以繪本（electric picture books）於焉產生。電子繪本是結合兒童文學、語言、圖片、音樂（效）、動畫的多媒體作品（陳韻仔，2002）。電子繪本除了可以彰顯紙本繪本的功能之外，多媒體的聲光刺激，更能夠吸引兒童的注意力，增加閱讀的動機，強化學習的資訊處理。不過，電子繪本的製作需要電腦科技的素養，這往往使得教師運用現成的光碟版電子繪本，無法製作適合其教學需求的電子繪本。另外一方面，目前有關電子繪本的研究偏向認知學習，對於正向心理學所闡述的正向心理特質培養之應用，相當罕見。而教育部（2009）正大力推動品德教育促進方案，期盼培養具有良好品格和積極道德優勢的國家未來主人翁。爰此，本文以 PPT 型式為主，闡述電子繪本的製作，並以感恩學習活動為電子繪本製作主題，實際應用以評估電子繪本在品德教育促進的潛在效益。

二、繪本的意義與教育價值

（一）繪本的意義

　　繪本目前在教育界相當流行，透過繪本進行教學、輔導也日益興盛，而我們所謂的「繪本」其實是日本對圖畫書（picture books）

的翻譯用詞，意思就是「畫出來的書」（吳淑玲，2001；邱愛真，2004；郝廣才，2006）。若是從 picture books 的原文來看，所謂的繪本是指一種以圖畫為主，文字為輔，甚至是完全沒有文字，全是圖畫的書籍。更精確的說，繪本有成人繪本與兒童繪本之分，使用在兒童身上的兒童繪本，又叫做「童書」（childlike book）（黃迺毓、李坤珊、王碧華，1994）。兒童繪本主要是透過圖畫來說故事，有時會和簡潔的文字相互配合，以便引發兒童閱讀的興趣（李連珠，1991；陳秀萍，2006; Kiefer, 1995）。這種以圖畫說故事的兒童書，強調視覺傳達的效果，期能在書裡的每一張畫作中，描繪出意象的主題內容，並透過文字與圖的連續性解說敘述，精確的傳達文本的意思（林敏宜，2000；郝廣才，2006；Huck, Hepler, Hickman, & Kiefer, 1997）。因此，繪本是一種藝術品，同時也是兼具文字與視覺傳達兩種功能的文學作品。無論如何，行政院文建會兒童文化館（2006）對繪本提出清楚明白的定義，繪本就是用圖畫說故事的兒童書。兒童看繪本就像看電影一樣，一頁接著一頁的翻閱，繪本裡的圖就會把故事的情節串連起來，就算兒童看不懂書裡的文字，也可以理解整個故事。總言之，繪本就是以圖畫為主，文字為輔，甚至是完全沒有文字，全是圖畫的故事書籍。適用學齡前後的兒童繪本具有以下幾項特點：（1）兒童繪本是文字和圖畫的結合，強調文字與視覺藝術的融合；（2）文字和圖畫表現的故事情節內容是運用連貫性、敘事結構傳達和詮釋繪本所要表達的意念與涵義；（3）文字組成的句子簡短，且通常具有重複和押韻的特色。

（二）繪本的教育價值

　　兒童繪本的價值除了從藝術或文學領域切入探討之外，也可以從教育領域切入探討。在美國從八〇年代開始，實施新一波的教育

改革，語文課程紛紛採取建構式教學理念進行規劃設計，因而出現透過繪本探討兒童學習反應、語文學習、藝術教育、外語教學等等探討研究（陳素杏，2009）。在國內歷年來與繪本相關的學術論文不下四百篇，其中有半數以上可以歸類到教育領域（陳素杏，2009）。研究範疇涉及繪本與兒童心理輔導（吳淑玲，2001；陳凱婷、陳慶福，2008）、繪本與兒童人際互動（邱愛真，2004）、繪本與性別平等教育（陳秀萍，2006；陳淑娟，2008）、繪本與性教育（鄭惠雅，2009）、繪本與讀寫教育（王瀅晴、楊蒲娟、童珮詩，2007；盧美貴、郭美雲，2008）等等。由此不難發現繪本在教育上應用的廣泛，與其潛在的教育價值。黃淑瑛（2005）以故事繪本為核心，探索其延伸活動應用的相關領域，更是明白指出繪本在諮商輔導、語文認知、戲劇藝術、音樂律動、數理自然的教育多元領域應用。

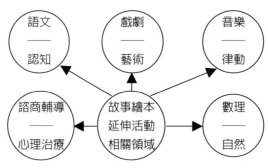

圖 1　繪本的多元應用

資料來源：黃淑瑛（2005）

因此，遂有學者對繪本進行分類。例如，Lynch-Brown 和 Tomlinson（1993）依照繪本的功能和閱讀對象，將繪本細分為十

三類：嬰兒書（baby books）、互動書（interactive books）、玩具書（toy books）、鵝媽媽及育兒韻律書（mother goose and nursery rhyme books）、育兒及民俗歌謠書（nursery and folk song books）、字母書（alphabet books）、數數書（counting books）、概念書（concept books）、無字書（wordless books）、圖畫故事書（picture storybooks）、易讀書（easy- to- read books）、年紀較大讀者閱讀的圖畫書（pictures books for older readers）、過渡期書（transitional books）。葉詠琍（1992）依照繪本圖文表現形式，將繪本分為圖畫故事書（picture storybooks）、無字圖畫書（wordless picture books）、概念書（concept books）。蘇振明（1986）依據繪本內容，將繪本分為：科學類、概念類、故事類、歌謠等等。

　　無論如何，在教育領域裡，繪本被視為是一種優質的心智工具（tool of mind），它在文字與視覺藝術上的優勢，可以引導兒童進行社會化，繪本可說是幫助兒童健全成長的「人生第一本書」（林敏宜，2000；侯天麗，2003）。繪本的內容包羅萬象，對於人生經驗有限的兒童而言，它其實提供了 Bandura（1998）所謂的「替代的經驗」（vicarious experience），幫助兒童取得學習楷模（modeling）的良機。而繪本的內容與兒童的舊經驗結合，不但提供各種觀察性的學習經驗，也同時賦予了思考性與感受性的學習體驗，從而促進兒童新知能學習的內化（林敏宜，2001；李連珠，1991）。彙整陳秀萍（2006）、蕭淑美（2007）等人的論述，繪本在教育上至少具有以下幾項功能：其一，兒童幼小時由於不識字或是識字不多，因此在學習上都以聽的方式居多，透過繪本可以提昇兒童語文能力，進而促進其他相關領域知能的學習；其二，兒童生活經驗大都侷限在家人、學校同學、社區朋友關係之間，繪本多元豐富的題材正好可以豐富兒童生活經驗，提供替代的經驗，進而促進生活適應；其

三，繪本可以將人類美好的品德，如 Peterson 和 Seligman（2004）所提出的勇敢、仁慈、樂觀、感恩、寬恕等信念融入故事中，培養兒童正向的心理特質；其四，繪本的文字簡明，圖畫細膩，可以吸引兒童親近書籍，培養閱讀興趣，並在圖像啟發或是圖文互動中，激發兒童的想像力和創造力；其五，繪本是語言藝術與繪畫藝術的結合，也是引領兒童進入美術殿堂的第一扇門，透過繪本可以培養兒童審美觀，進而提升藝術涵養。

三、電子繪本的特色與製作的理論基礎

（一）電子繪本的特色

電子繪本（electric picture books）又稱做多媒體繪本（multimedia illustrated book），係透過電腦數位化科技，將文字、圖形、聲音（audio）、影像（video）、動畫（animation）多種媒體同時並用，然後以數位儲存，並以電子媒體為其載體，以作為儲存和傳遞的管道（洪文瓊，1997；洪美珍，2000；陳韻伃，2002）。簡單來說，電子繪本可說是紙本繪本的數位化處理運用，電子繪本相較於平面印刷的繪本，最大的特色在於增加了「多媒體元素」，讓繪本的形式可以更加多元。

電子繪本除了具備上述的教育價值之外，在增加了聲音、影像及動畫等多媒體素材之後，其閱讀方式是需透過多媒體電腦來學習，提供兒童創新的學習方式，不僅改變兒童的閱讀型態，也帶動了兒童學習型態的改變。例如，利用視覺與聽覺同時進行文本的理解，而數位化儲存也可以促進個別化的學習。相關研究顯示，這些改變帶來了若干教育效益。例如，吳淑琴（1999）的研究指出電子

童書的多媒體特性，很容易引發兒童閱讀的興趣，淺顯易懂的使用介面設計可幫助兒童突破文字的限制，而順利的進行閱讀理解。黃羨文（1997）對紙本書與電子書進行差比較後，指出多媒體學習可以集中注意力、增加興趣、使用多重感官、增加學習理解程度。劉玉玲（2000）的互動式動畫故事書研究發現，透過圖像與動畫，可以具體的方式呈現文字難以敘述的抽象概念或關係，因而促進兒童的閱讀理解。劉志峰（2006）的電子繪本教學實驗研究發現，電子繪本組學生想要獨立自主學習的意願較高。楊惠菁（2004）的調查研究發現，電子繪本的文本內容具體性、閱讀過程的互動性及多媒化多感官的閱讀，可以增進兒童在深層文義上的理解。

　　總言之，電子繪本的多媒體形式與數位化處理，在傳統的紙本繪本之視覺欣賞學習外，可增加了聽覺的學習管道，其聲光效果引發專注力，提高學習動機，促進理解程度，有效提升教學效果。

（二）電子繪本製作的理論基礎

　　電子繪本製作是根基於訊息處理和多媒體教學的理論。從訊息處理理論來看，相關研究顯示，人類接受的資訊中有 40% 是來自於視覺，25% 來自於聽覺，視覺與聽覺兩者加以結合，則達 70%（李宗薇，1994）。視覺與聽覺所接收的資訊，進入短期記憶，經由理解與編碼，從短期記憶轉變成長期記憶，在腦中經由解碼，得以轉化為自己的語言（Campbell & Reece, 2003; Clark & Paivio, 1991）。大腦認知的研究發現指出，在視覺與聽覺接收資訊後，大腦的枕葉區（occipital lobe）和語言聯合區（Broca's area, Wernicke's area）接手進行資訊處理，將具體的視覺傳達圖像、語音整合，使得人們輕易理解圖像、文字的意涵（Campbell & Reece, 2003; Clark & Paivio, 1991）。

就多媒體學習而言，一般採用雙碼理論（dual-coding theory, DCT）來闡述多媒體教材如何幫助學習（吳文鴻，2002）。根據雙碼理論的見解，人類的心智結構包含兩種獨立卻相互連結的符號系統，分別是語文系統（verbal system）與非語文系統（nonverbal system），當個體接收的訊息同時以語言和非語言系統進行編碼時，比單獨的使用語言系統或非語言系統進行編碼，更容易儲存至記憶中，進行多方面的連結（connections）（Paivio, 1986, 1991）。此外，音頻、視頻同步呈現，啟動大腦全方位活動，整合知性與感性之統一，對各種學習產生不可忽視之助益（Mayer & Moreno, 2002）。教育領域的多媒體教學研究發現指出，電子繪本提供多種管道刺激，積極呈現繪本的功能，能夠吸引學生注意力，引發強烈學習動機，幫助學生理解故事內容，加強故事的感動力，增加閱讀的趣味，最終提升教學效果的成效（曹俊彥，1998；Cochran & Bull, 1991; Doty, Popplewell, & Byers, 2001）。

總言之，電子繪本提供了語言性刺激（例如，文字或語音）和非語言性刺激（例如，靜態圖像或動畫）等多元的感官刺激，經過視覺和聽覺的資訊接收，納入長期記憶系統，比較容易讓人解碼、理解、轉化，使得電子繪本的應用有其優勢，電子繪本的製作有其必要性。

四、電子繪本的製作過程

（一）選擇電子繪本的主題

繪本主題的選擇，一如上述的繪本多元應用，而有不同的說法。如果從題材上來講，繪本主題的選擇可以從運用現成的故事繪

本、教師自行創作故事這兩個角度來思考。以運用現成的繪本而言，文建會兒童文化館網站(2010)http://children.cca.gov.tw/children/index.php 提供了現成的動畫繪本，其中包含了最特別的同學、騎著恐龍去上學等等符合教育部（2009）「品德教育促進方案」的主題。以教師自行創作故事而言，盧秀琴、陳月雲（2008）在應用電子繪本提升學童動物生長之描述性概念的研究中，針對每一個概念認知，自編一個電子繪本故事。

　　然無論如何，有關繪本的研究大多數集中在閱讀理解，或是認知性學習，鮮少注意到繪本在情意教育上的功能。而且教育部（2009）目前正在大力推動「品德教育促進方案」，強調培養學生的生活品質與生命價值。因此，選擇一個能夠彰顯正向情意與品德價值的主題是有其必要的。

　　根據 Peterson 和 Seligman（2004）的「行動價值優勢分類」（values in action classification of strengths, 簡稱 VIA），感恩（gratitude)是一項重要的人類優勢美德。Park, Peterson 和 Seligman（2004）、Shimai, Otake, Park, Peterson 和 Seligman（2006）的研究證實感恩可以帶給學生幸福與快樂等攸關生活品質與生命價值的心理獲益。而依照正向心理學家 Fredrickson（2004）的說法，感恩是一種正向情緒，它可以建構一生受用的心理資源、消除負面情緒，進而促進個體的正向成長。而 Emmons 和 McCullough(2003)、Lyubomirsky, Tkach 和 Yelverton(2004)的實驗研究發現，透過「細數幸福」（counting blessings）的方式，可以提升感恩的心。「細數幸福」的進行是要求參與實驗者回想他們值得感謝的事情。根基於此，本文在電子繪本製作的說明上以兒童(幼稚園大班 6 歲學生)的感恩學習活動為主題，仿效「細數幸福」的作法，結合兒童的生活經驗和替代經驗，讓兒童在每個值得感恩的事情上進行「細數幸

福」的學習活動。具體的範例，可以參閱 http://ishare.iask.sina.
com.cn/f/6836859.html 所提供的「感恩──幾米.ppt」此一成人電
子繪本。

（二）選擇電子繪本的形式

電子繪本的形式有多種分類法，從商業市場上來看有光碟故事
書（CD-ROM Storybook）、電子故事書（Electronic Storybooks）、
說話書軟體（Talking Book Software）、動畫故事書（Animated Story
Book）、互動式電腦軟體（Interactive Computer Software）、互動式
電腦書（Interactive Computer Books）等等（林宛霖，2001；洪美
珍，2000）。但站在教師教學的立場，自製電子繪本，則可以簡單
分成 PDF 電子書、Flash 動畫和 PPT 簡報。其中又以 PPT 簡報軟
體最符合經濟效益，不必額外使用太多專門處理多媒體的軟體，即
可完成製作。因此，本文採用 PPT 簡報型式來製作可以教學，也
可以自學的感恩學習活動電子繪本。

（三）腳本設計

根據感恩學習活動這個主題，以及「細數幸福」的核心學習活
動，設計腳本。首先以「食果子，拜樹頭；食米飯，拜田頭。」的
民間俗諺，帶出感恩的涵義。接著介紹感恩的步驟：選擇要感謝的
人，說出感謝的理由，表達可能的回報行為。然後，以想像經驗來
說明感恩三步驟，最後讓兒童自己進行感恩的心理練習，並結合畫
圖活動，畫出感恩的感覺。

（四）實際製作步驟

1. 圖像製作

　　構成繪本圖像的來源，包含手工繪製、用數位照相機翻拍實物、數位照片以及電腦繪圖等等。例外，也可以直接到微軟 Office OnLine　去蒐集現成的圖片 http://office.microsoft.com/zh-tw/clipart/default.aspx?ofcresset=1。本文介紹數位照片加上文字的圖像製作處理，以及手工繪製的圖，利用小畫家著色。

　　首先說明利用數位照相機攝製的果樹照片，加上食果子拜樹頭的注音之標題製作。在 PhotoImpact 開啟底圖後，使用文字工具，並設定其屬性。屬性包含字型、大小、顏色以及各種效果。然後打字（選擇注音字型），存檔即可完成。如圖 2 所示。PhotoImpact 可以至 http://elearning.stut.edu.tw/media/photo/photoimpact.htm 取得試用版。相關的操作過程，也可參考網路各教學部落格。

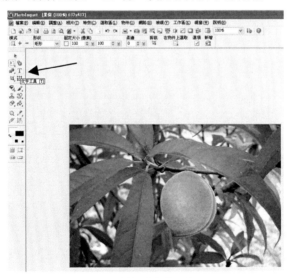

圖 1　選取「文字工具」

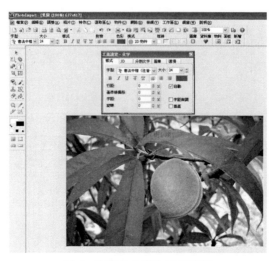

圖 2　在照片上加上注音字型

接著說明透過小畫家著色手工繪畫，打開小畫家之後，利用填入色彩，選擇適當顏色著色即可完成，如圖 3 所示。

圖 3　利用小畫家著色

而為了避免圖像檔太大，不利於電子媒體播出。可以透過ACDSEE5.0，瞬間批次完成圖檔瘦身。開啟原始檔案後，在【工具】Tools/【調整大小】Resize/「調整圖像大小 Image Resize」頁面，

（1）選「圖像畫素大小 Size in Pixels」（1024*768）→選項；（2）在「重新調整圖像大小選項」頁→選「重新命名被修改的圖檔並將之放在來源資料夾 Rename Modified Images and Place in Source Folder」→JPEG 壓縮選項；（3）在「JPEG 選項」頁的「圖檔品質」設定「20」→按確定→按確定→按確定。當然，若要簡便一點的作法，也可以在小畫家或者 PhotoImpact 存檔時，直接選擇 JPEG 格式存檔，讓軟體自行轉換圖檔格式。

2. 語音的製作

語音的製作可以利用合法的語音素材，也可以自行錄製。從網路上下載合法的語音素材，可以透過利用 Google、Yahoo、百度、Curo、YouTube 進行搜尋。例如，http://www.xfbbs.com/AudioList/Type_31_1.htm 可以下載合法的教學多媒體音效。在自行錄製部分，可以使用免費的 Audacity 1.2.6 軟體，在 http://tpc.k12.edu.tw/1001217013/10_main.htm 提供下載，以及操作說明。而為了避免影音檔太大，可以使用 JetAudio 之類的軟體程式，將原始 Wav 檔轉成 MP3 格式的 Wav 檔。

3. 編輯 PPT

首先在 PowerPoint 插入新相簿，選擇（1）檔案／磁碟片或（2）掃瞄器／照相機，都可以一次匯入多個圖檔。如圖 4 所示。

插入圖片完畢之後，還可以調整教材順序，並在 PPT 上打字，進行版面調整，加入動畫的設定。接著配上語音，透過插入聲音，將先前製作的語音素材，在此插入，並選擇（1）自動或（2）按一下時播放，如圖 5 所示。當然也可以直接在 PowerPoint 錄製聲音，作法是選擇投影片放映，運用其中的錄製旁白，如圖 6 所示。以上

這些操作過程，也可以參閱 http://tpc.k12.edu.tw/1001217013/10_main.htm，其中提供詳細的說明。當全部編輯完畢之後，可以存成 PPT 檔或是 PPS 檔。

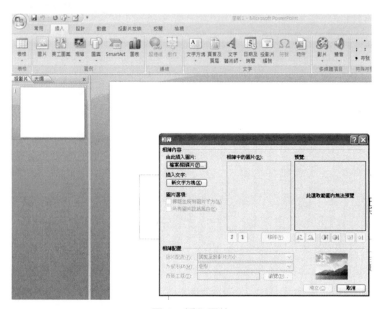

圖 4　插入圖片

圖 5　插入聲音

圖6 錄製旁白

五、電子繪本的作品與應用

（一）電子繪本作品

根據上述步驟完成的簡易電子繪本如圖7所示。

以感恩的心為背景音樂，展現首頁

介紹農夫拜樹頭的習俗

介紹農夫拜田頭習俗
總歸為感恩之舉

從農夫的祭拜
提示感恩是做人的基本

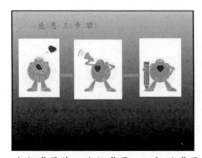

介紹感恩誰、為何感恩、回報的感恩
三步驟

以農夫為對象,練習感恩三步驟

以同學為對象,練習感恩三步驟

以教師為對象,練習感恩三步驟

以媽媽為對象,練習感恩三步驟

以小狗為對象,練習感恩三步驟

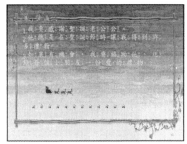
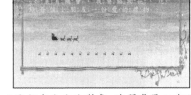

以聖誕老公公為對象，練習感恩三步驟　　讓幼兒用畫圖方式，練習個人實際感恩三步驟

圖 7　感恩學習活動電子繪本

（二）電子繪本的應用

　　電子繪本製作完畢之後，緊接著以高雄市某一幼稚園大班 22 名幼兒為對象，連續一週進行半天 4 小時的感恩學習活動。感恩學習活動的進行，先透過圖 7 的電子繪本，進行引導、演練，接著讓幼兒用畫圖的方式，表達「我感謝……」（感恩的對象）、「因為……」（感恩的理由）、「所以，我要……」（可能的回報行動）。學習成效的評估工具，仿效 Csikszentmihalyi（1975）經驗抽樣法（experience sampling method, 簡稱 ESM），和 Custodero（1997, 1998）的音樂活動的心流指標評量（flow indicators in musical activities，簡稱 FIMA），設計經驗取樣表（experience sampling form，簡稱 ESF），作為評量工具。經驗取樣表的設計包含以下幾道訪談題目：1.你是否有想要感謝的人？他是誰（　　　　）。2.為什麼你要感謝這個人？因為（　　　）。3.你現在的心情是□快樂□悲傷。在電子繪本感恩學習活動實施前一週，隨機抽訪幼兒三次，實施後一週又隨機抽訪幼兒三次。經過歸納分析，透過電子繪本進行感恩學習活動，在感恩對象部分（問題 1）平均增加了 0.68

人，卡方考驗 $\chi 2$ 為 23.08，p=.006，達顯著水準。在感恩理由部分（問題 2）平均增加了 1.64 個理由，卡方考驗 $\chi 2$ 為 62.51，p=.000，達顯著水準。在心情部分（問題 3），勾選快樂者平均增加了 0.49 人，卡方考驗 $\chi 2$ 為 1.06，p=.306，未達顯著水準。勾選悲傷者平均降低了 0.37 人，卡方考驗 $\chi 2$ 為 0.93，p=.615，未達顯著水準。整體而言，以電子繪本進行感恩學習活動，可以有效提升感恩的體驗，在情緒部分也呈現快樂情緒增加、悲傷情緒減少的趨勢。

六、結語

　　電子繪本的多媒體特色，和數位化儲存、傳輸，有其不可抹滅優勢。再加上數位時代的驅動，電子書逐漸成為潮流，電子繪本的製作變成一股無法擋的趨勢。對於現場教學的教師而言，最簡單的因應方式，便是購買市面上販售的電子繪本，或是利用行政院文建會兒童文化館（2010）繪本花園提供的現成作品。若是經費足夠，也可以把設計好的腳本委託專家製作。但無論如何，電子繪本也是一種教材，不同的學習領域、學習對象乃至學習時空，有不同的學習需求。教師利用製作容易的 PPT 型式電子繪本，仍有其必要性。此外，值得注意的是，若是取用現成電子繪本進行教學傳輸，或是將有版權的紙本繪本直接掃描成圖檔，則必須注意法律問題。教師可以組成教學團隊，利用每位教師不同的專長，例如編寫文案、美工設計、電腦處理，來製作一本適合教學現場的電子繪本。無論如何，本文只是電子繪本在幼稚園感恩教學製作與應用的初探，未來研究可以進行線上電子繪本的教學介入，並透過實驗組和對照組的比較來釐清其教學效果。

參考文獻

中文文獻

行政院文建會兒童文化館（2006）。一本繪本的誕生。2010 年 3 月 26 日，取自 http://children.cca.gov.tw/topic/detail.php？id=200603B01。

行政院文建會兒童文化館（2010）。繪本花園。2010 年 4 月 26 日，取自 http://children.cca.gov.tw/children/index.php。

王瀅晴、楊蒲娟、童珮詩（2007）。繪本教學對於學齡前幼兒讀寫萌發的成效。幼兒保育學刊，5，13-128。

吳文鴻（2002）。概念模型之呈現對程式語言控制結構學習之影響。國立臺灣師範大學資訊教育研究所，未出版碩士論文。

吳淑玲（2001）。繪本與幼兒心理輔導。台北：五南出版社。

吳淑琴（1999）。鷹架式遊戲團體對高功能自閉症兒童象徵遊戲影響之個案研究。國立台北師範學院特殊教育學系，未出版碩士論文。

李宗薇（1994）。教學媒體與教育工學。台北：師大學苑。

李連珠（1991）。將圖畫書帶進教室——課室內的圖畫書。國教之友，43（2），29-36。

林敏宜（2000）。圖畫書的欣賞與運用。台北：心理。

林宛霖（2001）。台北市幼兒對圖畫書及電子童書之調查與反應研究。國立台灣師範大學人類發展與家庭學系，未出版碩士論文。

邱愛真（2004）。以兒童繪本增進幼兒友誼互動之研究。屏東師範學院/國民教育研究所，未出版碩士論文。

侯天麗（2003）。幼兒對文化知識的覺知。國立高雄師範大學教育學系，未出版博士論文。

洪文瓊（1997）。電子童書小論叢。台東：國立台東師範學院語文教育學系。

洪美珍（2000）。電子童書閱讀型態及其對兒童閱讀影響之研究。國立台東師範學院兒童文學研究所，未出版之碩士論文。

郝廣才（2006）。好繪本——如何好。台北：格林文化。

教育部（2009）。品德教育促進方案。2010 年 4 月 26 日，取自 http://ce.naer.
　　edu.tw/index3-1.html。

曹俊彥（1998）。圖畫・故事・書。美育，91，19-33。

陳素杏（2009）。圖文與教學－國小教師使用繪本教學之行為現況及繪本
　　特質認同度之研究。南華大學出版與文化事業管理研究所，未出版碩
　　士論文。

陳秀萍（2006）。以繪本進行幼兒性別平等教育之行動研究。屏東科技大
　　學/幼兒保育系碩士班，未出版碩士論文。

陳淑娟（2008）。繪本讀書輔導應用於國小性別平等教育方式之探討。臺
　　灣教育，651，12-15。

陳凱婷、陳慶福（2008）。繪本團體在喪親兒童輔導上之應用。輔導季刊，
　　44（4），1-11。

陳韻仔（2002）。兒童參與網路童書創作之研究。國立台東師範學院兒童
　　文學研究所，未出版碩士論文。

黃迺毓、李坤珊、王碧華（1994）。童書非童書。台北：宇宙光。

黃武雄（1994）。童年與解放。台北：人本教育基金會。

黃淑瑛（2005）。孩子的最愛－圖畫故事書的欣賞與創作教學。美育，143，
　　4-17。

黃羨文（1997）。紙本書與電子書之比較。國立台灣大學圖書館學研究所，
　　未出版之碩士論文。

楊惠菁（2004）。國小學童對於不同媒體形式文本的閱讀理解比較－以紙
　　本童書和電子童書為例。國立台東大學兒童文學研究所，未出版碩士
　　論文。

葉詠琍（1992）。西洋兒童文學史（再版）。台北市：東大。

劉玉玲（2000）。以動畫觀點探討互動式動畫故事書之創作特質及對圖畫
　　書與動畫之影響。臺南藝術學院音像動畫研究所未出版之碩士論文。

劉志峰（2006）。電子繪本教學對國小學生英語認字表現、字彙線索運用
　　與繪本學習態度之影響。國立新竹教育大學教育研究所，未出版碩士
　　論文。

鄭惠雅（2009）。我的小雞雞－打開繪本說性愛。臺灣教育，655，7-48。

盧秀琴、陳月雲（2008）。應用電子繪本提升學童動物生長之描述性概念。
　　教育實踐與研究，21（2），33-62。

盧美貴、郭美雲（2008）。幼兒生命「故事」的編織——幼稚園繪本教學策略的運用。臺灣教育，654，2-9。

蕭淑美（2007）。紙本繪本與電子繪本對學童語文創造力的差異性影響。高雄師範大學工業科技教育學系，未出版碩士論文。

蘇振明（1986）。認識兒童圖畫書及其教育價值——從消基會評選優良兒童圖畫書談起。幼教天地，5，37-50。

鐘樹橡、林慶宗（2006）。資訊科技在自然科的教學應用。研習資訊，23（1），55-60。

英文文獻

Bandura, A. （1998）. *Self-efficacy: The exercise of control.* New York: Freeman.

Campbell, N. A., & Reece, J. B. （2003）. *Biology concepts & connections* （6th ed.）.
San Francisco: Benjamin Cummings.

Clark, J. M., & Paivio, A. （1991）. Dual coding theory and education. *Educational*
Psychology Review, 3, 149-210.

Cochran, P. S., & Bull, G. L. （1991）. Integrating word processing into language ntervention. *Topics in Language Disorders, 11*（2）, 31-48.

Csikszentmihalyi, M. （1975）. *Beyond boredom and anxiety.* San Francisco: Jossey-Bass.

Doty, D. E., Popplewell, S. R., & Byers, G. O. （2001）. Interactive CD-ROM torybooks and young readers' reading comprehension. *Journal of Research on omputing in Education, 33*（4）, 374-384.

Fredrickson, B. L. （2004）. Gratitude, like other positive emotions, broadens and builds. In Emmons, R. A. & M. E. McCullough （Eds.） *The Psychology of Gratitude.* （pp. 145-166）. New York: Oxford University Press.

Huck, C. S., Hepler, S., Hickman, J., & Kiefer, B. Z. （1997）. *Children's literature in the elementary school.* （6th ed.）. American: McGraw-Hill.

Kiefer, B. Z. （1995）. *The potential of picture books.* New Jersey : Prentice-Hall.

Lynch-Brown, C., & Tomlinson, C. M. （1993）. *Essentials of children's literature.* Boston, MA: Allyn and Bacon.

Lyubomirsky, S., Sheldon, K. M., & Schkade, D. （2005）. Pursuing happiness: The architecture of sustainable change. *Review of General Psychology, 9,* 111-131.

Mayer, R. E., & Moreno, R. （2002）. Aids to computer-based multimedia learning .

Learning and Instruction, 12, 107-119.

Paivio, A. （1986）. Mental representations: A dual coding approach. New York: Oxford niversity Press.

Paivio, A. （1991）. Images in mind: The evolution of a theory. New York: Harvester Wheatsheaf.

Park, N., Peterson, C., & Seligman, M. E. P. （2004）. Strengths of character and well-being. *Journal of Social and Clinical Psychology, 23,* 603-619.

Peterson, C., & Seligman, M. E. P. （2004）. *Character strengths and virtues: A handbook and classification.* New York: Oxford University Press.

Shimai, S., Otake, K., Park, N., Peterson, C., & Seligman, M. E. P. （2006）. Convergence of character strengths in American and Japanese young adults. *Journal of Happiness Studies, 7,* 311-322.

從符號互動論中探討幼兒日記繪本

歐舜蘭

樹德科技大學兒童與家庭服務系研究生

摘要

幼兒語言表達尚未成熟之時，在幼兒日記裡繪本常常表達著幼兒所親身接觸的人、事、物，引起筆者想探究從符號互動論中分析幼兒日記繪本。幼兒日記繪本並不全然是整天的記錄，只要是孩子想自由發揮的符號，這符號代表著背後的意義、情境、心情，將孩子每天的記錄，收集為個人繪本，「聽」孩子的畫，引領孩子進入閱讀世界。

本研究主要收集幼兒日記繪本、觀察並訪問幼兒，在幼兒日記畫過程中從「塗鴉」到「實物」、「實物」到「想像」，涉及幼兒的心理、情緒與認知等紀錄和分析。

本研究經由文獻探討「符號」是幼兒心智發展上的特徵，研究結果也顯示幼兒運用了許多的「象徵符號」來表達個人心理。幼兒的「畫」都代表著「符號」，在符號互動論裡，因符號是個人經由許多符號系統來與社會互動，筆者從幼兒日記繪本裡，探討幼兒在表現出的符號中與社會互動的實證現象。也發現幼兒從繪圖到說故事，進而閱讀自己的故事繪本。教保人員或老師若能了解幼兒的象

徵符號代表的意思進一步了解孩子的想法、情緒、文化背景，並能輔助幼兒傳達情感的表達有莫大幫助。

關鍵字：日記繪本、符號互動論、幼兒繪畫

一、緒論

（一）研究動機

　　筆者從事幼教工作多年，每每看著園裡幼兒的日記繪本，深深吸引著筆者，看著畫上的每個圈、點、線都代表著一個會說話的符號，在語言表達尚未成熟之幼兒，常常在畫裡表達著幼兒所親身接觸的人、事、物，引起筆者想探究從符號互動論中分析幼兒日記繪本。幼兒日記並不全然是整天的記錄，只要是孩子想自由發揮的符號，這符號代表著背後的意義、情境、心情。並把每日蒐集的畫，製成一本自己的繪本，幼兒敘說自己的故事。日記繪本是反映了幼兒所看、所想、所喜歡的、所討厭的每個繪出來的圖，都是有生命力，也最能表現幼兒的生活情境或幼兒個性、幼兒特點及幼兒創造力。從日記繪本裡，也可以了解孩子認知發展的能力，探究孩子生活周遭的互動表徵在符號上，對這個符號有豐富的情感，誘發孩子的觀察和想像，其實圖畫、文字、語言等都屬於一種象徵性的符號，在幼教職場裡，筆者發現幼兒藉著圖畫了解圖片中的馬不是真正的馬，只是代表馬而已。這樣的體認過程，促進孩子抽象思考能力的發展，幫助孩子未來接受文字、語言中的象徵意義，譬如，聽到「馬」這個發音，或看到「馬」這個字，腦海中就會出現馬的形象，也由於對「象徵」的認識，孩子明瞭可以透過圖形（包括文字）知道許多有趣的事，因而才會對圖畫書或文字感興趣。

　　在幼兒日記繪本裡，幼兒會說出自己在繪本裡的故事，若教保人員或老師能了解幼兒日記繪本裡的符號代表的意思並能知道孩子的想法、情緒、文化背景，並能輔助幼兒表達情感，豐富孩子的生活經驗，並導入孩子喜歡閱讀的準備工作，筆者從一些文獻中看到幼教先驅提出繪畫是符號遊戲，符號是來代表幼兒所接觸到的事物及經驗，筆者在搜尋研究文獻中，並沒有找到符號互動論中探討幼兒日記繪本相關的研究。在學前教育的相關研究文獻中，也鮮少看到與繪畫相關之研究，所以筆者做更進一步探討，期盼能幫助孩子開拓一片心靈的沃土。

（二）研究目的

　　基於以上所述之研究動機，茲將本研究之研究目的為：（1）探討符號互動論中的理論內涵及學者提出符號是幼兒心智發展上的特徵。（2）探討幼兒日記繪本代表符號的象徵性，透過日記繪本可以分析自己與社會互動情形。（3）「聽」孩子的畫，引導孩子進入閱讀世界。

二、文獻探討

（一）符號互動論內涵

　　符號互動論根源於社會建構主義，認為任何的社會互動均伴隨著個人或群體給予每日生活所接觸的個體或事件的意義（蔡東鐘，1999）。Mead 認為人類之間的互動，主要是由個人經由語言和其他符號系統來取得共識因此有所謂符號互動論（林家瑩、徐富穎，2006）。而符號互動論為一種瞭解人類群體生活的方法，以符號互

動論觀點假設人們在社會互動中利用符號式的溝通，而持續賦予他們所處的世界及其行動新的意義。他們藉由角色扮演，想像在某種情況下，他人會怎樣感覺與表現，來加強彼此間的互動，預期其他人的反應而能完整地定義並發展他們的自我概念。因此社會行為變成了定義情境的一個過程，人們依此而能解釋符號並採取適當的行為策略（Blumer, 1969）。所以符號互動論不只是研究符號，其主要關注的是研究人類的意義，該意義乃是存在於符號性的實現，以及相關有意義的行動，所以幼兒展現日記繪本裡的符號會具有其透過社會互動是不斷產生以及再產生的，強調在社會情境中建構這意義。而符號互動論假設刺激了推論方法的產生，這種推論有助於筆者探索幼兒參與日記繪本之過程，包括自我概念的發展、生活背景、個人關係的互動這些推論方法包含個案研究，參與觀察，深入訪談。

（二）幼兒繪畫發展理論

就以 Vygotsky、Gardner 的幼兒繪畫發展理論、Piaget 認知與繪畫發展理論、Lowenfeld 幼兒繪畫發展理論，說明學齡前幼兒之繪畫發展特徵，並以此瞭解此階段幼兒之日記繪本的心理認知有著符號互動本質。

1.Vygotsky 的幼兒繪畫發展理論

Vygotsky 說社會文化與高級心智活動以及符號之間有著密不可分的關係，繪畫也是其中的一種符號，而在幼兒繪畫的進一步發展並不是一種機械化的過程。孩子必須去經歷過一個時刻，去明瞭自己所畫出來的線條可以表現出或代表某種事情（蔡敏鈴，2001）。

2.Gardner 的幼兒繪畫發展理論

鄭博真（2003）談到 Gardner，提出了多元智能的理論，將智力定義為解決問題的能力，不再只重視語言和邏輯數學的能力，認為音樂、空間、視覺藝術、肢體動覺、人際及內省智慧……包含在智力中，建立了人類多元認知的觀點。他認為幼兒繪畫發展與四個領域有關，包括對藝術的反應、藝術的創作、象徵符號的使用及文化的影響。

3.Piaget 認知發展理論與幼兒繪畫

Piaget 提出二至七歲的幼兒正處於運思前期的階段，主要是以自我中心來認識周遭，運用象徵的「符號」來代表所接觸到的事物及經驗，此時期幼兒思維都會是不合邏輯，不能見及事物的全面（張春興，2004）。幼兒經歷過的事物及經驗會形成心理意象，但這些意象並非與原本事物或經驗完全相同，造成幼兒所繪製的符號（畫）與其所代表的事件或物體只是相類似，圖畫的表現只是知覺上的模仿而並非完全相同。所以我們可以看見被畫得很大的手，或是蘋果長在學校的樹上（盧素碧，1992）。

4.Lowenfeld 幼兒繪畫發展理論

Lowenfeld 將有關幼兒繪畫發展分成七個時期，依序為塗鴉階段、前圖式期、圖式期、寫實萌芽期、似寫實期、決定階段與青年期。其中每個時期均有其發展重點及特徵。二歲到四歲是塗鴉階段，四歲到七歲的是圖式前期階段，幼兒正非常積極地透過使用各種不同抽象的符號來畫畫，以嘗試將心裡意象的基模與實物之間的關係表現出來，對幼兒而言，這個階段同時也是幼兒建立不同概念

模式的重要時期（范瓊芳，1996）。幼兒各項概念正處於發展的階段中，因無法清楚且完整地表達其想法，必須透過其他方式來呈現，如聲音、表情、塗鴉或繪畫等方式。其中塗鴉與繪畫成為幼兒生活中一項具有重大意義的活動，除了啟發幼兒的創意及思考外，同時，其繪畫作品也被視為是一種自我概念與表達溝通的方式。

綜合以上學者，幼兒的「畫」都代表著「符號」，在符號互動論裡，因符號是人類互動個人經由許多符號系統來與社會互動，筆者由孩子日記繪本裡探討孩子表示的符號與社會互動的實證現象。

三、研究方法和分析

（一）研究對象

本研究場域位於高雄縣一所私立幼兒園，三歲至六歲三十位幼兒，分別三歲至四歲有十位，四歲至五歲有十位，五歲至六歲有十位。

（二）研究設計

幼兒每日來園，在園中的畫到簿，或每日來園的心情自由畫，雖說是日記繪本，但也並不全然是記錄性的，是自由繪畫的，其用意是要讓孩子在自由氣氛下能每天畫畫，收集日記畫並訪談、記錄、錄影，將蒐集的圖畫製成繪本。共蒐集三個月，自九十九年三月一日至九十九年五月二十日止，共一千零八十三張圖，並將整理製成自己的繪本，最後將記錄的文字整理在幼兒繪圖的右方。搜集日記畫的三個月中，幼兒繪畫表現有非常大差異，每次都會介入觀察、晤談、攝影，筆者再從晤談對話中與幼兒之作品互相比照，進行歸納分析，做最後之整合。

（三）研究發現

幼兒日記繪本過程中從「塗鴉」到「實物」、「實物」到「想像」，往往涉及幼兒的心理、情緒與認知等層面。幼兒運用了許多的「象徵符號」如密碼式的表達其個人心理上所感受，繪畫的內容亦是一種奧妙有趣的隱喻。幼兒的繪畫不是一種藝術，而是一種語言（范瓊方，1999）。筆者選擇以符號互動論來觀察幼兒日記繪本的原因：

1.形象即符號

如同語言、文字、肢體等表達人類思想情感的方式一樣，「幼兒日記繪本」就是一種「符號」，本文欲探索幼兒日記繪本，適合以符號互動論加以考察。

2.解釋的取向

就文獻探討解釋取向理論的提出能對真實狀態有更深入的掌握。筆者從幼兒日記繪本解釋幼兒真實心理狀態並印證幼兒繪畫的內容大致上均符合幼教先驅所提認知發展以及繪畫發展的特徵。幼兒的日記繪本內容多半圍繞在生活經驗與想像的事物上。而以幼兒自由畫並訪談幼兒資料中可以明顯看出家人、同儕、喜好的事物均會反映於幼兒的日記繪本中，可以證明環境中的一些社會文化因素確實會對幼兒的繪畫內容造成影響，從中解讀幼兒透過社會互動過程了解創造印象。

3.幼教先驅理論與研究實證現象

（1）Vygotsky 幼兒繪畫的意念和成人繪畫完全不同，它是個性的表現，思想情感的表達，而不是美的創作，當然也影響著幼兒

使用的「符號」，圖畫也是其中的一種「符號」，而畫圖是一種圖畫
式的語言，它藉由口語語言的基礎而生，我們可以從幼兒用畫圖的
方式呈現他記憶中的事情，看到幼兒是用描述來做到這一件事情
（蔡敏鈴、陳正乾譯，1997）。在研究發現幼兒一邊畫圈圈，一邊
有私語出現，根據 Vygotsky 的觀察，幼兒藉由私語來幫助其思維，
出現自我中心語言是有助兒童心智發展的功能。以下為筆者觀察幼
兒繪畫時常出現私語。

圖1　C29 足三歲二個月

C29：「我媽媽煮菜菜」
C29：「我媽媽有煮香蕉」
C29：「我媽媽一直煮、一直煮」
C29：「老師你要不要吃」
（訪 C29-990311）

圖2　C28 足三歲四個月

C28：「有好多好多恐龍」
C28：「這是犀牛龍」
C28：「你看這裡有一隻角」。
C28：「他會咬人」
（訪 C28-990314）

圖3　C18 足四歲八個月

C18：「我晚上刷牙」
C18：「嘴巴好多泡泡」
C18：「泡泡不可以吞下去肚子」
（訪 C18-990430）

圖 2 孩子在自己建構自己對恐龍的認識。畫圓圈的方式來代表恐龍的樣子。從符號互動論裡，孩子透過圈來對恐龍產生印象。

（2）Gardner 也認為幼兒必須能正確知覺視覺的世界，並具有構圖、平衡和或空間佈局的能力，用圖像的方式呈現空間的訊息。在研究發現中幼兒畫一個大大的臉，臉的裡面有兩個黑圈圈、開始時兩個黑圈圈是上下排列，幼兒想了一下，於是又擦掉，再把兩個黑圈圈放置左右排列，形成眼睛，在眼睛下方加一條線（嘴巴），但是幼兒又趕忙擦掉，求助老師要老師幫忙畫開心的嘴巴，他說他很開心。証實 Gardner 談幼兒必須能正確知覺視覺空間，例如眼睛在臉的裡面，嘴巴在眼睛下方，嘴巴要微笑符號是往上或往下，此時幼兒正在安排空間佈局的能力。也證實符號互動論中「境中自我」幼兒認識自我的概念，別人就像一面鏡子從中看到自己，簡言之我們對自己的印象是來自他人的評估（王雅玄、陳幸仁，1998）。要從一張幼兒畫來分析之前，最重要的一點，是作品必需是幼兒在自由的氣氛之下完成的，才能夠正確的看出其內容。

C26：「老師幫我」
C26：「我要嘴巴」
C26：「我要這樣翹翹的嘴巴」
C26：「是我的嘴巴」
（訪 C26-990430）

圖 4　C26 足三歲五個月

C9：「爸爸和媽媽坐在椅子上看電視」
C9：「這是我」
C9：「我們在看歌星比賽」
（訪 C9-990407）

圖 5　C9 足五歲十一個月

C11：「我家有三樓」
C11：「阿公阿嬤住一樓」
C11：「我住二樓」
C11：「姑姑住三樓」
C11：「爸爸和阿公車停外面」
（訪 C11-990418）

圖 6　C11 足五歲九個月

　　（3）在 Piaget 的認知發展理論之中，幼兒在前運思期（2～7歲）時才開始能以符號代表實物，在這個階段主要是以自我中心來認識外界事物，自我中心思考的另外一個特徵是「泛靈論」，幼兒覺得自然界的事物都是像他一樣有生命、有意識的、且有目標的，所以在此時期的繪畫內容中，我們可以看見畫的跟人一樣的蘋果或是有人臉的太陽或月亮中的「擬人畫法」，畫動物也好，植物也好，他們都有著人的臉。（李英輔，1996）此時期的幼兒亦能運用象徵的符號來代表接觸過的事物與經驗，圖畫即是其中一種符號功能，在畫中我們可以看見幼兒以符號來表示未出現在眼前的事物，這就是發展論中所謂的「表象功能」。這印證了 Piaget 的說法顯現在圖畫中，在這個時期幼兒雖然能以符號代表實物但是卻不符合邏輯，

不能看見事物的全面的特徵，幼兒完全是以直覺的方式來進行對於事物的判斷。在研究發現中幼兒畫喜宴的場景把新娘畫好大而且只有新娘沒有新郎。証實皮亞傑所提出孩子的自我中心，在自我中心孩子會認為我看到的東西，幼兒完全是以直覺的方式來進行對於事物的判斷，而沒有思考到結婚是兩人的場景，後來老師又提醒她，於是在旁邊補一個比新娘小的小人指說是新郎，又說爸爸媽媽也有結婚，我看過照片。從符號互動論裡，孩子透過參加喜宴的經驗來對新郎、新娘的組合用圖畫認識一個家的組合來檢視自己的爸爸媽媽也有結過婚。

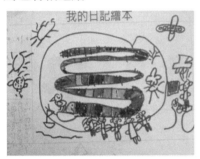

C6：「我們去爸爸的田裡，看到一條好大的蛇」
C6：「昨天好熱喔！」
C6：「後來，蛇又跑走了」
（訪 C-990430）

圖 7　C6 足五歲十個月

C25：「這是花兒」
C25：「花花有好大」
C25：「花花有好長的頭髮」
（訪 C18-990430）

圖 8　C25 足三歲七個月

C8:「他們都在睡覺了」
（手指這右邊紫色的地方）
C8:「我肚子很餓」
C8:「媽媽煮水餃給我吃」
（訪 C8-990503）

圖9　C8 足五歲十一個月

　　在幼兒筆下的色彩及形狀，成現在心理學上，一般稱這種為「投影法」，幼兒的性格與心理狀況可以從他們自己的畫中反映出來，因此在畫畫時幼兒會使用各種色彩，畫出各種不同的形狀來（時佩猛譯，1998）。圖 7 幼兒在繪圖呈現蛇又大又長，色彩鮮豔，讓幼兒印象極度深刻，當天天氣很熱，圖呈現四個太陽來形容熱度。孩子以直覺的方式來進行對於事物的判斷。

　　（4）Lowenfeld 談到前圖示期，是指幼兒可以畫出形體的特徵，不論在人物或動物等圖案，都以一定的圖示加以表現，有時只畫一小部分或做一些記號，便能代表該型體的全部。這個時期的特徵，主要是以主觀的繪畫方式來表現，且經常改變符號來畫畫，在研究發現中幼兒在日記繪本裡有不同的小圈圈。小圈上有不同的顏色，他指著其中一圈說這是獅子，「獅子很兇，他吼~這樣叫」幼兒便做出獅子張牙五爪的樣子。再指另一圈說這是貓咪，還有馬路蟲，你看有紅綠燈是媽媽帶我去動物園。在符號互動論裡，米德認為心靈的特性是一種想像的預演，運用一種姿勢去扮演他人角色的能力（王雅玄、陳幸仁，1998）。幼兒從日記繪本裡觀察出他對動物的認知、辨視、調適、在互動中產生變遷最後平衡。

C19：「獅子很兇，他吼~這樣叫」
C19：「這是貓咪」
C19：「這是馬路蟲」
C19：「這是紅綠燈」
C19：「媽媽帶我去動物園」
（訪 C18-990430）

圖 10　C19 足四歲兩個月

C5：「這是音樂課本」
C5：「這是小提琴」
C5：「這是放音樂本子的架子」
C5：「這是鋼琴」
C5：「這是小提琴的拉弦」
C5：「我在家裡練小提琴」
（訪 C5-990430）

圖 11　C5 足六歲

C27：「大西瓜被哥哥吃完了」
C27：「我感冒」
C27：「媽媽說不可以吃西瓜」
C27：「等我感冒好了才可以吃西瓜」
（訪 C27-990430）

圖 12　C27 足三歲六個月

　　（5）符號互動論則以微視角度來解釋社會現象，重點在於強調人類的自我經驗，個人的獨特性是必須被尊重的。因為每個人都擁有不同的生活脈絡、經驗、與自我定義方式（境中自我）。因此，需將事件及人物置於情境脈絡之下，才能對個體有所了解（Charon, 2001）。在研究發現中幼兒在日記畫裡媽媽和姊姊還有他是睡在床

上，床邊是一輛汽車，汽車停在外面，幼兒說：「爸爸還沒回來」。
一連幾張圖都沒有爸爸出現，老師問怎麼都沒有畫上爸爸？幼兒
說：「爸爸很久才會回來」。訪談後才知幼兒的父母婚姻狀況出現問
題。繪畫是一種心理的語言，是藉由個體的想像能力與透過日記畫
的活動，來表現將其所感受，對事物認知經驗的整合與視覺經驗的
呈現。幼兒的繪畫往往是傳達其個體意識，或潛意識經驗一種最直
接管道。憑藉著藝術媒介與個體自由的創造力或想像力，在如此的
活動情境中，無可否認，提供了個體心理世界有個安全的緩和空
間，進而誘發出個體內心許多禁忌和意識上想隱蔽的問題（范瓊
芳，1998）。所以孩子的畫有時也隱藏著不為人知的秘密。

C14：「晚上時妹妹牙齒痛」
C14：「妹妹不要吃糖」
C14：「也不要吃冰」
C14：「我叫妹妹每天要刷牙」
（訪 C14-990506）

圖 13　C14 足五歲

C9：「我去醫院看阿嬤」
C9：「阿嬤腳開刀」
C9：「阿嬤躺在床上不能走路」
C9：「媽媽說：不可以進去吵阿嬤」
（訪 C9-990406）

圖 14　C9 足五歲十一個月

C12：「我的眼睛看不清楚」
C12：「媽媽帶我去醫院檢查眼睛」
C12：「醫生說不能一直看電視」
（訪 C12-990419）

圖 15　C12 足五歲九個月

（四）「聽」孩子的畫，陪伴孩子進入閱讀世界

　　閱讀孩子的日記繪本，首先要先撇開「畫得像」的錯誤觀念，對幼兒來說，畫畫就像大人寫日記般，幼兒會以既有的、熟悉的表現手法，用點、線、圓各式圖樣，「記錄」深刻於心中的生活經驗，幾條簡單的線，代表著是媽媽；紛亂的錯點，代表著是妹妹；圓圓的形狀，代表著好吃的餅乾……。孩子用畫來講述自己的發現。從研究中，賞析孩子的日記繪本，並不是看他畫得像不像，而是「聽」他畫中所表達的東西，去理解、關心、尊重孩子所訴說之內容。孩子自己能將生活的經驗豐富在創作靈感上，「……我媽媽帶我去夜市，我有丟汽球，汽球裡面有氣，他會爆炸，媽媽說只能丟一次，不然這樣會浪費錢……」（幼兒一邊畫，一邊口述）

　　「……老師我想寫『汽』『球』兩個字，『汽球』怎麼寫……」（觀察 C2-990503）

　　老師協助幼兒模寫，幼兒因此對「汽球」兩個字有印象，不但如此會將學習移轉到另一本書上，學習遷移會類化到圖畫書上。

　　「……老師妳看這本書有『汽球』兩個字……」（觀察 C2-990503）

　　家長帶孩子去動物園、游泳、烤肉、爬山、拜拜、參加喜宴、唱歌……，甚至生活中的洗澡、刷牙、吃飯等點點滴滴，都是日記繪本靈感的最佳來源。

　　「……爸爸有帶我去看海龜，老師我家有海龜的書，我今天畫海龜給你們看……」

　　「……海龜有大翅膀要游泳……」（一邊畫一邊說）

　　「……我的巧連智有海龜，老師妳看……」（手指著海龜兩個字）（觀察 C18-990511）

　　繪畫不只是描繪物體，重要的是把自己的思想透過各式的形狀和圖樣表現出來，靈活的語言激盪，引領孩子組織、分析、應用的最佳啟動者，不但能夠在自己繪畫過程中得到滿足，可以延伸對圖畫書產生興趣，此時若能提供引起共鳴的圖畫書，很容易能夠陪伴孩子進入閱讀世界。

（五）和孩子談日記繪本，幫助幼兒從畫故事中培養記憶力與表達力

　　幼兒和老師的對話有「喚醒」與「激發」促進幼兒的口語表達，在師生對話日記繪本時，筆者一面喚醒了幼兒的舊經驗，一面激發出幼兒的圖像思考能力，讓幼兒互動式的探討故事，認識孩子和社會互動情形，分享舊經驗，並發表與討論所畫的圖畫情節內容，藉此得以適切的發展表達。吳淑玲（2007）亦指出：閱讀圖畫建構知識，自己故事的分享與討論增進內化思考與行動力，從小會聽故事、會說故事的環境下長大的孩子，經由自己說自己的故事，展現出詞彙、組織表達、檢視自己與創造等能力。為了讓幼兒習慣且樂於開口講述日記繪本內的圖畫故事。筆者引導幼兒能身歷其境的氣氛中，讓幼兒感覺他自己被重視，他的情感與繪圖是相呼應的。

　　筆者發現對話日記繪本時能幫助幼兒進行系統性的思考，在互動中老師藉機會幫幼兒拼湊「完整的圖畫內容」，讓幼兒體會並瞭解故事是由一個一個的事件，因果關係連貫而成，這對幼兒於重述自己發生的故事或自編的故事中，幼兒透過講述自己的日記繪本會主動向親近的人分享，再藉由口述事情發生的情節。老師可以從畫中與說故事中，瞭解幼兒個別的認知情形與相關經驗、幫助幼兒學習連結舊經驗並發表所知、幫助幼兒培養想像力、亦可以幫助幼兒從畫中的故事喚起記憶力與表達力。

四、研究討論

　　筆者從研究中，綜合資料紀錄分析從日記繪本裡的符號與社會互動情形有促進幼兒發展之功能：

（一）從日記繪本可以幫助幼兒增廣認知

　　幼兒因每天日記繪本使用圖畫符號來說故事，亦即用日記畫表情達意、說明事物、敘述過程、描寫意境，幼兒透過閱讀圖像符號所獲得的認知，或許更直接、更具體、更真實，也更深刻。由此可知，幼兒日記畫的內容通常比較簡單、圖像也比較具體，幼兒可以由日記畫接觸的機會，獲得較直接的體驗和較具體的認知。因而日記畫的首要功能，即是幫助幼兒認知學習、啟迪幼兒的知識。

（二）增加幼兒繪圖能力，豐富幼兒的想像力

　　日記繪本富有感情內涵的表現，其構圖能力會日漸提升，擴大了幼兒的想像力和創造力，使孩子從畫面上聯想到更多的事物，有如天馬行空一般。也就是說，幼兒對新穎有趣的事物總是特別好

奇，些有日記繪本遼闊深遠的想像空間給予了幼兒去探索、去翱翔的大好機會，藉著日記繪本的帶領，任由幼兒的想像馳騁，以滿足幼兒的好奇心。日記繪本就提供了這個想像力的泉源，激發幼兒更多的想像，鼓舞了幼兒無窮的想像世界。

（三）日記繪本具有促進幼兒閱讀能力

幼兒經由日記繪本將所看、所想、所喜歡的、所討厭的，也能表現幼兒的生活周遭情境將以符號轉換成語言閱讀出來有促進閱讀的功能。進而對其他繪本產生興趣，並且去賞析繪本的圖，會去注意繪本的文符字號。

（四）幼兒日記畫可以培育美的素養增加幼兒注意力

可從幼兒的日記繪本畫面中增進藝術涵養。幼兒在欣賞的過程中，自然而然的增進美的感受，對於美的事物會有更深刻的領悟。所以透過不同畫畫表現方式、形式所呈現的多樣化日記繪本，和幼兒親密互動之後，在不知不覺中可以豐富幼兒的視覺經驗與美的體驗。

（五）引領孩子檢視自我，並且助於幼兒人格的發展

日記繪本對幼兒會有不同層次的影響。一個充滿祥和氣氛、溫馨的日記繪本內容，看出幼兒的心情會是寧靜而和諧；主題明確健康的日記繪本，則易使幼兒有積極進取的人生觀。透過學習遷移的作用，幼兒可由良善內容榜樣的學習，建立個人的的判斷力與價值（涂金鳳，2007）。幼兒日記繪本，不僅是有炫麗的圖，有時蘊含著孩子無盡的愛和期待，有時會自我檢視，察覺個體存在的價值。

　　從上述的分析與討論，筆者認為，幼兒之個性、智能與情感，確實完全反映於幼兒的圖畫中，一般人都習慣性「大人說，小孩聽」的單項傳播學習，但在孩子的日記繪本裡，孩子讀出自己的畫，他會集中注意力，並且去思考前因後果，在加上豐富的想像力，從中可以發現孩子獲得成就感和自信心。希望筆者歸納出這些發現，對於現場之教保人員能有所幫助。

五、研究建議

　　幼兒在不識字之前，很重要的語言學習經驗裡，是要看圖說話，幼兒繪畫其實就是幼兒的話，而其珍貴、可愛之處，乃在於孩子的那顆童心，毫無掩飾、毫不做作，純真的表現在畫紙上，因此，幼兒繪畫其最大功能，莫過於讓孩子透過繪畫來表達他的喜、怒、哀、樂，幼兒藉著畫畫來放鬆他的情緒，和社會互動、溝通，所以從幼兒的圖畫中，確實能「讀」出孩子的內心世界（沈佳靜，2003）。很多家長在家裡只提供電視給孩子，認為蠟筆或彩色筆只會造成幼兒亂塗地板和牆壁，造成麻煩。研究顯示能提供一個自由繪畫的環境，讚美孩子並接納其圖畫，對孩子幫助莫大。幼兒日記繪本最重要的目的，是提供給幼兒將其內心情感發洩出來，藉以放鬆情緒，它是幼兒心靈感受的表現。這些表現，也許是亂雜的、律動的、不合比例的，這些都是幼兒自然的、真誠的表現，是最可貴的。若從幼兒日記畫表徵能力的發展可從研究內容觀察，隨著幼兒藉由繪畫與他人溝通的意圖增強，幼兒在繪畫內容的表現上，會從無重點到有重點、從只畫出自我到畫出週遭環境的其他人物、從具體表徵到抽象表徵；甚至從單一事件到連續事件的紀錄。孩子的圖畫中，其實隱藏了許多「話」，只是大人不曾去留意，會常錯過了許多輔導

孩子的機會，目前的教保人員具備「讀」幼兒圖畫的能力亦稍嫌不足，深感此能力之重要性，因此教保人員要提供日記繪本的時間讓孩子在日記繪本裡抒發幼兒真情、真性的真實世界。

參考文獻

中文文獻

王雅玄、陳幸仁（1998）。符號互動論——社會學方法論之應用，菁莪，10 卷 2 期。

李英輔（1998）。兒童是天才、塗鴉萬歲。台北市：聯明出版社。

沈佳靜（2003）。幼兒繪畫表現分析與探討。幼兒保育學刊，64-79。

林家瑩、徐富穎（2006）。研究方法~基礎理論與技巧。台北市：雙葉。

吳淑玲（2007）。繪本與幼兒心理輔導。台北市：五南。

范瓊芳（1996）。幼兒繪畫心理分析與輔導。台北市：心理。

范瓊芳（1998）。透過繪畫以瞭解兒童心理問題。海峽兩案兒童發展與適應問題學術研討會論文集。

時佩猛（譯）（1998）。孩子的繪畫為什麼這麼有趣。台北市：漢湘出版社。

涂金鳳（2007）。艾瑞‧卡爾（Eric Carle）圖畫書插畫導賞與幼兒繪畫表現關係之研究。國立臺北教育大學幼兒教育學系碩士論文。

張春興（2004）。心理學概論（重修版）。台北：東華書局。

陸雅青（1998）。兒童畫中用色現象之探討。「色彩與人生」學術研討會論文集，129-142。

台北市：臺灣藝術教育館。

鄭博真（2003）。多元智能理論及其在課程、教學與評量革新之應用初等教育學報，16，111-142。

蔡敏鈴、陳正乾譯（1997）。社會中的心智——高層次心理過程的發展。台北：心理出版社。

蔡東鐘（1999）。符號互動論在教育上的應用之探討。國教之聲，32 卷 4 期。

盧素碧（1992）。幼兒發展與輔導。台北：文景。

英文文獻

Blumer H. (1962). Society as symbolic interaction. In Arnold Rose, ed., Human Behavior and Social Process, 179-192. Boston：Houghton Mifflin.

Charon J. M. (2001). Symbolic interactionism：An introduction, an interpretation, an integration. (7th ed.). Upper Saddle River, NJ: Prentice Hall.

李歐‧李歐尼繪本中
「人際關係」主題之探析

王靖婷、謝育雯、吳妙淨、黃淑玲
中華醫事科技大學幼兒保育系講師、研究生、研究生、研究生

一、前言

　　兒童在成長過程中有兩種人際關係對其未來發展有深遠的影響,一是垂直的關係,即兒童與成人的關係,這種關係可發展兒童基本的社交技巧;另一是水平的關係,即是與同儕相處的關係,成功的同儕關係有助於發展社交能力,且有助於自我成長。

　　同儕關係對學齡兒童而言是有其特殊意義的,它不但會幫助兒童在與同伴的互動當中,得知他人如何看待自己,也幫助兒童了解自己的才智、能力、及在同伴中受歡迎的程度。它同時亦幫助兒童了解同伴對許多生活事件的感覺、態度、做法,並進而影響個人價值觀的判斷與選擇。更有甚者,來自同儕團體的壓力,會使兒童因為要尋求認同而屈服於此壓力之下,重塑兒童的行為。同儕關係的良好,對個人目前和未來的生活具有相當大的影響力。還有許多的研究也顯示人際關係對個人的身心、家庭生活、工作具有深遠的影響。因此,在課程教學之中,即應涵括幫助兒童學習與人相處之道,及解決衝突技巧的內涵。

　　大多數的人，活在這世界上都不能脫離人際關係，兒童更不例外，透過他與週遭互動，不但影響其思想、態度與行為等，更形成兒童對自己及別人對他的看法。友誼的發展一般會隨兒童生理、智能的發展，及情緒的成熟而有所變化，以下將以六至十二歲兒童的友誼特色及型態，加以說明：（1）五～六歲兒童在學校裡，從團體中，不但可以觀模仿別人的行為模式，更可以學到如何分享，兒童希望加入團體，不喜歡被孤立起來，此稱為「幫團時期」，做任何事都要跟這些人一起做，由此過程可讓兒童了解如何與人相處，如何尊重別人，也經由此種關係建立對別人的信任感及對自己的自信心。（2）四～九歲是非常需要友伴的時期，主要是想藉由此增進自我價值感及加強自己的人緣，友誼不是基於關懷而產生的，一是他體認到自己的想法與感覺，跟另一個人相似，因而較肯定自己，對自已有正面的評價；一是逐漸發展出「關懷他人」的人性意識。兒童人際關係發展過程，是由最初以自我為中心要求友伴的付出，到彼此間互惠互利的互動關係，最後學習付出後，不求回報之成熟愛的態度，而且每一個階段愛的能力，都是下一個階段愛能力的基礎，如此循序漸進，兒童自然具備了成熟的愛。兒童透過與其他兒童交往過程中，進行自我的探索、自我的肯定，也是學習與人交往，經歷被愛及培養愛人的能力[1]。

---

[1]　參見〈兒童與兩性交往〉一文，取自 http://www.tacocity.com.tw/water/html/sex.htm。

二、作者及其作品介紹

（一）作者介紹

1.青少年時期

Leo Lionni，1910 年出生於荷蘭首都——阿姆斯特丹。Leo Lionni 受到叔叔 Piet 的影響很大，他教 Leo Lionni 畫畫，又讓他臨摹自己的建築計畫圖。其他兩個叔叔是現代藝術的收藏家，他們的房子裡到處懸掛著立體主義、抽象主義等當代畫家，如畢加索、米羅、夏戈爾、康丁斯基、克利等人的作品他們的收藏品也啟發了 Leo Lionni。Leo Lionni 小學時學了藝術和雕刻，甚至還獲准在 Rijks 博物館裡作石膏鑄作，在博物館裡他看到許多著名畫家的作品，如：林布蘭（荷蘭著名蝕刻版畫家）、梵谷和蒙得里（荷蘭著名畫家），也因此得到不少啟發。

Leo Lionni15 歲時，他們搬到了義大利西北方的熱那亞，在那裡他學了義大利文並且念了一所商業中學。在 16 歲時，他遇見了一個女孩，Nora Maffi，他們在那 2 年後結婚，這段婚姻維持了 69 年之久。

Leo Lionni 後來就讀了熱那亞的一所大學，在那裡他還攻讀了經濟學的博士學位。他在義大利的第一份工作是一個受約翰教啟發的畫家，隨後一本未來主義（futurism）的龍頭雜誌網羅他做藝術評論者。也就是在這個時候，Leo Lionni 開始了和商業有關的廣告宣傳事業。青年時期的 Leo Lionni 對哲學與文學興趣濃厚，一九三〇年代，未來主義運動在義大利如火如荼展開，極欲拓寬自己視野的 Leo Lionni 被它充滿活力和創新的主張所吸引。不過，後來發現該運動「法西斯」政治色彩濃厚，他就退出了。

在 1947 年，Leo Lionni 搬到了紐約，他開了一家小型設計公司。他初期的設計任務就是受託於以藝術為導向的 Fortune 雜誌，那是 Henry Luce 出版王國中的一顆寶石。他成功地改變了這雜誌的外觀，也給一些作家和畫家前所未有的作品展示機會，這些圖畫書後來也都風靡全世界。他都鼓勵一般的藝術家，他是這麼說的「Do things that they were not accustomed to doing.」（作一些平常不習慣做的事）。

2.壯年時期

在設計界大放異彩。1955 年他被美國平面藝術協會選為「年度優秀藝術指導」，1956 年獲得建築聯盟的金牌獎；而在圖畫書創作方面，他的第一本圖畫書是四十九歲那年，他帶孫子搭火車時，為了安撫孫子，隨手撕撕剪剪，即興做出的「小藍和小黃」（1959 年）。在往後的三十年間，他創作了三十多本圖畫書，而且在國際間頻頻得獎。1984 年再度獲得美國平面藝術協會的金牌獎，在頒獎時，評委的評語是：「他通過自己的藝術創作、設計創作、設計領域的領導和人才培養，以及通過為孩子創作圖畫書，至少深深地影響了三代人，而自始至終，人文主義和理性主義貫穿著他的作品。」

3.晚年時期

他在 72 歲時患了帕金森氏症，但他還是繼續畫畫、演講、寫作還玩琴。在那幾年，他創作了許多兒童書、設計了大型的鐵板畫、辦了一場回顧展，更出版了令人景仰的自傳——Between Worlds。在 1997 年，過完了他 87 歲生日不久，他喪失了工作能力。他在 1999 年的生日宴會上並不是以他過去的故事來款待客人，而是與

大家分享他未來的計劃。在 1999 年十月，他終於不敵病魔，與世長辭了。但是，他的作品卻永垂不朽！

Leo Lionni 一生中經歷了許多地方，精通五種語言，也富有多元性的思考模式。他曾經是藝術家、設計家、雕塑家也是兒童書的作者。50 歲，當時他是「財富」雜誌的藝術總監，他最著名的是「動物寓言」，他的地位就如同 Paley（2000）說的：「沒有人的名字可以取代 Leo Lionni」[2]。

（二）作品介紹

1.主題

Paley V.G.指出：Leo Lionni 的作品常指出個人對團體判準的挑戰，並且讓我們不由自主的將故事中主角所面臨的問題與自己的經驗作結合（楊茂秀譯，民 88）。Leo Lionni 在創作繪本時，從來沒想過閱讀書籍的人們的年齡層，他曾說：「我真的不全然是為孩子創作的。我做這些書，是為了我自己和我的朋友們心裡面恆常不變，仍然是孩子的那個部份而做的。」[3]。

2.角色

此外，除了第一本繪本「Little Blue and Little Yellow」外，幾乎所有繪本的角色都是以動物為主。每一則寓言，都有完美愉快的結局，這也代表著多少年來，他對世界一股生生不息的希望[4]。

---

[2] 引自〈深入淺出的生活哲學大師──李歐李奧尼〉，參見 http://tw.myblog.yahoo.com/jw!YR9TESuEGRTwekyoYG0aZg--/article?mid=396。
[3] 引自曾美慧〈以鼠寓意的李歐‧李奧尼〉一文，取自 http://www.owllibrary.org.tw/book/writer/writer19.asp。
[4] 同上。

3.情節

Leo Lionn 相當重視文與圖的緊密結合。他的圖畫書都是自寫自畫，作品都由自己自我創造。Leo Lionni 他曾說：「今日，我沉醉於各樣藝術。我畫、我雕刻、我設計、另外，我還寫作。真正誘惑我、刺激我、鼓動我的是「藝術的潛在特質」，他們彼此間有令人驚喜的連結和前後關係，還有他們都有富有詩趣的特質。」[5]。

以下為 Leo Lionni 創作繪本[6]

編號	書名	譯者	出版社／出版年分（美國）
1	Little Blue and Little Yellow 小藍與小黃	潘人木	台英 1997／1959
2	Inch by Inch 一吋蟲	楊茂秀	大穎文化 2006／1960
3	Swimmy　小黑魚	張劍鳴	上誼 1989／1963
4	Frederick　田鼠阿佛	孫晴峰	上誼 1993／1967
5	Alexander and the Wind-Up Mouse 阿力和發條老鼠	孫晴峰	上誼 1991／1969
6	Fish Is Fish　魚就是魚	黃迺毓	上誼 2003／1970
7	The Green Tail Mouse　綠尾巴的老鼠	劉清彥	道聲 2003／1973
8	A Color of His Own　自己的顏色	林真美	遠流 1997／1975
9	Cornelius　鱷魚柯尼列斯	孫晴峰	上誼 2003／1983
10	It is Mine　這是我的	孫麗芸	上誼 1989／1986
11	Matthew's Dream　老鼠阿修的夢	孫晴峰	上誼 1991／1991
12	Extraordinary Egg　一個奇特的蛋	張劍鳴	台英 1997／1994
13	On My Beach There Are Many Pebbles		1961

---

[5]　引述自林禎川（2001）《國小四年級學童對 Leo Lionni 故事繪本主題詮釋之研究》，國立嘉義大學/國民教育研究所碩士論文。

[6]　Leo Lionni 作品網站：http://www.randomhouse.com/kids/lionni/。

14	Tico and the Golden Wings 甜狗與金翅膀		1964
15	The Alphabet Tree　字母樹		1968
16	The Biggest House in the World		1968
17	Theodore and the Talking Mushroom		1971
18	In the Rabbitgarden		1975
19	Pezzettino		1975
20	A Flea Story		1977
21	Geraldine, the Music Mouse		1979
22	Let is Make Rabbits		1982
23	Nicolas, Where Have You Been?		1987
24	Six Crows　六隻烏鴉		1988
25	Tillie and the Wall		1989
26	A Busy Year　忙錄的一年		1992
27	Mr.McMouse		1922[7]

（三）故事特色

1.靈感來自生活的小片段

作者李歐‧李奧尼曾說他寫故事的靈感常常來自生活中的小片段，像《田鼠阿佛》的靈感就來自於一隻他在畫室外遇到的小田鼠，《鱷魚柯尼列斯》則是一隻隨手塗鴉的蜥蜴演變而成的。當靈感經過了思考和組合的過程後，就慢慢形成了故事。

2.大量採用幾何圖形、拼貼和水彩拓印技法

他一開始創作圖畫書，就大量採用幾何圖形、拼貼和水彩拓印技法。他構圖簡單的風格，反映當時兒童圖畫書時興的創作風格。

---

[7] 　引自曾美慧〈以鼠寓意的李歐‧李奧尼〉一文，取自 http://www.owllibrary.org.tw/book/writer/writer19.asp。

3.用動物說寓言

他擅於巧妙的將生活哲學包裝在以動物為主角的故事裏。在李歐・李奧尼眾多的圖畫書中，他常以小動物或爬蟲類如老鼠、小鱷魚、小魚、青蛙等為主角，並將故事場景設置於自然界。其實，這跟李奧尼小時候自己曾經養過青蛙、魚、烏龜有關。

4.表達他的人生哲學、思索自我的生存價值

他的作品，用淺顯的表達方式，思索「個人價值」和「個人與群體、環境」的關係。李歐・李奧尼曾說：「我的書是寓言故事，表達了我的想法和感覺。」而李歐・李奧尼的書表現的形式正好適合孩子。他也曾說：「《小黑魚》大概是最能代表我的。他慢慢的，從生活中發生的一些事上，發現了美是一種生命的力量，最後，他擔當起群體中眼睛的角色，他為別人看。他說，『讓我來當眼睛。』」很明顯的，李歐・李奧尼認為圖畫書是一種藝術的表現形式，「圖畫書的創作者就像小黑魚一樣，有責任成為眾人的眼睛，幫助人看見。他有這種能力，也因此有使命在作品中表現出美和意義。一本好的圖畫書應該兩者兼具。」事實上，他透過巧妙獨特的設計，和搭配得天衣無縫的插畫，呈現出他故事中的心境與情感；文字則反映出他對這個多變世界所抱持的驚嘆、疑慮與信念。

5.文淺意深，耐人尋味

在他的圖畫書中經常出現的是小老鼠、小青蛙、小魚甚或一隻小鳥，但卻反應了人類世界中的大道理。而透過圖畫書的表達，李歐・李奧尼嘗試告訴孩子這些對他們成長有意義的故事。他認為人的視覺影像是非常重要的，在他的文章中，他常說：「兒童在圖畫

書中會經驗到的是一連串已結構成形的幻想，但這些幻想卻會激發孩子內心深處的感覺與想像。透過這些經驗，孩子嘗試將個人的視覺經驗與語文經驗產生對話，並形成連結」。他的作品最適合淺淺的看，深深的想；淺顯的文字不但能引發孩子們閱讀的樂趣，而大人讀來也都能咀嚼良久，因為裡面蘊藏著深奧的人生哲理，令人越讀越覺得餘味無窮[8]。

（四）Leo Lionni 繪本中的「人際關係」主題分析

　　Leo Lionni 繪本雖然有上述的這些特色，但其實研究者在閱讀他的作品後發現，Leo Lionni 對人際關係方面著墨頗多，在研究者找到的四篇碩、博士論文當中，其中裡面的文章內容只是對李歐‧李奧尼的繪本做其他相關研究，並無深入探討到「人際關係」部份。其實，李歐‧李奧尼的繪本作品裡，大部分的繪本都呈現了各種不同的「人際關係」，所以研究者決定針對李歐‧李奧尼的繪本作品中，所表達的「人際關係」，做深入的分析與探討。

　　以下是研究者挑出在目前台灣找的到的繪本及探討其中所反映的人際關係的層面：

1.Little Blue and Little Yello 小藍與小黃。

2.Swimmy 小黑魚。

3.Frederick 田鼠阿佛。

4.Alexander and the Wind-Up Mouse 阿力和發條老鼠。

5.Fish Is Fish 魚就是魚。

6.A Color of His Own 自己的顏色。

7.Cornelius 鱷魚柯尼列斯。

---

[8]　引自宋珮〈走進李歐‧李奧尼的世界〉取自 http://www.kimy.com.tw/project/200304/leo-loa/index_2.asp。

8.It is Mine 這是我的。

9.Tico and the Golden Wings 甜狗與金翅膀。

10.Six Crows 六隻烏鴉。

研究者並將上述繪本所探討、反映的『人際關係』，分成以下數個不同層面：

1.同儕因忌妒而產生排斥

同儕之間常會因為見不得人好，而心生妒忌，最後產生排擠的現象。

(1)「Tico and the Golden Wings」

故事簡介：Tico 天生就沒有翅膀，但他的朋友都很熱心幫助他，幫 Tico 帶來小蟲，但 Tico 夢想自己也能擁有翅膀，有一天 Tico 夢到自己有一對翅膀，而且這對翅膀還是金的！他醒來時，發現身邊有一隻很特別的藍色許願鳥，Tico 對他說，我希望可以有一對翅膀。突然間，一陣閃光後，Tico 真的有一對翅膀，而且還是金色的，Tico 好高興；但當他飛到同伴身邊時，同伴們卻不理 Tico，他們對 Tico 說，你的翅膀是金色的，與我們不一樣，不是我們的同類我們不跟你玩！Tico 覺得很奇怪？為什麼你們要這麼生氣呢？於是 Tico 離開了，Tico 有一天無意的用自己的羽毛幫助一位需要的人，他發現拔掉的羽毛處就長出黑色的羽毛了，於是 Tico 就這樣用自己的金羽毛到處幫助別人，最後，自己的翅膀全都變成跟同伴一樣的黑色羽毛了。這時 Tico 回到自己的同伴身邊，同伴也接納了他，但是他發現即使自己的翅膀與同伴們的顏色一樣，但是內心經歷卻是如此不同，他擁有幫助別人的回憶以及金色翅膀的夢。

人際關係分析：這故事值得玩味的是，Tico 所謂的朋友，當他無助時愛他，Tico 一旦比其他同伴來得優勢，有了特殊的發展，同伴們就排斥他，離他而去，直到 Tico 與他們相同，才接納他返回族群（手拿褐色蠟筆的女孩維薇安‧嘉辛‧裴利 1999 年 2 月）。藉此反映了人性隱藏的陰暗面。

Tico 或許能許願既擁有金羽毛，同時又把朋友都保住，但是，要是他的朋友會因此不再喜歡他，他寧願不要金翅膀，因為他覺得太孤單寂寞。他必須自己做出選擇：有金翅膀而孤單，或者與眾人妥協順應他們，而擁有朋友（《手拿褐色蠟筆的女孩》維薇安‧嘉辛‧裴利 1999 年 2 月）；人常因為對方的不足，才去關懷他人，但是當別人比自己優秀亮眼時，反而產生了忌妒心甚至排擠對方，Tico 擁有和別人不同的金色羽毛，卻因此受到同伴的排擠，結果盡自己所能去幫助別人，讓別人受惠，也讓自己得到快樂，正所謂：「助人為快樂之本，當我們遇到能力比我們更高階時，你會因此而排斥對方，或者會選擇學習對方的長處，決定權就在於己。

(2) 鱷魚柯尼列斯

故事簡介：柯尼列斯是一隻與眾不同的鱷魚，他從小就用兩隻腳走路，因為站著比其他鱷魚高，所以視野比其他鱷魚高，他將所看到的景色與其他鱷魚分享，但其他鱷魚們並不捧場，反而不在乎的對他說：「那又怎麼樣？」但是柯尼列斯仍然繼續追求著他所想要的，他的同伴們一直酸溜溜的不認同，但到最後柯尼列斯終於了解其他鱷魚們背後模仿他的想法，他在也不為同伴酸溜溜的語氣感到氣惱了。

人際關係分析：通常我們都會「物以類聚」，但柯尼列斯卻反而是追求他想要的，不與其他鱷魚一樣安於現況，他永不放棄，力

爭上游，不因同儕的不認同而放棄，勇於走自己的路，創造出與眾不同的自己。人類常因為同伴比自己有高超的表現，因此而隔絕不與來往，所以我們不妨嘗試柯尼列斯的勇氣和毅力，不僅可以創造屬於自己的一片天，也為同類帶來學習的動力。

由上述可了解到 Tico and the Golden Wings 與鱷魚柯尼列斯這兩本書之間似乎都存在的自我與同伴們之間的掙扎，但他們遇到的問題，卻有著不同的方法來解決；Tico 是一隻非常想和同伴一起生活，但卻因為自己的優勢而遭到排斥，為了取得同伴的接納，讓大家不再排斥他，Tico 拔自己的金羽毛幫助他人，換成與同伴相同顏色的黑羽毛。從另一方面來看，有些個體對團體的感受比較敏銳，會想辦法將身上的羽毛貢獻出來（手拿褐色蠟筆的女孩維薇安‧嘉辛‧裴利 1999 年 2 月）。但是柯尼列斯則不同，他不屬於任何一個團體，他為了自己的理想而努力，不因同伴的不認同而退縮，這對於 Tico 來說，Tico 就會低聲下氣，為自己的夢想而感到抱歉（《手拿褐色蠟筆的女孩》維薇安‧嘉辛‧裴利，1999）。

2.從對立到和平

人與人之間常因為某種不滿而造成對立的局面，此時可經由溝通，雙方達成共識，最後得以和平的解決問題。

「Six Crows」：

故事簡介：6 隻烏鴉，吃了農夫所耕種的小麥，生氣的農夫製作稻草人想嚇阻烏鴉，沒想到烏鴉反而製作更加大的假鳥來攻擊，就這樣農夫與烏鴉之間為了小麥而大吵，知道事情的貓頭鷹，出來幫忙兩邊調解，在貓頭鷹的勸導下，農夫與烏鴉們終於達成協議不在爭吵。

　　人際關係分析：六隻烏鴉和農夫雙方為了農作物而呈現對立狀態，雙方的衝突因此越演越烈，貓頭鷹扮演了和事佬，找來雙方來化解彼此衝突，當遇到此種情況時，我們可以以一個「積極」的態度看待衝突，雙方並進行良好溝通，達成共同協議，衝突便可以迎刃而解。這間接說明了，有效的解決人際關係中的衝突，是很重要的。

3.接納融合

　　人與人的相處，能夠彼此「接納融合」，不因為種種原因造成歧視問題，其中包容力對每個人而言更是不可或缺的。

　　「小藍與小黃」：

　　故事簡介：本書為 Leo Lionni 的第一本圖畫書，是在 Leo Lionni 四十九歲那年，為了平復與自己同在火車上的孫子的情緒，即興創作做出來的作品。故事是在說小藍與小黃兩種顏色是最要好的朋友，有一天小藍一個人看家，於是他跑去找他的好朋友小黃，當他找到小黃時，兩人高興的擁抱著彼此，直到他們混和成綠色，他們高興的一起玩，直到他們各自回到家後，小藍以及小黃的爸爸媽媽卻因為他們身上的顏色變成綠色，而不相信那是他們的孩子，小藍跟小黃難過的哭泣，直到他們變成藍色和黃色的淚滴，之後他們手拉手的回家，小藍的父母看見小藍回家非常高興，就擁抱著小藍，也擁抱著小黃，才發現自己也變成了綠色，現在他們才知道，原來抱在一起會變成融合的顏色。

　　人際關係分析：人與人之間互分彼此，是因為他們之間有很多的不同。在各個不同種族、文化、信仰，以及不同民族的人，生活在同一個地球上，我們也必須更了解，不要再為了不同的國籍、宗教、膚色、種族、族群間的歧視，成為困擾和爭執的禍因，其實每一個種族總會有其特異之處，世界上絕對沒有人是完全相同的，我

們需要培養包容他人的心。而當你發現自己正遭受不公平的對待時，與其抱怨，不如靠自己努力，創造一個公平的社會，一方面要努力，證明自己並不比別人差，將心比心，也更要學會尊重其他人！因為不懂得尊重別人的人，不但無知，甚至自卑、自大。在彰顯自己時，不用去否定他人！你可以選擇不贊同，但不能全盤否認！

4.從羨慕到自我認同

人常常因為羨慕別人，就迷失自己，忘了自己的長處，但是羨慕歸羨慕，千萬別忽略了自己，唯有認識自己，才能建立自信。

《魚就是魚》

故事簡介：池塘中居住著一隻小魚和小蝌蚪，兩人是很好的朋友，一天蝌蚪長大變成了青蛙，離開了池塘去看外面的世界，小魚感到疑惑，為什麼小蝌蚪會變成青蛙？為什麼要離開這裡？但青蛙並沒忘記他的老朋友，他回到池塘，與他的朋友分享他在外面看到的世界，小魚聽到青蛙對他說的世界便開始幻想著，到最後小魚實在非常好奇，便奮力跳出池塘，但他發現他無法呼吸，好險剛好經過池塘的青蛙救了小魚，這時小魚才明白，原來不同的動物各有不同的天賦，安於自己的天生稟賦，才能活的快樂自在。

人際關係分析：人往往都會不自覺地羨慕別人的一舉一動，總覺得別人所擁有的比較好，卻忽略自己本身的獨特之處。有時候了解自己的長處，回頭看看自己，唯有認識自己，才能建立自信。俗話說：「天生我材必有用」，幸福往往是經過比較之後，才發現自己的特色。

5.尋找同類發現自我價值

在人際關係中，經由尋找同類，並一起成長，最後你會發現，原來肯定自我的價值是多麼重要的一件事啊！

（1）《阿力與發條老鼠》

故事簡介：阿力是一隻生活緊張卻難得三餐溫飽的小老鼠。當他遇到了「小威」一隻受（小主人）寵愛的玩具發條老鼠，小威雖然行動不自由，但卻衣食無憂！阿力當下好羨慕小威，希望自己能跟小威一樣。某天小威跟阿力說，彩色蜥蝪的魔法能幫他變成完成夢想。直到某一天，他發現小威居然被（小主人）丟在玩具堆中，這時阿力不想變成像小威那樣了，反而向彩色蜥蝪許願，希望阿威也能變成真正的老鼠，擁有生命自由。

人際關係分析：阿力是一隻自由的老鼠，但它欠缺物質上的滿足，每天必須四處尋找食物，整天冒險才能求溫飽，有一天看到它的好朋友小威被他主人捨棄，它才發現物質上的擁有，並不代表一切，沒有自由哪也去不了，沒有生命什麼都沒意義，正如俗話說：「生命誠可貴，自由價更高」。

（2）《自己的顏色》

故事簡介：變色龍苦惱沒有自己的顏色，牠總是走到哪兒，顏色就變成什麼。有一次，牠想了一個辦法，牠停在葉子上，天真的以為可以一直維持綠色。但是，秋天葉子變黃了，變色龍也變黃了，冬天，葉子掉下來了，變色龍也跟著掉下來了。直到有某一天，牠遇見另外牠的同類。牠們雖然改變不了現實的條件，但卻決定一塊變色。從此以後，這兩隻變色龍過得好快樂。

人際關係分析：故事裡有一段是這麼說的「直到有一天，牠遇見另外一隻變色龍。牠們雖然改變不了現實的條件，但卻決定要一塊兒變色。從此以後，這兩隻變色龍過得好快樂」，在人際關係裡，既然自己不能改變現狀，但可以經由興趣相投的同伴給予支持和鼓勵的力量，一起做任何事，快樂其實也可以變成一件很平凡又幸福的事。

變色龍煩惱，自己沒有屬於自己的顏色。其實，每個人都有自己的特色，這就是所謂的獨特性，別人沒有的，你有，沒有必要去羨慕別人，因為自己是最特別的，所以創造自己的特色，展現自己獨特的一面，或許可增添多采多姿的美妙人生。就如前言所提，四～九歲是非常需要有伴的時期，主要是想藉由此增進自我價值感及加強自己的人緣，一是他體認到自己的想法與感覺，跟另一個人相似，因而較肯定自己，對自己有正面的評價。

6.互助合作（團結力量大）

在人際關係中，人與人之間能分工合作也是重要的一環，正所謂「團結力量大」，不可小看。

《小黑魚》

故事簡介：一隻小黑魚，和其他的小紅魚長得不一樣，為了避免「大魚吃小魚」的命運，小黑魚想出辦法，小黑魚領導所有的小紅魚互助合作，形成一條巨大的魚，讓他來當大魚的眼睛，其他的小紅魚當身體，嚇跑其他的大魚。

人際關係分析：小黑魚身為一個領導者，遇到困難不退縮，拿出勇氣與機智，勇敢的面對挑戰的態度值得我們學習，學會接納、積極樂觀的態度。只要每個個體能貢獻一己之力，透過合作的力

量，仍然能夠在巨大的敵人威脅下，發揮自我保護及對抗的力量。其實，每個人生存在世界上，各有他的生活意義，只有肯定自己來適應不同的生活型態，人人都可以成為有用處的人，只要你發揮潛能，培養自信，無論何時何地，學習欣賞自己的長處與優點，接受自己的弱點，不懷疑自己的處事能力，一定能在團體中發光發熱的。

7.與別人分享

能與別人分享，等於在人際關係中扮演一個潤滑劑的角色，這對人際關係幫助極大，可使人際關係更加圓融。

（1）《這是我的》

故事簡介：在彩虹池中央有一座小島，愛爭吵的小米、皮皮、亞亞三隻青蛙。這三隻青蛙自私的想佔有一切，互不相讓，所以每天爭吵而不知分享。直到一場傾盆大雨的來臨，才發覺危機四伏，牠們體驗到相依為命的同胞意識，有著共同的恐懼跟希望，於是開始能夠體會和享受「分享」的平安和快樂。

人際關係分析：『這是我的』故事中這 3 隻自私小青蛙，從來就不懂得相親相愛，當然也就更不懂得如何去分享，某天正當災難來襲時，一場危機，才讓他們體驗到相依為命一起度過難關，更懂得唯有一起分享，才能讓生命有更多快樂精采之處。這故事的啟示是，我們應該要認同別人的情感，從別人的觀點來看待所有事物，一起經歷和分享正負面的情感。分享感覺、食物、情緒上的經驗，是塑成友誼的一個重要關鍵部分。應該學習瞭解別人的感受，才能減少孤立感，增進同儕之間的友誼。

(2)《田鼠阿佛》

故事簡介：阿佛跟他的朋友生活在一起，正當每隻田鼠都忙著儲糧時，他卻無所事事，還說自己正在收集陽光、顏色和字。冬天來臨時，當田鼠們把儲存的糧食吃光了之後，阿佛則展露他在夏天收集的景色、聲音、氣味與印象，用想像力傳給大家在寒冷的冬天還能感受到像夏天時陽光的溫暖與明亮，大家都稱讚阿佛是個詩人。

人際關係分析：阿佛的朋友整天為了儲存冬天糧食，賣命的工作，而阿佛卻是無所事事，整天只是在收集別人眼中不重要的東西，而冬天到，阿佛的朋友卻願意分享食物給阿佛，阿佛朋友的心胸寬闊，願意接納與他們不同價值觀的友伴，也願將所儲存的食物與之分享，尊重阿佛異於別人的地方，他們彼此做著不同的事，盡自己的本分，發揮各自的長處，為自己所要達成的目標而努力，不計較誰有做、誰沒做，彼此有良性的互動，這種無私的精神真讓人敬佩。而阿佛所提供的精神食糧也發揮了很大的作用。其實，每個人都渴望尋找自己內心深處的快樂泉源，這時候「精神糧食」扮演了重要角色，它可以支撐意志，讓心靈上感到滿足，跟「物質」比起來，在物質缺乏的時候，「精神」層面更為重要。

三、結論

幼兒的人際關係，對於長大後影響深遠，就如前言所言：同儕對學齡兒童而言是有其特殊意義的，因它不但會幫助兒童在與同伴的互動當中得知他人是如何看待自己，而且也幫助他們了解自己的才智、能力、及在同伴中受歡迎的程度。它同時亦幫助兒童了解同伴對許多生活事件的感覺、態度、做法，並進而影響個人價值觀的判斷與選擇。更有甚者，來自同儕團體的壓力，會使兒童因要尋求

認同而屈服於此壓力之下，塑造兒童的行為。因此對於幼兒人際關係的發展方面，是幼教師或保育員在教導上不可忽視的一環。

　　人際關係原本就是一個很複雜的課題，對幼兒來說學習更加不容易，黃迺毓等在《童書非童書》中提到：「一般孩子交朋友的方式通常都是現學現賣，看別人怎麼做他就怎麼做！或者是來自於父母或是老師的指導，但是大人們不要忽略了童書中許多提及友誼，人和人相處之道等等的內容，都是對孩子的人際關係相當有提示作用的，有些經驗是由實際的生活中得到的，有些經驗則不需要親身經歷，可經由聽到或看到的事物中學習而來，我們稱這種經驗為「替代經驗」，童書就可以提供孩子許多和別人相處的「替代經驗」……。（黃迺毓等 1994：113）如何教導幼兒讓幼兒能夠了解到人際關係的重要，其實可以讓幼兒從閱讀人際關係的繪本開始。如：《小藍與小黃》，可以讓幼兒了解人與人的相處，能夠彼此「接納融合」，不因為種種原因造成歧視問題；《Six Crows（六隻烏鴉）》探討了人與人之間常因為某種不滿而造成對立的局面，此時可經由溝通，雙方達成共識，最後得以和平的解決問題；《自己的顏色》《阿力與發條老鼠》經由尋找同類，來肯定自我；《這是我的》《小黑魚》透過與人分享和分工合作，使人際關係更加圓融；《田鼠阿佛》透過接納不同價值觀的友伴，盡自己的本分，發揮各自的長處，維持彼此良性的互動。這些 Leo Lionni 的繪本中不但深刻探討到人際關係各個層面的問題，還可延伸到自我認同、肯定自我、發掘特長、價值觀等其他主題。

　　分析李歐里奧尼 Leo Lionni 十本繪本，所反映的人際關係的層面，從排斥、對立到接納融合、和平相處，從羨慕到自我認同，從尋找同類到發現自我價值等，故事中的動物世界就像人類社會一樣，他們都面對了現代人的處境與問題，怎樣建立自己的人際關

係？怎麼做個真正的自己？人跟人之間如何相處？內心所面臨的衝突該如何解決？繪本故事直接切進人類生活最貼切的處境，我們不可能在每件事情上都與朋友意見相合，也不可能完全避免和別人的衝突。化解衝突要從自己做起，將心比心，世上沒有十全十美的人，任何人都有優缺點，惟有尊重他人、接納異己、替他人著想，才能發展良好的人際關係與團體生活品質。

參考文獻

中文文獻

宋珮〈走進李歐‧李奧尼的世界〉99.4.20 取自 http://www.kimy.com.tw/project/200304/leo-loa/index_2.asp。

林禎川（2001）。國小四年級學童對 Leo Lionni 故事繪本主題詮釋之研究。國立嘉義大學/國民教育研究所碩士論文，未出版，嘉義市。

林宮嫚（2007）。李歐‧李奧尼的繪本應用於生命教育之行動研究。國立臺東大學/兒童文學研究所碩士論文，未出版，台東市。

陳姿吟（2009）。李歐‧李奧尼圖畫書之研究。國立臺東大學/兒童文學研究所碩士論文，未出版，台東市。

黃迺毓、李坤珊、王碧華。童書非童書。臺北市：宇宙光，1994。

曾美慧〈以鼠寓意的李歐‧李奧尼〉，99.4.20 取自 http://www.owllibrary.org.tw/book/writer/writer19.asp。

賴美秀〈二十世紀最出色的寓言大師──Leo Lionni〉99.5.20 取自 http://www.lles.tpc.edu.tw/~englishgov/englishgov-34/Lionni.htm。

劉逸青（2003）。說來聽聽教室中的閱讀討論。國立臺東大學／兒童文學研究所碩士論文，未出版，台東市。

〈深入淺出的生活哲學大師──李歐李奧尼〉，99.4.20 取自 http://tw.myblog.yahoo.com/jw!YR9TESuEGRTwekyoYG0aZg--/article?mid=396。

維薇安‧嘉辛‧裴利著，楊茂秀譯（1999）。手拿褐色蠟筆的女孩。成長文教基金會。

親子共讀中的數學對話：

個案研究

張麗芬

國立臺南大學幼兒教育學系副教授兼系主任

摘要

　　本研究以個案方式，進行探索性研究，探討一對親子在共讀繪本過程中如何共同探索數學概念，以及幼兒能否從與母親進行的這個社會活動所提供的鷹架中學習數學。結果發現，共讀繪本引發親子之間出現許多數學對話情節，其中以基數主題最多。而這些數學對話情節大多由母親以發問方式引發，而以引發－回答－評鑑順序進行。對話中也發現幼兒已經有不錯的非正式數學能力。

關鍵字：親子共讀，數學對話

一、緒論

　　過去三十多年的研究發現，尚未進入小學的幼兒就擁有廣泛、複雜且熟練的生活數學（everyday mathematics）或非正式數學（informal mathematics, Clements, & Sarama, 2007; Geary, 1994; Ginsburg, Klein, & Starkey, 1998）。但是幼兒還未接受正式數學教

育，因此這些非正式的數學經驗應是來自家庭經驗。例如 Young-Loveridge（1989）發現，幼兒的數學技巧應該是因為在家庭中接觸許多相關經驗，或是由家庭中成員引導，及有機會看到母親使用數學解決日常生活的問題。

　　但是如果詢問父母親如何支持幼兒這些數學經驗，父母親通常表示會透過對話（Durkin, Shire, Riem, Crowther, & Rutter, 1986）、遊戲（Phillips & Anderson, 1993; Tizard, & Hughes, 2002; Vandermaas-Peeler, Nelson, Bumpass, 2007; Vandermaas-Peeler, Nelson, Bumpass, & Sassine, 2009）、家庭活動（Leder,1992）、烹飪（Young-Loveridge, 1996）、睡前故事時間（Phillips & Anderson, 1993）、共讀故事書（Anderson, 1997; Anderson, Anderson, & Shapiro, 2005）、蓋積木（Zhou, Huang, Wang, Wang, Zhao, Yang, & Yang, 2006）、數學練習卷（Zhou et al., 2006）、非正式及商業遊戲等（Young-Loveridge,1989; Saxe, Guberman & Gearhart, 1987），這些活動都是日常生活中常見的活動，而且都是與他人的互動有關，因此相當具有社會性。但是目前對這種親子互動的本質所知並不多，對於這些活動如何支持幼兒的數學發展也不清楚。

　　父母親會使用生活中的事件，透過親子互動引導幼兒學習數學，這正符合 Vygotsky 的理論，社會互動能促進兒童的認知發展。Rogoff（1990）也認為，兒童是在與他人共同解題的互動中學習的，她提出引導式參與（guided participation）的概念，用以說明父母親與兒童透過非正式但重要的社會中介活動（socially mediated activities），彼此交換知識的過程。這些理論都暗示，數學理解起源於社會（張麗芬，2010；Benigo, & Ellis, 2008），而且是受兒童所參與的文化活動所影響（Cobb, 1995）。

　　在家庭的社會中介活動中，親子共讀繪本（或稱圖畫書）是日常生活中經常見到的情景，共讀中可以看到許多自然發生的親子互動，在這些互動中，家長通常提供協助或教學，有時稱為鷹架（scaffolding），透過這種作用而將兒童的能力擴展到更高程度。有許多研究探討家庭環境中，家長如何透過共讀活動發展幼兒的閱讀與語文技巧，研究重點也大多集中在共讀對兒童語言、讀寫萌發（emergent literacy）的影響。但是很少研究探討親子共讀對發展幼兒數學知識與技巧的影響，父母如何利用圖畫書支持或提升幼兒的數學學習，或如何共同建構數學概念，則較少被研究。

　　事實上一些在學前機構進行的利用繪本進行數學教學的研究（張麗芬，2009; Hong, 1996; Jennings, Jennings, Richey, & Dixon-Krauss, 1992）都發現，結合繪本與數學的教學能增進幼兒的數學能力與興趣。但是這是在教育情境由教師進行的教學，既然繪本是幼兒所喜歡的活動，又是家庭常見的親子互動，父母親是否也能利用共讀繪本的機會，增進幼兒的數學能力？而這又是透過何種過程？

　　Anderson 等人（2005）認為，共讀形成一個家長與幼兒能加入作數學對話的情境，所以睡前故事時間也是共享數學的好時間（Phillips, & Anderson, 1993），而且數學也可以成為共享故事的重要部份。即使是敘事性的故事書，研究焦點是在讀寫能力，仍有一些父母在共讀故事時會進行有關數學的對話（Shapiro, Anderson, & Anderson, 1997），所以如果能透過共讀時的親子對話將能協助幼兒學習數學。

　　本研究以個案方式，進行探索性研究，探討一對親子在共讀繪本過程中如何共同探索數學概念，以及幼兒能否從與母親進行的這個社會活動所提供的鷹架中學習數學。研究重點在分析親子共讀圖畫書的互動過程中，進行了那些有關數學的對話？是否也能在互動中，共同建構數學概念？父母親如何鷹架幼兒數學概念的學習？

二、文獻探討

　　親子互動的理論基礎主要來自 Vygotsky 的社會文化論（socio-cultural theory, Rogoff, 2003），所以文獻探討部份將先介紹社會文化論，再回顧親子共讀中數學對話的相關研究。

（一）社會文化論

　　Vygotsky 認為認知是社會化的建構與共享的（谷瑞勉，1999），或是社會中介的（socially mediated），意思是只有人類才獨有的高層次心理功能都是從社會與文化情境中產生，而且是為情境中所有份子所共享（谷瑞勉，1999）。Vygotsky（1978）曾提到，兒童的發展是由兩條線交互編織而成的，一條是基本過程，起源於生物；另一條是高層次心理功能，起源於社會歷史。他特別強調發展的社會歷史根源，因為社會情境形塑了認知發展的過程（Bodrova & Leong, 1996）。Vygotsky 用「最近發展區」（zone of proximal development）來說明發展與學習的相輔相成的關係，強調社會文化或教育對認知發展的影響（Bodrova & Leong, 1996）。

　　在 Vygotsky 之後，有許多學者將他的理論加以延伸、宣揚。例如 Rogoff（1990）則強調兒童的發展是無法自人際或社群（community）歷程分開的，當兒童與同伴參與認知活動時，會產生認知改變，而隨著參與的進展，兒童在共同活動中的角色及責任也會改變，兒童對作業的理解也改變。引導式參與的合作過程讓幼兒與其他更有能力的同伴對所參與的活動有了共享的興趣與目的，因而讓彼此交換知識，而促進知成長。

　　Gauvain（2001）認為，有經驗成員對較無經驗成員傳遞社會的實際、價值與目標的過程就是認知社會化（cognitive socialization），認知社會化的代理人有家庭（父母、手足）、同儕和社區。其中家庭是兒童第一個社會化的情境，父母通常透過面對面的方式，以及為兒童安排活動的方式來影響子女的發展。

　　由社會文化論可以看出，父母親透過引導兒童參與文化中有價值的活動，而促進了兒童的認知發展。

（二）親子共讀中的數學對話

1.結合文學促進幼兒的數學學習

　　NCTM（1989, 2000）也都支持使用圖畫書協助幼兒學習數學，Schiro（1997）指出，圖畫書提供一個學習數學的有意義情境，透過故事情境、插圖及熟悉的語言，可以促進兒童發展並使用數學語言與溝通，也可以協助兒童學習數學概念與技巧、解決問題、推理與思考，這種有意義且有趣的方式不只可以提高學習數學的興趣，也符合幼兒統整的學習方式。因此圖畫書可以成為兒童探索數學的跳板（Thatcher, 2001）。

　　近年來也有一些研究探討在教育情境中，教師使用繪本促進幼兒數學學習的實證研究，發現教師採用結合圖畫書與數學的教學方式，透過圖畫書的媒介，可以提升學前幼兒的數學能力（Jennings et al., 1992），使用故事書教數學使得幼兒的數學能力可以提升，讓幼兒在分類、數字組合、形狀作業上的表現顯著優於控制組幼兒（Hong, 1996），增加幼兒的數學語彙量（Hong, 1996; Jenning, et al., 1992）、加減計算與心算能力的提升（林易青，2006；張天慈，2005；張麗芬，2009）、運用多邊形創作圖案（張天慈，2005）、增加小二

學生對倍數與分類整理的了解（黃承諄，2005）。而且這種效果還不只是立即的，也會有長期效果（Young-Loveridge, 2004）。由於幼兒對圖畫書的喜愛，這種教學方式也能在情意方面有收穫，增加幼兒數學學習的興趣與動機（林易青，2006；張天慈，2005；黃承諄，2005；Hong, 1996; Jenninget al., 1992）。

但是這些研究大多集中在教育情境，較少研究者探討在家庭中，父母如何利用圖畫書支持或提升幼兒的數學學習，也較少研究親子共讀中，如何共同建構數學概念。事實上，Saxe 等人（1987）指出，家庭每日生活中的談話活動與遊戲都可促進幼兒的數學知識，閱讀故事書也可以成為親子有關數學對話的基石（Anderson et al., 2004）。

2.親子共讀中數學對話的相關研究

近來有些研究者嘗試研究在家庭中父母親如何在親子共讀時引導幼兒進行數學學習，這些研究結果整理如下。

首先，研究發現，父母親會在共讀時，透過對話引導幼兒的數學學習，這也支持 Vygotsky 理論所提的，透過社會中介活動來鷹架兒童的學習。在親子共讀中會現許多種類的數學主題，有些甚至會達七種（Anderson, 1997）或十六種（Zhou et al., 2006）之多。這些數學事件以計數與比較大小最多，有些數學事件甚至達 577個之多（Zhou et al., 2006），但數學事件的內容則有文化差異。此外，研究也發現，不同的家庭著重在不同的數學概念上，有些著重在小大概念，有些著重計數、視知(subtizing)及問題解決(Anderson, et al., 2004)。

其次，研究發現，親子在共讀中所產生的互動大部分都是由父母親引發的，少部份才由子女引發（Vandermaas-Peeler, et al.,

2007）。互動中使用的互動策略出現最多的為由發問引發幼兒的數學知識（例如「有多少個？」），其他方式則有要求解釋（例如「你怎麼知道？」）、澄清（例如「那是什麼意思？」）、及其他中介策略（例如直接指出學習單中的樣式、定義概念、或建議策略，Anderson, 1997）。雖然大多數研究發現父母親與幼兒共同建構，但是也有研究（Anderson, et al., 2005）發現，大多數家長並未再繼續將數學對話加以精緻化，或者也很少將前一個活動所做的事延續到下一個活動（Anderson, 1997）。

　　最後，研究也發現，親子在共讀繪本中所出現的數學事件會受許多因素影響，例如：

1. 情境：有些研究（Anderson, 1997）中父母親知道研究者的焦點在數學，有些研究（Vandermaas-Peeler, et al., 2009）則未向父母親說明研究目的，結果前者發現的數學事件較多。

2. 家庭社經地位：通常高社經地位家庭中出現的數學事件多於低社經地位家庭（Vandermaas-Peeler et al., 2009）。

3. 性別：通常父母親對女孩的數學事件多於對男孩（Vandermaas-Peeler et al., 2009）。

4. 引發者：通常數學事件大多數是由父母親引發的，少數才由子女引發（Anderson, 1997; Vandermaas-Peeler et al., 2007, 2009）。

5. 文化：親子互動中的數學事件也會受文化影響，例如 Anderson（1997）與 Zhou 等人（2006）都是採用相同的設計，但是所發現的數學事件有些差異，Anderson 是以加拿大的親子為對象，發現親子間會使用估計、測量及分數。但是這些都未出現在 Zhou 等人的研究中，Zhou 等人的研究以中國親子為對象，發現比較高低、比較長短、時間詞彙、單位詞及一對一對應則未在 Anderson 的研究中發現。

三、研究方法

（一）研究對象

本研究對象為台北縣某公立附幼的一名幼兒小鎧及其母親，小鎧為 4 歲 10 個月的女孩，父母皆高中畢業，從事服務業，母親 36 歲，家庭為低社經地位家庭。小鎧的母親表示，她並沒有固定時間唸書給她聽。

（二）研究材料

本研究材料為一本圖畫書拔啊！拔啊！拔蘿蔔！（江坤山譯，2005，小天下）這是一本適合 3 歲以上幼兒親子共讀、6 歲以上自己閱讀的故事書，書中具有故事情節，是一本敘事性的故事，不是為介紹數概念寫的概念書，因此可以引發親子間的對談。故事內容是說：有一位老爺爺和老奶奶為了要拔起菜園中的巨大蘿蔔，找來了一頭大黃牛、二隻圓滾滾的豬、三隻黑貓、四隻花母雞、五隻白鵝、六隻黃色金絲雀，但都沒辦法拔出來，最後再加上一隻小老鼠的幫忙，終於順利把蘿蔔拔出來了，最後大家一起分享這顆大蘿蔔。

這是一個眾所周知的故事，故事中雖然不斷有一些重複的情節與文本，但是在 A. Tolstoy 所寫、N. Sharkey 所繪的這個版本中更加上一些趣味性，例如每一個即將在下一頁出現的動物，都會在前一頁先預告；而且隨著每種動物的數目愈來愈多，動物的體積卻愈來愈小；以及在最後把蘿蔔拔起來時，每個人都跌倒了，所以整個順序全部倒過來，小老鼠壓在金絲雀上，金絲雀壓在鵝身上……。

（三）研究過程

在徵得研究對象同意後，研究者就將圖畫書、錄音帶、基本資料表及共讀備忘錄交給研究對象。基本資料表中主要是調查幼兒家庭的基本資料，內容包括：幼兒的名字、出生年月，及與幼兒共讀者的資料，例如：與孩子共讀者是孩子的父親或母親、與孩子進行這次共讀的時間、地點、覺得從這次共讀的故事中孩子學到什麼？唸故事書給孩子聽的頻率等，以及孩子父親與母親的年齡、教育程度、職業等資料。

共讀備忘錄中則提醒母親與孩子共讀時的一些注意事項，包括與孩子共讀繪本的人可以是爸爸或媽媽、找一個方便的時間和地點、和孩子分享繪本、儘量不要有其他人在場、事先看過繪本、以平常和孩子講故事的方式，很自然地和孩子共讀繪本，就像平常一樣。但是並未向家長說明本研究的焦點在數學。

本研究採用錄音，而不是錄影方式，當然錄影可以獲得許多有關非口語的訊息，但是攝影機的出現也會造成親子的不自在，反而無法看出平常的情形。本研究用錄音方式雖然無法提供手勢、表情、身體語言等資料，但是仍可以錄到有關翻頁、語氣、母親、孩子說的話、停頓、故事插圖、其他聲音等資料，而且可以減少不自然的狀況，因為錄音機比較不會被注意到。

（四）資料編碼與處理

研究者先將親子共讀的對話錄音謄寫為逐字稿，小鎧母親是在家中唸故事給她聽，錄音時間共 11 分鐘。之後持續閱讀逐字稿，並標示數學對話情節，作為分析單位，數學對話情節包括了二個以上發生在親子之間有關數學概念的對話。並在每個情節中註明由

誰引發、對話的數學主題、親子互動策略（問問題、回答、說明等）等。

四、研究結果與討論

　　為節省篇幅，結果部分只呈現親子在共讀時有互動發生的部分（表 1），其中母親所唸的文本內容則省略，而以……代表，親子所說的話語以標楷體呈現，粗體字則表示親子間有關數學的對話，括號內的文字則說明母親所讀文本的頁數、有關動作的描述、插圖的描述、或其他有助於了解逐字稿的附加說明。每個對話前並標上對話序號，以便於說明主要的研究發現。

　　結果部分是以數學對話情節為分析單位，每個數學對話情節包括了二個以上發生在親子之間有關數學概念的對話。這些數學對話情節整理於表 2。

　　結果部分分成數學對話情節、親子的互動策略、及幼兒的數能力三個部分呈現。

表 1　母親與小鎧在親子共讀繪本中的數學對話逐字稿

序號	對話
1	母：拔啊！拔啊！拔蘿蔔！（唸書名）看一看喔！哇！看它畫得漂不漂亮？它說，（唸 p.2）從前從前……住在一棟歪歪斜斜的老房子裡。
2	鎧：歪歪斜斜喔！
3	母：（繼續唸 p.2）房子的前面有一大片長得很茂盛的菜園。你看，這麼大，很大嗎？
4	鎧：像阿公那樣的大塊。
5	母：像阿公怎樣？
6	鎧：……（不清楚）
7	母：（唸 p.3）老爺爺和老奶奶，養了六……，養了幾隻黃色的金絲雀？

8	鎧：1，2，……4！……5隻！（先說4隻，又發現一隻，改口）
9	母：啊！？（驚訝、疑問）
10	鎧：5隻啊！（肯定語氣）噢！不是！6隻。
11	母：6隻喔！（肯定答案）幾隻白鵝？
12	鎧：4隻。
13	母：啊！？（很驚訝、疑問）
14	鎧：4隻啊！
15	母：4隻嗎？你要不要仔細看看？
16	鎧：1，2，3，4，……咦！奇怪！
17	母：你仔細看看有幾隻。
18	鎧：1，2，3，4，……啊！5隻啦！
19	母：5隻白鵝，嗯！啊！又養了幾隻花母雞？
20	鎧：4隻。
21	母：4隻花母雞喔！
22	鎧：對啊！
23	母：好可愛喔！
24	鎧：1，2，3，4。
25	母：喔！啊，幾隻黑貓？
26	鎧：3隻。
27	母：這個黑貓好可愛喔！
28	鎧：對啊！
29	母：還有幾隻圓滾滾的豬啊？
30	鎧：（笑）2隻。（立即說）
31	母：你看！胖得都跌倒，爬不起來。
32	鎧：對啊！
33	母：還有一……幾頭大黃牛啊？
34	鎧：1頭。（立即說）
35	母：喔！這隻黃牛好大啊！（唸p.5）三月的……，（唸p.6）他們種下了豌豆，在那裡？（等幼兒反應）
36	鎧：（指出位置）
37	母：胡蘿蔔？（等幼兒反應）
38	鎧：（指出位置）

39	母：（繼續唸 p.6）馬鈴薯和豆子，馬鈴薯（指出位置），豆子（指出位置）。最後……蘿蔔的種子，這裡（指出位置）。老奶奶就把這個種子，你看，埋到土裡面去了喔。
40	鎧：埋到最裡面。
41	母：對。喔！你看，（唸 p.7）那天晚上……睡著了喔。（翻頁，唸 p.8）哇！（翻頁，唸 p.9）春天過去了，……豆子和蘿蔔。最後菜園裡只剩下一棵什麼？蘿蔔，這棵蘿蔔看起來很大呢！
42	鎧：好大喔！（讚嘆）
43	母：（繼續唸 p.9）很巨大呢！
44	鎧：好像巨人一樣，太大了！
……	
59	母：（從頭唸 p.18）老爺爺……，老爺爺擦汗。跑去找了幾隻圓滾滾的豬來幫助？
60	鎧：（笑）2 隻。
61	母：你看，都用滾的過來，都看不到頭，對不對？
62	鎧：對啊！
63	母：老爺爺老奶奶還是又拔不動啊，老奶……她決定又要跑去找那幾隻黑貓來幫忙？
64	鎧：3 隻。
65	母：對啊！這邊有 1 隻大黃牛在幫助，幾隻豬在幫忙？（解說 p.19~20 的圖）
66	鎧：2 隻。
67	母：還有 3 隻什麼？
68	鎧：貓。
69	母：來幫忙，那應該拔得動囉？看看能不能拔得動喔。（翻頁，解說 p.19 的圖），哇！糟糕，還是拔不動。
70	鎧：（與媽媽一起）還是拔不動。（鎧看到一隻貓跑到 p.19 頁左下方）啊！其中一隻咧？其中一隻沒有在拔耶。
……	
80	鎧：還有一隻在上面，（笑），牠在溜滑梯。（p.22 有一隻豬在牛背上）
81	母：（笑）牠在大黃牛身上溜滑梯，對不對？
82	鎧：對啊！
83	母：結果找 4 隻花母雞來，還是，還是有沒有動？有沒有拔得動？

84	鎧：沒有。
85	母：結果老奶奶，她決定還是找白鵝來幫忙（解說 p.21、p.22 的文本），白鵝有幾隻？
86	鎧：嗯，……1，2，……6 隻。(p23，其實是 5 隻)
87	母：啊，6 隻，你看這樣子拔有沒有拔得起來？
88	鎧：拔得起來吧！
89	母：還是拔不起來呢。結果老奶奶還是決定去找那幾隻金絲雀來幫忙（解說 p.24 的文本），幾隻？
90	鎧：……（停 2 秒）
91	母：金絲雀在那裡？
92	鎧：(4 秒)……6 隻耶！
93	母：對啊，你看，（唸 p.27，p.28）老爺爺……六隻金絲雀，拔得動了吧？
……	
103	母：對，（解說 p.33、p.34 的文本）大家一起，又加上一隻小老鼠，大家一起來拔蘿蔔，小老鼠在那裡？
104	鎧：這邊（指出位置）。
105	母：哦，大家都站好，看能不能拔得動喔？（翻頁，解 p.35 的文本）砰！有沒有拔起來了？
106	鎧：有。
107	母：哇！
108	鎧：怎麼這樣子？
109	母：你看，（唸 p.35）大蘿蔔飛出來了，大家都跌倒了。（解說 p.35 的文本、p.36 的圖）誰在老鼠的身上？誰壓在老鼠的身上？
110	鎧：嗯……不知道耶。
111	母：金絲雀。
……	
119	母：那豬跌在誰的身上？
120	鎧：豬喔……牛。
121	母：豬在誰的上面？
122	鎧：豬……三隻黑貓。
123	母：對！那花母雞的身上跌的是誰？誰跌在花母雞的上面？
124	鎧：3 隻黑貓啊！
……	

152	鎧：（笑）你看（p.37 的圖）。
153	母：你看，她還坐在上面那邊吃蘿蔔呢！
154	鎧：嗯。
……	
158	鎧：（笑）坐在上面。
159	母：牠最小，結果吃最多。
160	鎧：嗯，牠這麼重也不會掉下去耶！（指老鼠坐在碗的邊緣）
161	母：對呀！

（一）數學對話情節

在小鎧和母親的對話中，共出現 27 個數學對話情節（表 2），大部分的情節大致有三個輪次（turns），這些數學對話主題出現最多的是基數（12 次），其次是空間（11 次），再其次數計數（4 次）和測量（3 次）。

本研究並未事先讓母親知道研究的焦在數學對話的互動，但由結果可以發現，親子在共讀時的數學對話情節很多，這和以往 Vandermaas-Peeler 等人（2007, 2009）的研究結果不同，他們發現，當未向家長說明研究焦點時，親子之間的數學交換並不多，父母親也很少與子女進行計數等活動。不過由於本研究只有一對個案，最好還能有較多個案資料，才能了解是否真的有不同。

此外，本研究現數學對話的主題內容以基數較多，這也和以往研究發現以計數最多（Anderson, 1997; Zhou et al., 2006）的情形不同。研究者推測原因可能是繪本不同，因為這本繪本中的動物數量都不大（6 個以下），使得幼兒並不需要使用計數就能知道總數了，而且也可能和母親持續問小鎧每種動物有幾隻【數學對話節 2～7；12～16】有關。其次會出現許多空間主題的原因在於，當蘿蔔被拔起來時，每個人都跌倒了，所以整個順序全部倒過來，母親就問了很多誰跌在身上的問題【數學對話情節 21～24】。

表 2　親子共讀中的數學對話情節

數學對話情節	對話序號	引發者	數學對話主題	互動策略
1	3-4	母	測量（大小）	發問
2	7-11	母	計數、基數	發問、肯定
3	11-19	母	計數、基數	發問、肯定、建議策略
4	19-24	母	計數、基數	發問、肯定
5	25-26	母	基數	發問
6	29-30	母	基數	發問
7	33-35	母	基數	發問、肯定
8	35-36	母	空間	發問
9	37-38	母	空間	發問
10	39-41	母	空間	說明、肯定
11	41-44	母	測量（大小）	說明
12	59-60	母	基數	發問
13	63-65	母	基數	發問、肯定
14	65-66	母	基數	發問
15	67-68	母	基數	發問
16	77-78	母	基數	發問
17	80-81	子	空間	說明
18	85-87	母	計數、基數	發問、肯定
19	89-93	母	基數	發問、建議策略
20	103-104	母	空間	發問
21	109-111	母	空間	發問、回答問題
22	121-123	母	空間	發問、肯定
23	123-125	母	空間	發問、肯定
24	125-127	母	空間	發問
25	127-128	母	空間	發問
26	152-154	子	空間	說明
27	160-161	子	測量（輕重）	肯定

（二）親子的互動策略

　　從表 2 也可以看出，有 24 個（佔 88.9%）數學對話情節是由母親所引發，這與以往研究結果相同（Anderson, 1997; Vandermaas-Peeler et al., 2007, 2009），這些數學對話情節大多數（22 個）是以發問來引起，而且這些問題也大多數是有關事實資料的問題，例如「幾隻黑貓？」【25】、「小老鼠在那裡？」【103】，而且經常是母親發問，幼兒回答，然後母親針對答案給予肯定，也就是遵循引發－回答－評鑑（initiation- reply- evaluation）的順序（Heath, 1983）。這是一般學校中經常出現的方式，也是中社經地位家庭在共讀時經常使用的方式（Heath, 1983）。

　　然而也有許多情形，小鎧在回答母親的問題後，母親並未給予確認肯定，也未再加以延伸概念，例如在回答有幾隻黑貓後，母親轉而討論黑貓很可愛【25-28】，或者在問了有「幾隻豬在幫忙？」【65】，幼兒回答 2 隻【66】後，母親就接著下一個問題【67】。因而比較少看到親子共同建構數學概念的機會。

　　如果幼兒回答錯誤【7-11，11-19】，發現母親並不會直接訂正，而是以間接方式暗示幼兒她答錯了，例如「啊！？」（驚訝、疑問）【9】【13】，這種情形共出現二次。母親除了暗示外，也會建議策略「4 隻嗎？你要不要仔細看看？」【15】，當幼兒仍無法回答，母親則直接告訴幼兒使用某個策略【17】。這裡可以看出許多研究發現，當幼兒答錯時，母親常會提高介入的程度（Benigo, & Ellis, 2004）。

　　小鎧母親會利用共讀故事的機會，擴展小鎧的數學能力，例如有二次【7】【33】，她已經都要把有幾隻動動說出來，又臨時打住，將本來要說的話改成問句問小鎧。

由以上分析可以發現，親子數學對話情節大多是母親所引發，所用的方法也大多是發問方式，以引發-回答-評鑑的順序進行，母親也會依幼兒的反應提供適當鷹架，但是較少看到共同建構數學概念。

（三）幼兒的數能力

從親子共讀的對話中也可以看出，小鎮已經有一些數學能力，例如她能視知小數目的集合，3 個以下的數目她可以不經計數，很快就說出總數【26，30，34】。此外，她也知道可以用計數回答有幾隻的問題【數學對話情節 2，3，4，18】，也能在計數後，以最後一個數字代表總數，表示她了解基數原則。而在數學對話情節 4 中也發現，她也可以將基數【20】轉換為計數【24】。但是她的計數似乎不是很正確，特別在數量比較多的時候【數學對話情節 2，3】，推測是因為在第 3 頁，第六隻金絲雀停在老奶奶手上，兩者又都是黃色的，可能使小鎮忽略了，但是在她發現第六隻金絲雀後，她也沒有從 1 開始計數，而是直接加上，而且也能自我訂正【10】。而在同一頁，可能因為畫頁上的白鵝的插圖有重疊，使得計數有困難，所以母親提醒要「仔細看看」【17】，小鎮也執行媽媽建議的策略，而自己發現前後的不一致【16，18】。

此外，小鎮對於空間概念也有不錯的理解，例如從對話序號 109 開始，出現許多有關動物們壓在誰身上的問題，所以有許多有關空間的對話。也發現小鎮能對某些數學概念作一些精緻化，例如用自己阿公的經驗來形容菜園有多大【4】，也能對大蘿蔔的大小作一些說明【42，44】，而這些大多是因為插圖所引起的，Shapiro 等人（1997）也發現幼兒大多會注意插圖。

五、結論與建議

　　本研究目的在探討一對親子在共讀繪本過程中如何共同探索數學概念，結果發現，共讀繪本引發親子之間出現許多數學對話情節，其中以基數主題最多。而這些數學對話情節大多由母親以發問方式引發，而以引發-回答-評鑑順序進行。對話中也發現幼兒已經有不錯的非正式數學能力。

　　雖然本研究對親子共讀中的數學對話有了一些初步了解，但是因為只有一個個案，無法作類推。期望對此主題有興趣的研究者能以較多受試者進行相關研究，以增加對此一主題的了解。

參考書目

中文文獻

Tolstory, A.（1998/2005）。拔啊！拔啊！拔蘿蔔！（江坤山譯）。台北市：小天下。

Berk, L. B. & Winsler, A.（19951999）。鷹架兒童的學習：維高斯基與幼兒教育（谷瑞勉譯）。台北市：心理。

林易青（2006）。圖畫書融入數學教學對幼兒學習數概念效應之研究。台北教育大學幼教所碩士論文，未出版，台北市。

張天慈（2005）。繪本對幼兒算術與幾何概念學習成效之研究。中山大學教育所碩士論文，未出版，高雄市。

張麗芬（2009）結合圖畫書與數學的教學方式對幼兒數學能力之影響。臺北市立教育大學學報，40（2），107-144。

張麗芬（2010）。幼兒非正式數學經驗蒐集方法之比較。幼兒教育，297，41～60。

黃承諄（2005）。數學繪本教學對國小二年級學童數學學習成效之研究。中山大學教育所碩士論文，未出版，高雄市。

英文文獻

Anderson, A.（1997）. Families and mathematics: A study of parent-child interactions. *Journal for Research in Mathematics Education, 28*（4）, 484-511.

Anderson, A., Anderson, J., & Shapiro, J.（2004）. Mathematical discourse in shared storybook reading. *Journal for Research in Mathematics Education, 35*（1）, 5-33.

Anderson, A., Anderson, J., & Shapiro, J.（2005）. Supporting multiple literacies: Parents' and children's mathematical talk within storybook reading. *Mathematics Education Research Journal, 16*（3）, 5-26.

Benigno, J. P., & Ellis, S.（2004）. Two is greater than three: effects of older siblings on parental support of preschoolers' counting in middle-income families. *Early Childhood Research Quarterly, 19*, 4-20.

Bodrova, E., & Leong, D.J.（1996）. *Tools of the mind: the Vygotskian approach to early children education.* New Jersey: Englewood Cliffs.

Clements, D. H., & Sarama, J.（2007）. Early childhood mathematics learning. In F. K. Lester（Ed.）, *Second handbook of research on mathematics teaching and learning*（pp. 461-555）. Charlotte, NC: Information Age Publishing.

Cobb, P.（1995）. Cultural tools and mathematics learning: A case study. *Journal for Research in Mathematics Education, 26*, 362-385.

Durkin, K., Shire, B., Riem, R., Crowther, R. D., & Rutter, D. R.（1986）. The social and linguistic context of early number development. *British Journal of Developmental Psychology, 4*, 269-288.

Gauvain, M.（2001）. *The social context of cognitive development.* New York : Guilford Press.

Geary, D. C.（1994）. *Children's mathematical development: Research and practical applications.* Washington, DC: American Psychological Association.

Ginsburg, H. P., Klein, A., & Starkey, P.（1998）. The development of children's mathematical thinking: Connecting research with practice. In I. E. Sigel & A. Renninger（Eds.）, *Handbook of child psychology: Vol.4 Child psychology in practice*（5th ed., pp. 401-476）. Hoboken, N. J.: John Wiley & Sons, Inc.

Heath, S. B.（1983）. *Ways with words: Language, life and work in communities and classrooms.* Cambridge, UK: Cambridge University Press.

Hong, H.（1996）. Effects of mathematics learning through children's literature on math achievement and dispositional outcomes. *Early Childhood Research Quarterly, 11*, 477-494.

Jennings, C. M., Jenning, J. E., Richey, J., & Dixon-Krauss, L.（1992）. Increasing interest and achievement in mathematics through children's literature. *Early Childhood Research Quarterly, 7*, 263-276.

Leder, G.（1992）. Mathematics before formal schooling. *Educational Studies in Mathematics, 23*, 386-396.

National Council of Teachers of Mathematics.（2000）. *Principles and standards for school mathematics.* Reston, VA: National Council of Teachers of Mathematics.

Phillips, E., & Anderson, A.（1993）. Developing mathematical power: A case study. *Early Child Development and Care, 96*, 135-146.

Rogoff, B.（1990）. *Apprenticeship in thinking: Cognitive development in social context.* New York : Oxford University Press.

Saxe, G. B., Guberman, S.R., & Gearhart, M.（1987）. Social processes in early number development. *Monographs of the Society for Research in child Development, 52*（2, Serial No.216）.

Schiro, M.（1997）. *Integrating children's literature and mathematics in the classroom: Children as meaning makers, problem solvers, and literary critics.* New York: Teachers College Press.

Shapiro, J., Anderson, J., & Anderson, A.（1997）. Diversity in parental storybook reading. *Early Child Development and Care, 14*, 245-302.

Thatcher, D. H.（2001）. Reading in the math class: Selecting and using picture books for math investigations. *Young Children, 56*（4）, 20-27.

Tizard, B., & Hughes, M.（2002）. *Young children learning.* 2nd ed. Malden, MA: Blackwell Publishing.

Vandermaas-Peeler, M., Nelson, J., Bumpass, C.（2007）. 'Quarters are what you put into the bubble gum machine'. Numeracy interactions during parent-child play. *Early childhood research and practice* 9. http://ecrp.uiuc.edu/v9n1/ vandermaas.html.

Vandermaas-Peeler, M., Nelson, J., Bumpass, C., & Sassine, B.（2009）. Nymeracy-related exchanges in joint storybook reading and play. *International Journal of Early Years Education, 17*（1）, 67-84.

Vygotsky, L. S.（1978）. *Mind in society*. Cambridge, Mass.: Harvard University Press.

Young-Loveridge, J. M.（1989）. The relationship between children's home experiences and their mathematical skills on entry to school. *Early Child Development & Care, 43*, 43-59.

Young-Loveridge, J. M.（1996）. The number language used by preschool children and their mothers in the context cooking. *Australian Journal of Early Childhood, 21*（1）, 16-20.

Young-Loveridge, J. M.（2004）. Effects on early numeracy of a program using number books and games. *Early Childhood Research Quarterly, 19*, 82-98.

Young-Loveridge, J. M.（2004）. Effects on early numeracy of a program using number books and games. *Early Childhood Research Quarterly, 19*, 82-98.

Zhou, X., Huang, J., Wang, Z., Wang, B., Zhao, Z., Yang, L., & Yang, Z.（2006）. Parent-child interaction and children's number learning. *Early Child Development and Care, 176*（7）, 763-775.

親子共讀 HAPPY GO：
對話式親子閱讀對幼兒語言能力影響之初探

陳沛緹

高雄市新莊國小附幼教師

張麗君

國立臺南大學幼兒教育學系副教授

摘要

　　本研究之主要目的在發展出適合本國幼兒家長進行自我訓練之對話式親子閱讀手冊，以提供政府單位或學前機構推廣促進幼兒語言發展之高效能親子共讀方式。此外本研究亦進行一小規模實驗研究以探討對話式親子閱讀對幼兒詞彙理解及口語表達能力之影響。實驗研究採前測－後測控制組設計。研究對象為 10 位大班幼兒及其家長，隨機分派至實驗組與控制組。實驗前一週，兩組幼兒皆接受修訂畢保德圖畫詞彙測驗－甲式及兒童口語表達能力測驗之前測。實驗組家長於實驗前需接受兩次每次一小時之對話式閱讀訓練，並使用對話式閱讀之方式與孩子共讀，控制組則維持平常之共讀方式。研究時間為六週，每週閱讀一本指定繪本，實驗結束後一週，兩組幼兒接受修訂畢保德圖畫詞彙測驗-乙式及兒童口語表達能力測驗之後測。

研究結果發現：（一）對話式親子閱讀方式對幼兒詞彙理解及口語表達能力的影響優於非對話式閱讀方式。（二）對話式親子閱讀有對於口語表達能力之提升有顯著效果。（三）欲提升幼兒在標準化詞彙測驗之得分需要比較長的介入時間。（四）「親子共讀 HAPPY GO 手冊」對於家長的共讀方式訓練有顯著效果，可提供政府及幼教機構推廣親子共讀之用。

關鍵詞：對話式閱讀、詞彙理解能力、口語表達能力、親子共讀

一、緒論

　　語言是人類溝通情意、傳遞文化最基本的工具，舉凡處理事務以維持生活所需、表情達意以聯繫情感、交流意見等，都需要仰賴語言的傳遞，以語言為媒介才能展開各項學習，同時也是促進幼兒社會行為和智力發展最重要的媒介。幼兒的語言知識主要表現在語言理解與語言表達兩方面並影響著幼兒的發展與學習，可以說是語言內涵中的核心能力（施韻珊，2008；Bernstein & Tiegerman, 1989）。

　　學前幼兒語言能力發展兩大指標：一是「詞彙」；二是「口語表達」。「詞彙」是幼兒對外界事物與其符號相結合的第一步，是幼兒語言能力的基礎。詞彙理解的過程不僅包含了語音，同時也包含了語意，聽者需要倚靠詞彙來提取訊息，詞彙量的多寡代表著對語言理解的質與量，且是由年齡和生活經驗中所累積的詞彙背景知識，對口語理解有絕對的影響，缺少了詞彙，語言的溝通之基本要素－語意就無法產生，深切影響幼兒日後語言能力的表現（方金雅、邱上真、陳密桃、黃秀霜，2000；李家汎，2007；吳詠蘭，2006；

謝莉卿，2004）。「口語表達」在我們生活中扮演著重要的角色，不論是小孩或是大人，想要表達思想、感情，建立人際之間溝通、傳遞意見都必須善用口語表達，口語表達可說是我們生活中不可或缺的工具。

張正芬和鍾玉梅（1986）認為語言的發展奠基於學前階段，且早期語言發展的快慢優劣，不僅影響個體各方面學習，對於社會關係的健全與健全人格的發展都有極大的影響。美國國家衛生局兒童健康與人類發展中心（the National Institute of Child Health and Human Development，簡稱 NICHD）在 2004 年研究早期環境對幼兒發展的影響指出，父母語言質量的刺激，直接影響孩子語言的技巧與詞彙的豐富性。而在多種親子互動的方式中，親子共讀是目前被認為是提升語言能力既短且最有效率的活動，親子共讀活動的過程不受任何時間、場地和人數限制，不僅提供了一個充滿安全、溫馨的家庭生活空間，也同時創造了一個豐富的語言環境。

對話式閱讀是美國心理學家 Grove Whitehurst 教授於一九八八年發掘的一種親子閱讀方法，其背後理念在於改變傳統閱讀中父母和孩子的角色，使孩子成為主要的講故事者，而父母則是聆聽者，並在與孩子共讀時擔當引導和協助的角色（Whitehurst et al., 1988）。在親子共讀過程中，說者與聽者互為動態性的交互作用，彼此建立一種因書而來的對話，成人並從中引導幼兒對閱讀的內容做更細膩的觀察和描述（邱瓊蓁，2003；陳淑敏，2004）。

目前國內對於「對話式閱讀」相關實證研究非常缺乏（吳詠蘭，2005；林月仙，2004；張雅雯，2008），且研究對象多數是針對「師生」為主，尚無「親子」方面之研究，本研特以「親子」為研究對象，期望能補足國內在此方面研究的不足以及依據研究結果提供給

現場老師及幼兒家長進一步了解對話式閱讀，並能將其運用於教學及親子互動上，進而提升幼兒語言能力。

　　本研究之研究目的如下：

　　（一）探討文獻，發展出適合本國幼兒家長進行自我訓練之對話式親子閱讀手冊。

　　（二）探討「對話式親子閱讀」方式對幼兒詞彙理解能力之影響。

　　（三）探討「對話式親子閱讀」方式對幼兒口語表達能力之影響。

二、文獻探討

（一）「對話式閱讀」之概念

1.「對話式閱讀」之意義

　　對話式閱讀是美國心理學家 Grove Whitehurst 教授於一九八八年發掘的一種親子閱讀方法，其背後理念在於改變傳統閱讀中父母和孩子的角色，使孩子成為主要的講故事者，而父母則是聆聽者，並在與孩子共讀時，給予提問與回應並擔當引導和協助的角色（香港中文大學，2005）。在「對話式閱讀」中，親子的互動是非常重要的，說故事的人不一定是父母，而幼兒也不只是聆聽者，說者與聽者互為動態性的交互作用，透過成人的鷹架（例如：提問、回應、回饋、讚美、示範……等），引導幼兒對閱讀的內容做更細膩的觀察和描述（邱瓊蓁，2003；陳淑敏，2004）。

2.鷹架學習理論與「對話式閱讀」

　　對話式閱讀乃基於 Vygotsky 之社會文化互動理論，強調對話機制的互動學習以及在對話中成人或較有能力之同儕的語言鷹架

之功能和價值，在閱讀或念讀故事給幼兒聽時，教師或成人是幼兒和圖書文字之間的仲介者，著重教師或成人與幼兒的互動，而不是教師或成人單方面的直接教導和反覆練習（黃瑞琴，1997）。

Wood、Bruner 和 Ross（1976）指出了六種鷹架的功能，供大人協助孩子學習時參考：

1. 引發參與（Recruitment）：進行學習活動時，成人必須引發孩子參與的興趣進而願意持續學習。

2. 減輕學習的負擔（Reduction in degree of freedom）：成人將教材簡化成孩子的認知層次，如此孩子才能專注於他可做的事物。

3. 活動方向的管理（Direction Maintenance）：專注於學習目標進行學習與探索，而不分心於其他事物上。

4. 指出關鍵的特徵（Marking critical feature）：成人採取不同的方式協助孩子聚焦事物的特徵上。

5. 挫折的控制（Frustration control）：成人幫助孩子渡過錯誤的挫折。

6. 示範（Demonstration）：成人的示範上需顧及孩子的行動，如此才能使小孩易於模仿。

3.「對話式閱讀」之實施

在對話式閱讀裡面，成人依孩子的狀況給予鷹架協助，引導孩子成為故事講述者，而成人聆聽與提問，孩子從與成人對話互動中，漸漸成為主動建構閱讀歷程者，成人如何與幼兒互動、如何提問，乃為對話式閱讀之精隨所在（Whitehurst, 1992）。與幼兒進行閱讀時可以使用 PEER 的步驟及 CROWD 的五種提示方法與幼兒進行互動（柯華葳、游雅婷譯，2001；Morgan & Merier, 2008; Whitehurst, 1992; Whitehurst et al., 1988）

1.PEER 步驟，PEER 是指和幼兒討論書本時的一種互動的步驟：

①P（Parent）父母或其他成人：成人提示孩子說出關於書的一些事情，由成人先開始交換內容的一些想法。

②E（Evaluate）評鑑：成人對孩子的反應給一些評價。

③E（Expand）擴展：擴充孩子的回答，加深加廣孩子的反應。

④R（Repeat）重複：重複提示剛才所問過的問題，確認孩子已了解或學到剛所學的新事物。

2.CROWD提示方法，指在與幼兒互動時所使用的五種提示的方法：

①C（Completion）句子完成：將書本中的語言結構，以完整的句子呈現。成人讓幼兒以填空、補接的方式完成句子中空白的部份。與孩子對話的時候，在結尾句子留下空白，讓孩子補充完成一個完整的句子，可以使用於押韻的書或是有重覆情節、句子的地方。

②R（Recall）回憶：回想一些與書本內容相關的問題，可以喚起舊經驗的統整。成人詢問孩子已經讀完的一本書的問題，可以是回憶故事的內容或是情節。回憶乃在幫助孩子理解故事情節的脈絡，所以回憶的提示只能用於書的結尾上，或是一開始要讀這本故事書之前的預測上。

③O（Open-ended question）開放式問句：用開放式的問題增進幼兒多談論一些書本內容中細節部份。例如，詢問幼兒「這裡發生了什麼？」並針對幼兒回答的內容給予對話提示，幫助幼兒提升語彙的流暢和敘述能力。

④Wh（wh-question）問題：從文本中尋找新的字彙，提出問題請幼兒用自己話來說明、解釋。通常Wh-的提示是以「what」、「Where」、「When」、「Why」、「How」、「Who」這些問題，例如：小熊為什麼生氣？是誰讓小熊生氣？

⑤D（distancing questions）與生活連結問題：藉著故事書的內容或圖片，問孩子書以外的經驗，使書與生活經驗產生聯結，幫助幼兒口頭的敘述更流暢，增進口語表達能力。例如：「你認為……？」、「你覺得……？」、「比較看看……？」。

綜合上述，研究者整理出對話式親子閱讀進行技巧及策略如下：（1）輕鬆愉快地閱讀；（2）提供必要的協助；（3）正向回饋與鼓勵；（4）充足的思考時間；（5）完成句子；（6）進一步問更深入的問題；（7）指出關鍵的特徵；（8）澄清與更正孩子的錯誤；（9）開放性問題；（10）推論故事之動機、內在狀態及因果關係；（11）預測故事；（12）回憶故事；（13）經驗連結；（14）心裡的感受；（15）重複問題；（16）增加趣味性；（17）注意幼兒興趣；（18）供良好的示範。

（二）「對話式閱讀」與幼兒語文能力相關研究

美國心理學家 Grove Whitehurst 教授於一九八八年發表對話式閱讀可促進學業成就低落孩童之語言表達與接收（Whitehurst et al., 1988）之研究後，後繼開始有許多學者開始投入相關研究。

1.國內相關研究

林月仙（2004）以童書為媒介的小學預備方案對身心障礙兒童語言能力和學習適應影響之研究。研究者蒐集量化與質性資料探討實驗教學之成效，結果顯示：親子共讀採對話式閱讀的方式能增進身心障礙兒童之詞彙能力，並對學過的詞彙具有保留效果，而且能將童書所學之詞彙和語句應用於日常生活中並能激發身心障礙兒童閱讀動機，並養成主動閱讀童書的習慣。吳詠蘭（2005）探討對話式與有聲書閱讀教學對幼兒聽覺詞彙理解能力與幼兒閱讀行為

之影響，蒐集質性（閱讀教學日誌、事後訪談文本理解、故事回憶……等）與量化資料（修訂畢保德圖畫詞彙測驗）探討實驗教學之成效。研究結果顯示 1.對話式閱讀對幼兒聽覺詞彙理解能力的影響顯著優於有聲書閱讀。2.對話式閱讀教學相較於有聲書閱讀較有助於幼兒進入閱讀區之閱讀的行為。3.家庭背景中之母親教育程度、主要照顧者教育程度、主要照顧者慣用語言、家中互動語言、安排陪讀、自行閱讀等對幼兒聽覺詞彙能力之影響具有顯著差異。張雅雯（2008）進行幼稚園教師運用「對話式閱讀」模式提升幼兒語言能力之行動研究。研究結果顯示三位研究對象的詞彙理解、口語表達、語言理解能力於量化測驗得分（修訂畢保德圖畫詞彙測驗）及質性資料分析中皆有提升，且閱讀興趣及態度有所改善。

2.國外相關研究

「對話式閱讀」的緣起，乃由 Whitehurst 等人於一九八八年發表之研究，其研究為 29 名年齡介於 21 至 35 個月語言能力正常發育的幼兒，進行為期四週之親子共讀的實驗研究。此結果顯示「對話式閱讀」能幫助受試者說出更多、更豐富的話語，並且有持續的效果。Whitehurst（1994）等人又再以實驗研究的方式進行對話式閱讀之研究，對象為 73 個低收入家庭的三歲幼兒，幼兒先做語言能力測試接著被隨機分配到三個組，第一組：學校引導閱讀組；第二組：學校及家庭引導閱讀組；第三組：幼兒自己閱讀組，且第一、二組之老師與家長皆須接受對話式閱讀培訓，研究結果指出對話式閱讀活動，提高幼兒語言能力和文字使用技能，接受對話式閱讀訓練之家長在引導幼兒閱讀技巧上有顯著進步。

　　Valdez-Menchaca 和 Whitehurst（1992）之教學實驗研究，以 20 名年齡介於 27 至 35 個月且語言能力偏低之墨西哥公立日間照顧中心的幼兒為研究對象，並將其隨機分派至實驗組與控制組，介入一個半月後，以標準化語言測驗（PPVT-R, ITPA, EOWPVT）和看童書說故事等表現，評量兩組受試的語言能力，結果顯示實驗組（對話式閱讀組）無論是標準化測驗得分，或看童書說故事的總句數（total utterances）、語法、語意和語用等各方面表現均顯著的優於控制組（非對話式閱讀組）。Dale, Crain-Thoreson, Notari-Syverson 和 Cole（1996）以 33 名 3 至 6 歲語言發展遲緩幼兒和他們的母親為研究對象，比較對話式閱讀訓練方案和會話式語言訓練方案對母親引導其子女說話技巧及增進語言障礙幼兒語言能力之成效。研究結果顯示：接受「對話式閱讀訓練方案」的母親，在使用「什麼/誰」疑問句（what/who questions）、開放式問句、延伸孩子的話語等技巧的成長，優於接受「會話式語言訓練方案」的母親；接受「對話式閱讀訓練方案」的語言發展遲緩兒童在使用口語回答問題、使用不同的詞彙及語句平均長度方面的成長均優於接受「會話式語言訓練方案」的發展遲緩兒童。

　　Crain-Thoreson 和 Dale（1999）之研究將 32 名語言發展遲緩幼兒隨機分為三組，其中兩組分別由受過訓練的家長和學校教職員使用對話式閱讀法一對一的和幼兒互動，每週至少四次，另一組則為控制組。經過八週的實驗教學後，發現導讀技巧進步愈多的家長或教職員，其所引導的孩子在閱讀過程中的語言表現進步也愈多，但是實驗組受試在標準化的詞彙理解（PPVT-R）得分，並未顯著優於控制組，研究人員指出可能的原因有二，一為實驗樣本人數較少，另一則是實驗時間太短。

　　Zevenbergen 和 Whitehurst（2003）回顧相關實證研究中，在研究方法方面指出：家長或教師進行對話式閱讀訓練採透過錄影帶學習的效果比接受教學指示效果好，發現透過錄影帶學習的組，其孩子在接受性詞彙及表達性詞彙皆比接受教學指示組的孩子有更大的收益，影帶的相對優勢可能是由於模擬親子閱讀互動，模型相似性的重要性是在於獲得技能建議，並指出家長或教師能從看到其他家長或老師技術來學習對話式閱讀技巧，此方式的學習效果最好。Blom-Hoffman, O'Neil-Pirozzi, Volpe, Cutting 和 Bissinger（2006）之研究結果也指出研究觀看對話式閱讀影帶確實有助於家長運用對話式閱讀策略以增進幼兒語言表達能力，對話式閱讀影帶可幫助家長熟悉對話式閱讀策略，而對話式閱讀重點提示之書籤可幫助家長在進行親子共讀時運用該策略。

　　由上述國內、外研究發現，使用對話式親子共讀的方式對學前幼兒的語言能力有正面影響（吳詠蘭，2005；林月仙，2004；張雅雯，2008；Blom-Hoffman et al., 2006; Crain-Thoreson & Dale, 1999；Cole, Crain-Thoreson, Dale & Notari-Syverson, 1996; Whitehurst & Zevenbergen, 2003; Whitehurst et al., 1994; Whitehurst et al., 1988）。在研究方法方面，國、內外研究多數以實驗研究為主（吳詠蘭，2005；林月仙，2004；Blom-Hoffman et al., 2006; Crain-Thoreson & Dale, 1999; Cole, Crain-Thoreson, Dale & Notari-Syverson, 1996; Whitehurst & Zevenbergen, 2003; Whitehurst et al., 1994；Whitehurst et al., 1988），因此本研究也將採實驗研究方式，比較兩組前、後測之差異與進步情形。在研究對象方面，目前國內僅三篇研究且多為師生間的教學（吳詠蘭，2005；林月仙，2004；張雅雯，2008），在親子方面的研究非常缺乏；因此本研究特以親子為研究對象，期能藉由本研究為對話式閱讀產生新的價值。

三、研究方法與程序

（一）研究設計與架構

本實驗研究採「等組前測－後測控制組設計」，探討對話式親子閱讀對受試者詞彙理解及口語表達能力的影響，其實驗設計模式如表 1：

表 1　實驗設計模式

組別	前測	實驗處理	後測
實驗組（5 位幼兒）	O1	X2	O3
控制組（5 位幼兒）	O4	X5	O6

說明：
1. 本研究採隨機分派的方式，將受試者分派至實驗組與控制組。
2. O1、O4 表示接受「修訂畢保德圖畫詞彙測驗－甲式」及「兒童口語表達能力」之前測。
3. O3、O6 表示接受「修訂畢保德圖畫詞彙測驗－乙式」、「兒童口語表達能力測驗」之後測。
4. X2 表實驗組進行對話式親子閱讀之實驗處理；X5 控制組則維持平時的共讀方式。

本研究依據上述之實驗設計擬定研究架構圖（圖 1）說明如下：

比較兩種不同親子共讀方式（對話式親子閱讀組與非對話式閱讀組）對幼兒詞彙理解及口語表達能力的影響。

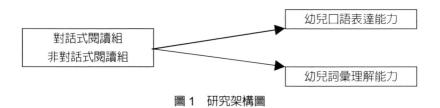

圖 1　研究架構圖

（二）研究對象與場域

　　為求研究之方便性，場域及對象取自於研究者目前任教之公幼（大班）。實驗前，家長需先填寫「親子共讀問卷」（附錄一），以了解其親子共讀之方式並從中篩選出符合本研究之對象。發出「親子共讀問卷」30 份，回收有效問卷 30 份，問卷得分越高者表示其共讀方式越接近對話式閱讀之方式，分數越低表示其越接近非對話式閱讀，挑選分數最低之 10 對親子（共讀方式接近非對話式閱讀者）做為研究之對象，並將 10 對親子隨機分派至實驗組與控制組。

表 2　研究對象

關係	組別		
	實驗組	控制組	合計
母女	2	1	3
母子	3	3	6
父子	0	0	0
父女	0	1	1
合計	5 組	5 組	10 組

（三）研究工具

1.自編「親子共讀問卷」（附錄一）

　　此問卷調查目的在於篩選出共讀方式為非對話式閱讀或對話式閱讀之家長，非對話式閱讀之親子乃為本研究之研究對象。問卷共 24 題，答題者依其與孩子共讀的實際情形勾選回答。問卷計分方式是採四點量表評分，回答狀況「總是如此」計四分；「經常如此」計三分；「有時如此」計二分；「很少如此」計一分。本問卷

設有反向題，反向題計分方式為「總是如此」計一分；「經常如此」計二分；「有時如此」計三分；「很少如此」計四分。總分分數越高者代表共讀方式越接近對話式閱讀，反之則越接近非對話式閱讀。

2.修訂畢保德圖畫詞彙測驗（陸莉、劉鴻香，1998）

該測驗是由陸莉、劉鴻香所修訂，測驗目的為藉由測量受試者之聽覺接收與理解詞彙能力，評估其語言能力，或用於初步評量幼兒智能的篩選工具。測驗分成甲、乙式複本，甲式折半信度係數從.90 到.97，乙式的折半信度係數從.90 到.97；重測信度甲式為.90，乙式為.84。本測驗易於施測，在 15 鐘內即可完成，可作為一個未受過專業訓練的人作快速施測的測驗工具，本研究採取甲式作為前測，而乙式則為後測使用，作為實施對話式親子閱讀後詞彙理解能力是否提昇的指標。

3.兒童口語表達能力測驗（陳東陞修訂，1994）

測驗內容共 45 題，每題包含正、反題，測驗受試兒童口語表達，內容是否正確，包括主詞、動詞、受詞及語法。信度及效度均達.01 的水準。施測方式乃由施測者呈現圖片，問幼兒：「這張圖是什麼意思呢？」讓幼兒對圖片作描述，再根據答案本比對幼兒所說的答案，完全答對可得二分，部分答對可得一分，未答或答錯得零分，最後結算所得分數，最高可得 180 分。

4.實驗繪本

實驗繪本之選擇符合幼兒身心發展與興趣之圖書，研究者挑選 30 本符合幼兒身心發展狀況及參考專家推薦或得獎之繪本，30 本

繪本包含 20 本故事性繪本及 10 本認知性繪本，讓 30 名幼兒評分，
選出心目中喜歡的繪本共 6 本，其中包含 4 本故事性繪本及 2 本認
知性繪本。評分過程由老師講述完故事書後，讓幼兒完成一份「歡
樂故事屋學習單」，幼兒在學習單上畫出對故事印象最深刻的人事
物，並於學習單上給予評分，如：你喜歡這個故事嗎？你會給它幾
個笑臉呢？如：☺☺☺☺☺，幼兒評完 30 本故事後，統計分數最高
之 6 本作為本研究之實驗繪本（如表 3）。

表 3　實驗繪本

	項次	繪本名稱	作者	出版社
故事性繪本	1	一片披薩一塊錢	文／郝廣才；圖／朱里安諾	格林
	2	第一百個客人	文／郝廣才；圖／朱里安諾	格林
	3	小房子	圖・文／維吉尼亞・李・巴頓	遠流
	4	精采過一生	圖・文／芭貝・柯爾	三之三
非故事性繪本	5	肚臍的秘密	文・圖／柳生弦一郎	上誼
	6	我的地圖書	圖・文／莎拉・方納利	上誼

5.親子共讀 HAPPY GO-對話式親子閱讀手冊

　　研究者從文獻中整理出對話式閱讀方法與策略，供家長實施對
話式閱讀參考依據。

（四）前測

　　實驗組及控制組幼兒於實驗開始前一週進行「修訂畢保德圖畫
詞彙測驗－甲式」及「兒童口語表達測驗」之前測。

（五）實驗處理

1. 實驗組家長於實驗前進行兩次每次一小時之對話式閱讀訓練，研究者利用自編對話式閱讀手冊（親子共讀 HAPPY GO），向請家長介紹對話式閱讀之方法與技巧。
2. 實驗組與控制組親子使用指定繪本進行親子共讀，每週一本共六本繪本（家中四本、學校兩本），實驗組採對話式閱讀方式進行，控制組則維持平時之共讀方式，並將共讀時之情形錄音或錄影下來。每次共讀結束後，兩組之幼兒皆需完成親子共讀學習單，將聽完故事後最深刻的一幕記錄下來。

（六）後測

　　實驗後一週，幼兒進行「修訂畢保德圖畫詞彙測驗－乙式」及「兒童口語表達能力測驗」之後測。

（七）資料處理與分析

　　本研究透過問卷調查與測驗程序得到相關資料後，將有效問卷與測驗分數輸入電腦登錄，採用統計相關軟體進行各項資料的處理與分析，並將本研究統計顯著水準定為 0.05 的水準（$\alpha = .05$）。

1. 單因子共變數分析：以前測為共變數，後測為依變項，比較實驗組和控制組詞彙理解與口語表達分數上的差異。
2. 相依樣本 t 檢定：比較兩組受試者之前、後測成績是否有差異。

（八）研究流程圖

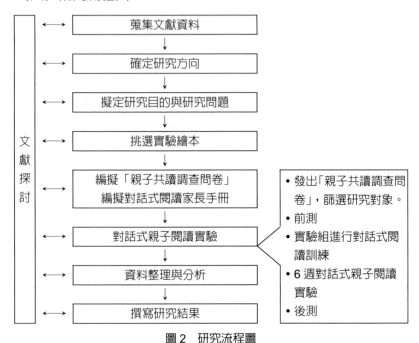

圖2　研究流程圖

四、研究結果與討論

（一）對話式親子閱讀對幼兒詞彙理解能力之影響

　　為探討實驗組與控制組對幼兒詞彙理解能力之影響，以組別為自變項，將兩組在「修訂畢保德圖畫詞彙測驗-乙式」之後測分數為依變項，為排除前測之影響，以「修訂畢保德圖畫詞彙測驗－甲式」前測分數為共變量（covariate），進行共變數分析，以瞭解實驗組與控制組在「修訂畢保德圖畫詞彙能力」測驗得分是否有顯著差異。

　　由表 4 可得知組間效果的考驗達顯著水準，P＜.05，表示不同組別在排除前測的情況下，「修訂畢保德圖畫詞彙測驗」後測之得分達顯著差異，且實驗組成績（M=119.8）優於控制組（M=107.4）（表 5）。

表 4　實驗組與控制組後測受試者間效應項的檢定

變異來源	SS	df	MS	F	Sig.
共變項（前測）	598.817	1	598.817	12.004	.010
組別	430.610	1	430.610	8.632	.022*
Error（誤差）	349.183	7	49.883		

*p＜.05

表 5　實驗組與控制組前、後測之詞彙測驗平均數

組別		個數	平均數
實驗組	詞彙測驗前測	5	117.4
	詞彙測驗後測	5	119.8
	口語表達前測	5	85.4
	口語表達後測	5	110.4
控制組	詞彙測驗前測	5	118.6
	詞彙測驗後測	5	107.4
	口語表達前測	5	76.4
	口語表達後測	5	73.2

　　為了解受試者前、後測是否有差異，本研究使用相依樣本 t 檢定來檢驗。由表 6 可看出，不論是實驗組和控制組在詞彙測驗之前後測均未達顯著水準，表示實驗組和控制組在詞彙表達能力是沒有差異的。詞彙相依樣本 t 檢定結果是前後測未達顯著，表示受試者在接受二種閱讀方式的親子共讀後，其詞彙能力並未提升。但經由

ANCOVA 檢定的結果得知，實驗組在經過對話式親子閱讀後，其詞彙能力優於進行非對話式親子共讀的學生，統整這二個研究結果可知，幼兒接受對話式親子閱讀後，其詞彙理解能力比進行非對話式親子共讀的幼兒來的高，但整體而言，這二種閱讀方式在幼兒詞彙理解能力上並無顯著提升。

表 6　實驗與控制組修訂畢保德畫圖詞彙測驗前、後測相依樣本 t 檢定摘要表

組別	修訂畢保德畫圖詞彙測驗					
	前測		後測			
	M	SD	M	SD	t	Sig.
實驗組	117.4	6.11	119.8	10.13	-.930	.405
控制組	118.6	18.9	107.4	11.59	2.364	.077

*p＜.05

（二）對話式親子閱讀對幼兒口語表達能力之影響

　　為探討實驗組與控制組對幼兒口語表達能力之影響，以組別為自變項，將兩組在「兒童口語表達能力測驗」之後測分數為依變項，為排除前測之影響，以「修訂畢保德圖畫詞彙測驗－甲式」前測分數為共變量（covariate），進行共變數分析，以瞭解實驗組與控制組在「兒童口語表達能力測驗」測驗得分是否有顯著差異。

　　由表 7 組間效果的考驗達顯著水準，P＜.01，表示不同組別在排除前測的情況下，「兒童口語表達能力測驗」後測之得分達顯著差異，且實驗組成績（M=110.4）優於控制組（M=73.2）（表 5）。

表 7　實驗組與控制組後測受試者間效應項的檢定

變異來源	SS	df	MS	F	Sig.
共變項（前測）	531.12	1	531.12	4.309	.077
組別	3582.11	1	3582.11	29.060	.001***
Error（誤差）	862.88	7	123.27		

***p＜.001

　　為了解受試者前、後測是否有差異，本研究使用相依樣本 t 檢定來檢驗。由表 8 可看出實驗組在口語表達能力測驗之前、後測考驗結果達顯著，表示五名幼兒在前、後測之成績有顯著不同，且從平均數可看出，實驗組後測成績（110.4）較前測成績（85.4）優，控制組則無達顯著差異。

表 8　實驗與控制組口語表達能力測驗前、後測相依樣本 t 檢定摘要表

| 組別 | 口語表達能力測驗 | | | | | |
| | 前測 | | 後測 | | | |
	M	SD	M	SD	t	Sig.
實驗組	85.4	15.94	110.4	8.65	-6.754	.003**
控制組	76.4	17.73	73.2	16.54	.630	.563

**p＜.01

五、結論與建議

　　本初探研究旨在發展出適合本國幼兒家長進行自我訓練之對話式親子閱讀手冊並了解對話式親子閱讀方式對幼兒詞彙理解能力與口語表達能力之影響。依據研究目的主要發現如下：

（一）研究結果發現

1. 對話式親子閱讀方式對幼兒詞彙理解及口語表達能力的影響優於非對話式閱讀方式。

2. 對話式親子閱讀有助於幼兒口語表達能力之提升。

    在口語表達方面，實驗組後測優於前測，表實驗具有效果，且實驗組又經由 ANCOVA 檢定達顯著，表示實驗組優於控制組，因此證明對話式親子閱讀在口語表達方面很有效，且比非對話式親子閱讀來的好。

3. 欲提升幼兒在標準化詞彙測驗之得分需要比較長的介入時間。

    本次初探研究實驗組受試在標準化的詞彙理解測驗（PPVT-R）之前後測未達顯著，研究者認為可能的原因有二，一為實驗樣本人數較少，另一則是實驗時間太短，此結論與 Crain-Thoreson 和 Dale（1999）之研究結果相呼應。本次初探之對象僅有 10 對親子，以及實驗時間也只有 6 週，認為應在研究時，增加研究對象組數以及拉長研究時間，以便了解對話式閱讀對幼兒詞彙理解能力之影響。

4. 「親子共讀 HAPPY GO 手冊」對於家長的共讀方式訓練有顯著效果，可提供政府及幼教機構推廣親子共讀之用。

（二）教育實務的建議方面

　　由初探研究結果發現，對話式親子閱讀確實可提升幼兒語言能力並有顯著之效果，可提供政府及幼教機構推廣親子共讀之用。研究者將進一步深入探究並提供研究結果給幼教現場老師及家長們參考。

1.對家長的建議

由文獻及研究結果可得知，親子共讀的方式乃是影響幼兒語言發展的主要因素之欲提升幼兒語言能力並非僅是伴讀、陪讀或者是說故事給幼兒聽而已，互動的品質才是成功的關鍵。對話式閱讀在親子互動的角色上，閱讀的過程由成人主導轉變為幼兒為主之互動方式；對故事的反應和詮釋也從以往單向的成人灌輸，轉化成為與幼兒合作共同建構，成人在與孩子進行共讀時，採用對話式閱讀方式對幼兒語言能力之提升有顯著的效果。

2.對幼教老師的建議

將對話式親子閱讀的方式運用於教學中，打破傳統幼師在進行繪本教學時，常以說故事型式為主的閱讀經驗，幼師必須適時提供語言的鷹架，才能促使師生與同儕對話互動得以延續，優良的互動品質及語言鷹架才是幫助幼兒朝最佳發展區發展的最佳方法。

（三）對未來研究之建議

1. 本次初探之對象僅有 10 對親子，以及實驗時間也只有 6 週，因此未來研究宜增加研究對象組數以及拉長研究時間，以便了解對話式閱讀對幼兒詞彙理解能力之影響。
2. 研究過程中經由家長提出之建議以及研究者之觀察發現：在學校進行共讀之干擾因素太多，幼兒容易分心以及家長無法全心投入，故未來研究宜將研究地點皆改為在幼兒家中進行。
3. 從相關研究中指出，對話式閱讀訓練，除能經由對話式閱讀手冊來學習外，若能加入影音示範影片更能提高學習之成效（Blom-Hoffman, O'Neil-Pirozzi, Volpe, Cutting & Bissinger, 2006; Zevenbergen

& Whitehurst, 2003），故未來研究可錄製實際與幼兒進行對話式閱讀互動過程之影片，作為對話式閱讀訓練之教材。

參考文獻

中文文獻

方金雅、邱上真、陳密桃、黃秀霜（2000）。中文詞彙覺識測驗編製之初步報告。載於中華民國心理學會舉辦之「2000 年教育與心理測驗學術研討會」研究論文集，臺北市。

李家汎（2007）。語言發展遲緩兒童的詞彙缺陷本質探討。國立台北護理學院聽語障礙科學研究所碩士論文，未出版，臺北市。

吳詠蘭（2006）。對話式與有聲書閱讀教學對幼兒聽覺詞彙理解能力與幼兒閱讀行為之影響。國立新竹教育大學語言學系碩士班碩士論文，未出版，新竹市。

邱瓊蓁（2003）。親子共讀繪本歷程之互動與詮釋──以岩村和朗之「十四隻老鼠」為例。
國立嘉義大學幼兒教育學系碩士論文，未出版，嘉義市。

林月仙（2004）。以童書為媒介的小學預備方案對身心障礙兒童語言能力和學習適應之影響。國立高雄師範大學博士論文，未出版，高雄市。

香港中文大學（2005）。簡易對話式閱讀明顯增強幼童詞彙能力。2005 年 6 月 17 日，取自 http://www.cuhk.hk/ipro/pressrelease/

施韻珊（2008）。幼教課程與幼兒語言發展之關係－以方案課程與蒙特梭利課程為例。台北市立教育大學幼兒教育學系碩士論文，未出版，臺北市。

陳東陞（1994）。兒童口語表達能力測驗指導手冊。臺北：中國行為科學社。

陳淑敏（2004）。讓孩子成為主動的閱讀者。幼教資訊，167，2-5。

黃瑞琴（1997）。幼兒讀寫萌發課程。臺北：五南。

張雅雯（2008）。幼稚園教師運用「對話式閱讀」模式提升幼兒語言能力之行動研究。國立臺中教育大學幼兒教育學系碩士論文，未出版，臺中市。

張正芬、鍾玉梅（1986）。學前兒童語言發展量表之修訂及其相關研究。特殊教育研究學刊，2，37-52。

陸莉、劉鴻香（1998）。修訂畢保得圖畫詞彙測驗──指導手冊。臺北：心理出版社股份有限公司。

柯華葳、游雅婷譯（2001）。踏出閱讀的第一步。美國國家研究委員會編著。臺北：信誼出版社。（原著出版年：1999 年）

謝莉卿（2004）。國英雙語幼兒詞彙學習策略與平均說話長度。朝陽科技大學幼兒保育學系碩士論文，未出版，台中縣。

英文文獻

Bernstein, D. K. & Tiegerman, E. （1989）. *Language and communication disorders in children.* N. Y.: Macmillan Publishing Company.

Blom-Hoffman, J., O'Neil-Pirozzi, T., Volpe, R., Cutting, J., & Bissinger, E. （2006）. Instructing Parents to Use Dialogic Reading Strategies with Preschool Children: Impact of a Video- Based Training Program on Caregiver Reading Behaviors and Children's Related Verbalizations. *Journal of Applied School Psychology, 23* （1）, 117-131.

Crain-Thoreson, C., & Dale, P. S. （1999）. Enhancing linguistic performance: Parents and teachers as book reading partners for children with language delays. *Topics In Early Childhood Special Education, 19* （1）, 28-39.

Dale, P. S., Crain-Thoreson, C., Notari-Syverson, A., & Cole, K. （1996）. Parent-child book reading as an intervention technique for young children with language delays. *Topics In Early Childhood Special Education, 16* （2）, 213-235.

Morgan, P. L., & Meier, C. R.（2008）. Dialogic Reading's Potential to Improve Children's Emergent Literacy Skills and Behavior. *Preventing School Failure, 52* （4）, 11-16.

NICHD Early Child Care Research Network （2004）.Multiple Pathways to Early Academic Achievement., Harvard Educational Review 74, pgs.

Valdez-Menchaca, M. & Whitehurst, G. J. （1992）. Accelerating Language development through picture book reading: A systematic extension to Mexican day care. *Developmental Psychology, 28* （6）, 1106-1114.

Whitehurst G. J., (1992) 。*Dialogic Reading: An Effective Way to Read to Preschoolers*. Retrieved October 31, 2005, from http://www.reading rockets.org/articles/400

Wood, D., Bruner , J., & Ross, G. (1976). The role of tutoring in problem solving. *Journal of child psychology and psychiatry, 17*, 89-100.

Whitehurst, G. J., Arnold, D. S., Epstein, J. N., Angell, A. L., Smith, M., & Fischel, J. E.(1994). A picture book reading intervention in day care and home for children from low-income families. *Developmental Psychology, 30* (5), 679-689.

Whitehurst, G. J., Falco, F. L., Lonigan, C., Fischel, J. E., DeBaryshe, B. D., Valdez-Menchaca, M. C., & Caulfield, M. (1988). Accelerating Language development through picture book reading. *Developmental Psychology, 24* (4), 552-559.

親子共讀問卷調查

親愛的家長：您好！

　　這份問卷的目的主要在於了解父母在家中與幼兒一起閱讀的情形，煩請家中最常與孩子共讀之家長填答，若無共讀習慣父或母都可填答。誠心希望您能夠撥出一些寶貴的時間，依照實際的情形分別回答問卷之題目。

您所填寫的資料僅供學術研究之用，資料絕對保密，請您放心填答，您的意見有助於協助了解親子共讀方式與幼兒語言發展的關係。這些資料有著重要的貢獻和價值，懇請您仔細閱讀，逐題作答。填答完畢後，請將本問卷托給孩子帶回學校給老師。

非常感謝您對教育研究的熱忱與支持！謝謝您的協助！

　　敬祝

　　　　闔家安康

　　　　　　　　　　　　　　　　　國立台南大學幼兒教育研究所

　　　　　　　　　　　　　　　　　　　指導教授：張麗君博士

　　　　　　　　　　　　　　　　　　　　　研究生：陳沛緹

填答說明：

*本問卷欲調查的親子共讀對象乃指您與帶回本問卷之幼兒。

*請依據您與孩子共讀時的實際情形，來回答以下問題。

第一部分　基本資料

1. 您是孩子的□父　□母
2. 您有無和孩子共讀之經驗或習慣□無　□有（每週共讀次數約為
　　□1 次以下　□1～2 次　□3～4 次　□五次以上）

第二部分　親子共讀方式

<table>
<tr><th></th><th>總是如此</th><th>經常如此</th><th>偶爾如此</th><th>很少如此</th></tr>
<tr><td>1.當孩子回答正確答案時，我會重複孩子的答案去鼓勵他。</td><td>☐</td><td>☐</td><td>☐</td><td>☐</td></tr>
<tr><td>2.當孩子說出有關圖畫書上的事情時，我會提供回饋和讚美。</td><td>☐</td><td>☐</td><td>☐</td><td>☐</td></tr>
<tr><td>3.在與孩子共讀時，我會在結尾句子留下空白，讓孩子補充完成一個完整句子。例如：成人說：「從此以後，大家都說我們的國王很＿＿＿。」讓孩子填充空白「健康」。</td><td>☐</td><td>☐</td><td>☐</td><td>☐</td></tr>
<tr><td>4.當孩子知道圖畫書中某個詞彙或物品名稱時，我會問進一步問更深入的問題。如：「黃昏」是什麼時候？這個時候你通常都在做什麼？</td><td>☐</td><td>☐</td><td>☐</td><td>☐</td></tr>
<tr><td>5.我會提供良好的語言示範，並請孩子試著模仿和學習。</td><td>☐</td><td>☐</td><td>☐</td><td>☐</td></tr>
<tr><td>6.我會以「誰」、「什麼時候」、「什麼事」、「什麼地方」、「為什麼」、「如何」等開放式問句來問問題。</td><td>☐</td><td>☐</td><td>☐</td><td>☐</td></tr>
<tr><td>7.當孩子感興趣地開始說有關故事中某一頁的內容時，我會利用孩子對此的興趣鼓勵孩子多說一些。</td><td>☐</td><td>☐</td><td>☐</td><td>☐</td></tr>
<tr><td>8.故事書的選擇及討論、提問的內容，我會順著孩子的興趣、喜歡之主題來進行。</td><td>☐</td><td>☐</td><td>☐</td><td>☐</td></tr>
<tr><td>9.共讀時，我會給孩子充裕的時間去思考和回答問題，不急著告訴答案。</td><td>☐</td><td>☐</td><td>☐</td><td>☐</td></tr>
<tr><td>10.共讀時，我會玩一些小遊戲或使用小技巧，讓孩子覺得有趣。如：故事接龍、輪流說故事、利用布偶……等。</td><td>☐</td><td>☐</td><td>☐</td><td>☐</td></tr>
<tr><td>11.共讀時，我會根據孩子的回應，延伸孩子的話語。例如：孩子說：「車子」，成人說：「對！這是一輛紅色的汽車。」</td><td>☐</td><td>☐</td><td>☐</td><td>☐</td></tr>
<tr><td>12.為孩子做示範時，我會使用比孩子的程度再高一點的語言，並依孩子進步的狀況逐漸加深難度。</td><td>☐</td><td>☐</td><td>☐</td><td>☐</td></tr>
<tr><td>13.共讀時，我會讓孩子預測故事接下來會如何進行。例如：「胖國王接下來會發生什麼事？」</td><td>☐</td><td>☐</td><td>☐</td><td>☐</td></tr>
<tr><td>14.共讀時，我會讓孩子推論故事之動機、含意或因果關係。如：「為什麼大象艾瑪要把自己塗成灰色？」</td><td>☐</td><td>☐</td><td>☐</td><td>☐</td></tr>
</table>

15. 在說完故事後，我會讓孩子回憶故事內容或情結。例如：　☐　☐　☐　☐
問孩子：「胖國王發生了什麼事？」

16. 我會藉著圖畫書上的圖片或文字，詢問孩子相關的生活經　☐　☐　☐　☐
驗，使圖畫書與經驗連結。如：我們也去過動物園，你在
動物園看到哪些動物？我們還在那裡做什麼？……

17. 共讀時，我會詢問孩子對故事情節或人物的感受。例如：　☐　☐　☐　☐
「你對小毛捉弄別人這件事你有什麼感覺？」「你最喜歡
誰？為什麼？」

18. 重複先前問過的問題，確認孩子了解剛剛學到的新事物。　☐　☐　☐　☐
如：「我們剛剛說小蝌蚪是怎麼變成青蛙的呢？」

19. 共讀時，我會使用圖畫書以外的問題來幫助孩子將圖畫書　☐　☐　☐　☐
的內容與生活經驗做連結。如：「你的奶奶也會像故事裡
的老奶奶這樣嗎？」「哪裡（不）一樣？」

20. 共讀時，當孩子對文字有興趣時，我會進一步和他討論。　☐　☐　☐　☐
如：孩子：「這是『大』嗎？」成人：「對！這是大象的『大』、
大人的『大』，……還有哪些詞也有『大』？」

21. 我會將較深的字詞、故事內容、意涵等，簡化成孩子可以　☐　☐　☐　☐
理解的程度。

22. 當孩子回答不出問題時，我會多給予一些提示或做示範。　☐　☐　☐　☐

23. 當孩子的回應是錯誤時，我會對他的嘗試表現出欣賞，並　☐　☐　☐　☐
且鼓勵和協助他繼續嘗試。

24. 我與孩子共讀時，雙方都能享受到共讀的樂趣。　☐　☐　☐　☐

【問卷到此，謝謝您耐心的填答。】

多元智能融入幼兒園繪本教學之行動研究

吳禹鴒

樹德科技大學兒童與家庭服務系研究生暨師資培育中心師資生

摘要

本研究採用協同行動研究法，目的是透過運用繪本多元豐富的特性與多元智能理論相結合，發展出適合幼稚園多元化教學活動之行動方案，並藉由研究活動進而了解多元智能的發展，及研究者教學省思與專業成長。

本研究樣本為台南縣某私立幼稚園的五至六歲大班幼兒，共計22位。研究者藉由研究日誌、訪談、錄音錄影、文件蒐集及分析等，提供多方面的資料回饋與檢證，藉此呈現幼兒多元智能之發展情形。並根據本研究的實施結果，提出幼兒多元智能融入繪本教學方案的具體建議，以作為幼教工作者之參考。

關鍵詞：多元智能理論、幼兒園、繪本

一、緒論

（一）研究動機

對幼兒而言，「兒童繪本」（children's picture book，國內另翻譯為「圖畫書」）可以說是幼兒最早並且最容易接觸、及影響力最大的書籍（林燕卿，1997；毛萬儀，2004）。繪本具有多元化的教育價值，可擴大孩童生活知能；豐富學習經驗；增進語言表達能力；促進人格、道德成長；提供美學感受；促進認知能力發展；培養專注性、想像力及創造力；享受閱讀樂趣並能發展欣賞和評鑑文學作品能力等等（李侑蒔和吳凱琳譯，1998；李連珠，1991；鄭博真，2005）。由此可見，兒童文學作品之一的兒童繪本，在幼兒教育中扮演著相當重要的角色。

Gardner（1999a）提出人類至少具有八大智能，包括：語文、邏輯數學、人際、內省、視覺空間、肢體動覺、音樂、自然觀察者智能等。鄭博真（2004）曾針對繪本內涵加以詮釋，得出一本繪本可能同時包含數種智能觀點，有的繪本則特別突顯某種智能觀。本研究採多元智能理論融入繪本教學進行探析的理由是：每一本繪本的主題與特質不同，須用多樣的方式傳遞繪本的內涵；而多元智能活動考慮到個體不同的優勢、弱勢智能，透過多元智能的活動統合運作，可以活化閱讀的深度與廣度，促進閱讀樂趣。因此本研究試圖將多元智能理論運用於實務，以研究者進入現場教學的歷程中，透過教學不斷反思信念及教學行為，進而了解幼兒的學習及幼兒真正需求，使研究理念與實際能互相支持印證。

二、研究目的

　　基於上述研究動機，本研究旨在透過行動研究，運用繪本的多元且豐富的特質與多元智能理論結合，發展出適合幼稚園多元教學活動之行動方案。

　　茲將本研究之目的，具體敘述如下：

　　（一）運用繪本設計出適合幼兒多元智能發展之教學方案。

　　（二）解決多元智能融入繪本教學歷程的問題及改進策略。

　　（三）探討多元智能融入繪本教學優點及缺失。

　　（四）透過行動研究歷程的教學省思，增進職前教師之專業
　　　　　成長。

三、文獻探討

　　此段落分別探討幼兒繪本的定義與教育價值、洞悉多元智能理論、瞭解繪本與多元智能相關實證研究。

（一）繪本的定義與教育價值

　　在進行本研究前，先就學者對於繪本的定義與教育價值加以闡述，將有助於進行運用繪本發展教學課程。

　　蘇振明（1999）指出，日本翻譯圖畫書為「繪本」，英文單字為「Picture Book」，顧名思義是「畫出來的書」。簡言之，繪本是有圖畫的書，通常一般都還有文字輔助，但也有部分是只有圖片沒有文字的繪本。孩子們可以一面看著繪本，一面在心裏描繪著以該幅圖畫為想像，藉以補充孩子豐富多元的想像力（岡田正章等，1989）。

　　黃瑞琴（1993）認為圖畫書可以促進幼兒說話、創造及想像，孩童運用他們自己的話語表達故事情節，可從圖畫書中發現意義、劇情和視覺的變化。能提供幼兒對於藝術美學和資料概念兩方面之需求，讓幼兒辨別細節、圖案及視覺資料，進而提昇視覺藝術的辨別能力，亦可幫助幼兒練習觀察細節、推論因果、辨別順序、培養閱讀思考的技能，透過圖畫等視覺刺激和文字情緒做聯結。黃瑞琴（1993）提出圖畫書的類型有故事書、資料書、圖畫書（無字的書）、老師和幼兒做的書。

　　陳海泓（1999）將圖畫書的價值定為首重激發讀者的反應，增進其對書中文學的敏感要素的敏覺力，學童能領會作品的外顯與內隱的意義，藉以激發幻想與聯想力，進而培養兒童的流暢、變通、獨創、敏覺、精進的思考能力。

　　而根據國內學者對於繪本的插畫所具有的特質分析，現代的優良兒童圖畫書，大多都具有以下四點特質（蘇振明，1999；林敏宜，2000；吳惠娟，2002）

1.兒童性

　　所謂的兒童性是指現代兒童讀物皆以兒童所設計，也就是文字以及插畫的形式、觀點、認知、色彩、內容等都是依據兒童的生心理發展需求來考量。

2.教育性

　　所謂的教育性是指兒童藉由閱讀繪本使其個體在認知、道德、生活、人格等方面獲得成長進步，認知方面的成長，是指兒童能從繪本故事的潛移默化下學到豐富的知識，擴展學習能力、創造力、想像力及觀察力，增進生活的閱讀能力。

3.圖像傳達性

　　繪本最大的特色在於其「圖畫角色」，運用各種不同的造型、空間、色彩、質料等視覺感受，始終擔負最直接的刺激，這種獨特性不會因時空變化而有所改變，好的插畫除了與文字相互配合外，不會發生重複的現象，更肩負了傳達文中內容比文字更具有說服力的任務。

4.趣味性

　　多數孩子的注意力較成人短暫，因此繪本的內容需展現文字間的幽默、插畫的趣味性、遊戲性、音樂性及整體設計與安排上吸引人的等特質，來抓住孩子的視線，讓幼兒能持續產生閱讀的動力及樂趣，甚至與人互動的正面感受及想像情緒的釋放。

　　綜觀上述，可得知繪本本身具有多項教育價值，也因四大特質吸引各階層年齡之讀者，是教學上不可或缺的良好媒介。

（二）多元智能理論在幼兒教育應用

　　美國心理學家 Howard Gardner 認為每個人至少具有八大智能，包括：語文、邏輯數學、視覺空間、肢體動覺、音樂、人際、內省、自然觀察者智能。智能並非與生俱來的，它可透過後天學習來提升，而智能的表現是複雜且多面向的，因此必須在有意義的情境中進行學習，並且在當前身處的文化脈絡中進行評量。表 1 為八大智能核心表（鄭博真，2006b），藉由此表闡述八大智能之核心能力。

表 1　八大智能核心表

八大智能	核心能力
語文智能	文字意義的靈敏度；文字順序的敏覺性；文字聲音、節律、音調和旋律的敏覺力；語言不同功能的敏覺性；學習語言的知能；使用語言完成目標的能力。包含洞悉句法和文字等意義、說服他人採取某些解釋、教導、行動和學習、幽默感、記憶和回憶、後設語言分析等。
數學邏輯智能	確認關鍵問題並加以解決的知能；邏輯分析問題能力；執行數學運算能力；科學探究問題等能力。包括確認抽象的圖示型態、歸納推理、演繹推理、辨別關係和聯結、表現複雜的運算能力、科學推理等。
肢體動覺智能	使用全身或身體的某些部分，解決問題或創作產品的能力。包括增進身體功能、模仿能力、身心連結、透過身體擴展覺知、控制隨意性動作、控制學會的動作等。
視覺空間智能	正確的覺察視覺世界、表現轉變和修正最初的覺察，重新創造個人視覺經驗方面的能力；形成一種空間世界的心理模型，並且能夠運用和操作這些模型的能力；確認和操控廣大空間型態的能力。包括從不同角度的準確知覺、確認物體在空間的關係、圖形表徵、操弄心像、在空間中發現方向、形成心像、主動想像等。
音樂智能	運用聲音旋律、物體來操控和試驗聲音，或操作音樂符號系統的能力；表現、創作及欣賞音樂型態的技巧。包括認識音樂的結構、使用基模聆聽音樂、敏覺聲音、創作旋律或節奏、感受各種音質等。
自然觀察者智能	確認一個團體或一種物種的成員；區分一種物種之間成員的差別；確認其它相似物種的存在；正式或非正式將幾種物種的關係列出來。包括和大自然溝通、關懷並和生物互動、敏覺大自然的動植物、認識大自然的影響等。
人際智能	注意和區別他人情緒、性向、動機和意向的能力；並能和他人有效工作的能力。包括產生並維持合作、從他人的看法了解事情、在團體內合作、注意和分別他人的差異、語言和非語言溝通等。
內省智能	接觸個人自己的感情生活；了解自己的能力，有一套有效工作的自我模式，包含自己的願望、恐懼和能力，並能用來有效調節自己的生活。包括集中注意力、用心留意事物、評鑑自己的思考、覺知並表達各種感覺、瞭解自我和他人的關係、高層次思考和推理等。

根據 Gardner（1993、1999a）之論點及其他學者（江雪齡，1996；封四維，1998；郭俊賢、陳淑惠譯，1998；鄭博真，2002）之闡述，多元智能理論的教育觀可歸納出以下幾點：

1.學生觀

其強調每個學生都擁有獨特的智能結構，只是強弱不盡相同，所以每位學生的學習方式也有所不同，強調人類學習的個別化方式，教師要先洞悉學生的心智特性，使教學方法與學生的智能特點相配合。

2.教師觀

有技巧的教師能為相同的概念開啟不同途徑，有效能的教師則如「學生和課程間的經紀人」（student-currichulum broker），盡可符合學生表現的獨特學習模式，進一步選擇有效的方式，使教師專業角色從傳統的資訊傳播者，轉變成協助者、教練、資源供給者、學習促進提升者、個別教師、激勵人、聯繫人。

3.教學觀

教育目的為使個體對學習材料達到真正理解，並將所學習運用到新的情境，有效的學習是根據學生特質和教學內容題材，採多元豐富的教學方式，發展他們的優勢智能，提升弱勢智能並提供不同表現機會，肯定不同的表現方式。

4.課程觀

根據多元智能的觀點，多數的學校主要重視語文及數理邏輯智能之外，教育的重點在於培育學生其他面向之能力，多元智能可以

協助教師把現有的課程或單元轉換成多元方式的學習機會，能將各種教學方法結合運用，可以擴充課程運用的範圍。

5.評量觀

多元智能強調「智能公平」（intelligence fair）的評量，認為每種智能都需要在運作的脈絡中進行評估。取向著重「真實性的評量」（authentic assessement），強調在教學情境中，直接評量學生參與學習活動時的種種表現。

6.學習環境觀

一般的教學程序，依賴語文及邏輯數學符號之系統強烈。任何一種學習的相關程序、材料及操作練習，對於獲得深度知識是必要的。多元智能強調學徒制和博物館的學習方式，讓學生在豐富資源等真實情境脈絡中進行學習，轉化以教師為中心的教學，成為以學生為中心的開放學習環境。

（三）結合繪本教學與多元智能發展

繪本作為發展幼兒多元智能的學習管道，不同的智能有不同的方式。針對不同智能優勢的幼兒，提供不同的培育管道，讓孩子運用優勢智能來從事解決問題、創作作品等活動。以下舉例多元智能設計的繪本活動，可能會因繪本的內容和性質而有不同的轉換運用方式（林敏宜，2000；張純子，2004）。

由此可證，運用多元智能理論融入繪本教學，能設計出符合幼兒個別化特質的豐富教學，運用繪本情節的多樣性，進而能設計出符應多元智能多元化的教學課程。

表2　多元智能繪本活動表

多元智能	繪本內容與性質	運用方式	繪本
語文智能	口頭語言、閱讀、傾聽	講故事、討論、錄製有聲書、製作宣傳廣告、故事接龍、訪談	三隻小豬、老鼠阿修的夢、祖母的妙法、巫婆與黑貓
邏輯數學智能	尋找問題、發現問題的歷程、解決問題的歷程	分類、製作圖表、計算、測量、排序、邏輯遊戲、拼圖遊戲	豆子、腳丫子的故事、媽媽買綠豆
視覺空間智能	肉眼對於外在的觀察、運用內心感受對內在的觀察	圖示、大富翁遊戲、紙牌、尋寶遊戲、視覺迷宮、運用圖卡辨識環境事物、製作告示牌	月亮先生、血的故事、今天是什麼日子
肢體動覺智能	透過身體律動以及活動中進行學習	肢體語言、戲劇扮演遊戲、操作學習、體能遊戲、肢體暖身運動	爸爸，你愛我嗎？小黑魚、老鼠湯、天空在腳下
音樂智能	傾聽、聲音、震動型態、節奏及音色的形式，包括聲帶所發出的所有聲響	歌曲、吟唱、饒舌音樂、音樂錄音帶、CD、音效活動、環保樂隊大合奏、創作歌曲	三年坡、彼得與狼、好一個餿主意
自然觀察智能	接觸大自然，包含辨認物種、認識及欣賞動植物、以及連結生物	欣賞花木、觀察樹林裡的動物、物品分類、觀察植物的成長	大狗醫生、森林大熊、我永遠愛你
人際智能	透過人與人的社會化互動中學習	心得分享、合作小組、合作創作、分組表演	搬到另一個國家、家、第一次上街買東西、小小大姊姊
內省智能	自我反思、後設認知及提出有關生命意義的問題	談論和繪本中有關個人經驗、情緒的觀察與調整、設定目標、自我探索	我撒了一個謊、再見，斑斑！花婆婆、小貓玫瑰

三、研究方法

本研究旨在設計運用繪本發展幼稚園多元智能的教學活動方案，進而提升幼兒多元智能之發展。因此採用「協同行動研究法」，參與人員是研究者與大班教師及該班幼兒。以下分別說明研究設計與研究場域及研究參與者、資料蒐集與分析。

（一）研究設計

本行動研究為期一年，共分兩循環。每循環歷經、方案設計、實施教學、評鑑、修正等步驟。每循環又包含數個小循環，每星期安排的課程活動設計、實施教學、評鑑和修正。

在第一個階段（2007 年 8 月至 2008 年 1 月），首先與園內教師分析園內課程現況，接著設計教案，並安排時間實施，針對該星期的實施情形進行評估修正和反省，作為下次的參考。於學期末，針對整學期的行動研究過程和結果，再進行評估修正和反省，作為下學期另一個循環階段的參考。下學期（2008 年 2 月至 2008 年 6 月）重複所有步驟，進行第二個階段的循環。最後完成彙整行動研究報告。

（二）研究場域及參與者

本研究研究場域為台南縣貝多芬（化名）私立幼稚園，研究對象為貝多芬幼稚園大班的 22 位幼童，男生 15 人，女生 7 人。本研究研究者為就讀中華醫事科技大學幼保系的四位同學，由於參與了鄭博真老師辦理之幼稚園多元智能教學研習營，從此對此教學法產生濃厚興趣，認為依據每位孩子不同的優弱勢智能，進而改變教學

方式，是符合以兒童為本位的教育理念，因此嚮往之。本研究批判性的朋友是該班教師，陳老師在幼教界服務已有 13 年資歷，目前正在台南科技大學修習學前教育學程；陳老師曾參與全語文課程與行動研究理論與實務之研習課程，個人期許以幼兒為中心，適時引導學習與適應；以愛心為出發點，並與家長作良性互動溝通。

（三）資料蒐集和分析

　　本研究資料蒐集包含研究日誌、訪談、錄音錄影、文件蒐集及分析之資料。研究日誌包含實施內容、參與觀察、訪談與對話的資料反思；訪談則包含大班教師個別訪談與家長抽樣調查，上下學期教師與家長共計八次；文件蒐集則包含教師設計的主題課程方案、研究者設計之多元智能繪本教材、課程方案、團討會議紀錄、幼生學習檔案（包含幼生作品集）、研究者省思日誌等。

（四）確信度之建立

　　在研究設計中以長時間的研究、三角檢測、同儕團討、批判性朋友建議等方式提昇研究之可信度，本研究執行一學年，共計進行16 次介入。

四、研究歷程與發現

　　本章旨在闡釋本研究的研究歷程與發現。

（一）研究歷程概述

　　本研究最初的構想，是希望藉由運用繪本來設計並實施多元智能的八種學習活動。在搜索的步驟中，不斷地從分析與驗證的過程

中，瞭解多元智能教學的理念與精神，希望與繪本相結合，設計出具有多元智能價值發展的教學活動。接著，本研究使用多次的行動步驟，經由整理和分析後，將行動步驟以表3來表示。

表 3　本研究行動步驟表

步驟	活動時間	主要活動內容	繪本	多元智能活動設計
教學活動準備初期	96年8月至96年10月	1.閱讀、搜集整理文獻資料。 2.向教授請益、諮詢。 3.形成研究方向。 4.確定研究問題。 5.決定研究對象與研究現場。		
教學活動準備期	96年11月至96年12月	1.選擇圖畫書，確定主題繪本的設計理念。 2.實驗性設計繪本教學活動。 3.準備教材。		
教學活動執行期	96年12月至97年1月	1.主題故事閱讀、討論。 2.蒐集相關資料。 3.設計教學活動。 4.第一循環實施繪本教學。 5.教學中進行錄音、錄影。 6.教學研討會議。 7.評量多元智能發展情形。	蔡倫造紙	語文：蔡倫好棒 數學邏輯：數一數，漁夫捕到幾隻魚 視覺空間：超級大富翁 肢體動覺：星光大道走秀 音樂：環保小樂器 內省：動手做一做 人際：再生紙 自然觀察：紙的魔術師
教學活動執行期	97年2月1日至97年6月25日	1.主題故事閱讀、討論。 2.蒐集相關資料。 3.設計教學活動。 4.第二循環實施繪本教學。	小媽媽	語文：我是大哥哥、大姊姊 數學邏輯：超級比一比 視覺空間：創意小天王 肢體動覺：大肚肚，難走路

		5.教學中進行錄音、錄影。 6.教學研討會議。 7.評量多元智能發展情形。	音樂：動物跳妞妞 內省：我會做家事 人際：甜蜜的家庭 自然觀察：得意小幫手

（二）教學活動準備期

在前面的段落闡述決定運用「多元智能」設計課程教學方案聚焦的種種歷程。本節之重點，則在於分析與陳述整個繪本教學方案的發展過程。

1.課程的形成

（1）透過文獻探討以確立繪本活動設計之目的與原則
（2）融入多元智能的繪本活動設計
（3）主題教學活動設計理念
（4）主題繪本的選擇

2.教學活動的設計與應用

（1）腦力激盪
（2）考慮所有的可能性
（3）選擇適當的活動
（4）制定教學計畫
（5）實施活動

（三）教學活動實施期

接著將研究者自省、同儕建議、批判朋友的意見加以整合，分別列出第一循環第二循環教學小結。

表 4　第一循環教學小結

活動名稱	智能項目	優點	缺點	需改進
蔡倫好棒	語文	powerpoint 製作故事書很吸引幼兒們的注意力，使幼兒們更專心聆聽故事內容。	問題應先事前設計好再像幼兒們詢問，也須符合幼兒們的深度。	試教的前一晚應要先把是教過程排演演練一次。
再生紙	肢體動覺	1. 教具豐富，製作完成的再生紙每位幼兒都有一張。 2. 話速度慢，咬字清晰，聲音宏亮，讓孩子都能清楚瞭解課程內容。 3. 對於再生紙製作過程都有清楚的解釋。 4. 能讓每位孩子都實際操作一次抄紙過程。	示範的道具建議可以做大一點。	可以將材料放在矮桌上示範，小朋友比較能看得更清楚。
紙的大富翁	視覺空間	1. 教具夠大且清楚，讓幼兒能團體一同遊戲。 2. 引起動機帶相關實物讓幼兒認識，加速幼兒對紙類歷史與知識的瞭解。	紙的大富翁機會、命運字卡設計為國字加上注音，對部分幼兒而言要了解內容為何尚屬不易，需要教師幫忙。	下回遇到類似教學內容，建議能附上圖示，輔助幼兒瞭解文字涵義。
環保小樂器	音樂	教導幼兒廢紙能回收再利用的觀念及珍惜與愛護地球。	應先說明樂器的製作過程再給予幼兒們材料製作。	鼓棒可以每個人發一支筷子，然後用紙包起來，這樣比較硬，敲起來也比較大聲。
星光大道	人際	1. 對於教學內容解釋得很清楚，幼兒都能瞭解	1. 紙類的材料選擇上可以多一	1. 可以用團隊合作的方式分組

		衣服的製作方法。 2.教具數量豐富。 3.說話速度慢，咬字清晰，聲音宏亮，能確實掌控秩序。	點種類，不要侷限在廣告紙或是報紙等。 2.材料用膠水不易黏牢，需要膠帶協助。	製作不同角色的服飾，再一同走秀。 2.多準備幾組膠帶台，可以3~5位孩子發一個。
動手做一做	內省	材料準備豐富多樣，包含許多緞帶及聖誕節的裝飾物，再加上講解製作相框的教學時我帶了很多個範例讓幼兒觀賞，不讓幼兒被單一成品限制，每位幼兒都創作出與眾不同的作品。	太早將材料準備好放在桌上，導致孩子注意力都放在多樣化的教材上頭，加上聲音不夠洪亮，不能夠鎮壓住全場。	下次建議事先和園所商借麥克風，不先把材料發下，請表現良好的孩子擔任老師的小幫手，讓幼兒產生榮譽感盡而提升班級制序。
數一數，漁夫補到幾隻魚	數學邏輯	實際拿紙張一一介紹並且讓幼兒們實際觸摸紙的觸感，使幼兒更能瞭解及體會教學過程。	遊戲活動過程因循序漸進，由簡易到深度。	遊戲可以更簡單化些。
紙的魔術師	自然觀察	因實際操作實驗過程，幼兒們更能集中精神觀察實驗。	只專注幼兒們有無靠近火源，卻未注意控制班級的秩序。	讓幼兒們動手實際操作會更印象深刻。

表5　第二循環教學小結

我是大哥哥、大姐姐	語文	教師在音樂律動上沒有制式化設限幼兒表演形式，讓幼兒透過合作關係討論出想模仿的動物。	必須加強班級秩序的控制，不能讓幼兒像無頭蒼蠅一樣在教室亂竄。	教學上必須多增加一些方法讓幼兒焦點放在你身上，教師可以模仿森林中的守護

				神,巡視各種動物的表現,好的給予讚美,讓其他幼兒進而仿效,如此下來對於秩序控制應該會有明顯改善。
創意小天王	視覺空間	運用廢紙製作紙袋,不但可環保,還可再度回收及利用。	教材需再多樣化,讓幼兒們更廣泛的空間去發展創造力及想像力。	材料可以一桌為單位,讓幼兒們一起使用,彼此懂得分享。
動物跳妞妞	音樂	運用戲劇方式呈現故事情節再輔以多媒體器材,比單唸繪本還來得活潑生動。	事前疏忽,忘了檢查各項器材是否沒問題,結果正式教學的時候沒辦法投影上去。	下回不管遇到哪種教學,事前都該先在家中演練一次。
甜蜜的家庭	人際	1.每位幼兒都能實際參與,落實做中學、學中做。 2.每位幼童都表現積極的態度,融入活動中,激起所有孩子的興趣。 3.在四個關卡裡觀察到每位孩童的優弱勢智能。	教學沒有事先規劃跑關的路線。	能夠先告知孩童關卡的順序,提醒時間即將到,換下一關。
我會做家事	內省	1.設計家事卷,利用家庭作業的形式請爸媽與幼兒一同學習。 2.透過團體討論,與孩童分享心得。 3.進行家事對對碰遊戲時,每位幼兒都有機會	解釋遊戲流程時間太短,有些幼兒無法了解遊戲規則與目的。	1.家事箱、地點箱、人物箱等,除了寫上注音符號外,可以再加上國字與圖示。 2.活動過程中,加

		上台表演，趣味性十足。		上背景音樂，氣氛會更活潑。
超級比一比	數學邏輯	運用資源分類來增進親子間的互動，也可增進數數的概念。	教具字體可在大些，並應附上注音符號讓幼兒們認識國字字樣及發音。	可請另一組檢查對方組別有哪些分類出錯。
得意小幫手	自然觀察	實際現場煮沸製作過程可吸引幼兒們的注意力，更能增強幼兒們的觀察力。	觀察煮沸過程中，手邊應不能有任何物品，這樣幼兒的注意力才不會都轉移到手中的物品上。	在烹煮綠豆過程時邊介紹綠豆營養素、製作成分……等相關知識，這樣教學會更具價值，幼兒也才不會因為等待過久而失去耐性。

（四）幼兒多元智能發展之分析

　　經過正式教學階段進行共 16 次的「多元智能融入幼兒園繪本教學進展評量表」中，在參與討論活動、表達、數字、數算、測量、分類、空間概念、繪圖、設計、律動、節奏、歌唱、觀察、合作、討論、分享、反思等多元智能相關表現類別中，幼兒在多元智能的表現情形，大多數幼兒能達到「太棒了」或「很好」，只有少數智能活動，幼兒達到「還不錯」的情形。我們發現幼兒多元智能的表現似乎與教師設計活動的難度及方式有關，從幼兒們不同的優勢智能、弱勢智能的表現，如 S3 於語文智能、視覺空間智能、人際智能的表現趨於弱勢；因為他身體病痛影響學習力，也變得比較不善於處理運用語文的方式表達出對事物具體的理解與看法。但是在肢體動覺智能、人際智能方面的表現卻趨於強勢。而 S23 於肢體動覺智能、音樂智能、人際智能方面的表現是趨於弱勢，據實際的教學

中發現，教師於設計音樂與肢體動覺活動時都是以團體遊戲進行。所以在團體遊戲活動中，對於不遵守常規與紀律的幼兒，明白地在教學歷程中顯現出來。整個評量的結果，讓我們體會幼兒的表現行為不再以單一智能的眼光來看，因為從孩子身上，我們深刻了解到符合多元智能觀最貼切的一句話「天生我才必有用」。

（五）專業成長及研究者的省思

本段為研究者闡述藉由此次研究，研究者之專業成長及省思。在研究者的專業成長部份，提升了編排教學活動的適切性、設計繪本教學活動之能力、運用多元的評量方式、增進教學技巧與能力、認識繪本在教學的延伸應用、研究者對多元智能理論的瞭解、多元智能教學方案開啟幼兒多元的學習方式、透過行動研究歷程促進教學反省、反思課程設計的重要性等相關知能。

在研究者省思的部份，則分為行動研究方法的省思與研究者對多元智能理論的省思兩大類。在行動研究方法的省思此類別中，藉由研究提升研究者實務經驗，並在教學中反省自身教學內容及課程編排等細節；並從教學過程中，重新定位教師角色；增進自我覺察、反省能力；學習溝通協調、掌握個人及學習與教學的優勢；並藉由行動研究提昇專業能力；最後則是重塑幼教師教學專業的價值。在研究者對多元智能理論的省思此類別中，藉由本研究提升多元智能課程設計的能力；教學觀念的突破與改變；深入瞭解多元智能的奧妙；提升多元智能的經營及教學。

為因應資訊爆炸及高齡化社會的來臨，近幾年人民逐漸有終身學習的意識，想從事幼教產業當然也必須如此，唯有持續不斷的學習，努力精進專業能力，才能在瞬息萬變的時代洪流中立於不敗之

地。本次行動研究歷程中，研究者在多元智能、繪本、行動研究等三方面專業領域中，擷取到許許多多的相關知識與資訊。

五、結論與建議

本節根據研究目的及結果，進一步闡述結論與建議。

（一）結論

1. 教師運用多元智能理論發展適合幼兒之繪本教學方案方面

（1）設計活動的過程中可以尋求同儕、專家教授的協助，運用相關資源，經由閱讀、討論，來提高圖畫書教學方案的成效。

（2）選擇一本適合幼兒之繪本，首先應先考慮幼兒年齡的發展，最好選擇有故事情節、內容生動、角色人物鮮明的圖畫書以利主題的呈現。

（3）每一個教學活動可以包含一種或一種以上的智能活動，可運用八大智能去設計五至六項教學活動。如：語文智能與內省智能的結合，或肢體動覺智能與人際智能的結合。

2. 教師運用多元智能理論融入幼兒繪本教學活動的實施情形

（1）教學方式多元化，音樂教學活動從簡單的唱遊延伸至打擊樂器、音樂欣賞，數學邏輯可運用音樂來唱數，自然觀察後可透過畫畫來表現幼兒的視覺空間智能。

（2）幼兒們喜歡透過實際操作來展現自我能力，使教學氣氛變得活潑、愉快，師生間互動關係更為密切。

(3) 教學方案的進行中，充分取得行政單位的支援協助，與同儕之間意見的分享及家長教學理念的溝通與認同。

3. 多元智能教學過程中幼兒的發展情形

(1) 教師運用多元智能的教學活動提供更大發展的可能，已加深加廣幼兒的學習。例如「情感」中的「親情」媽媽如何照顧寶寶的過程，以多元智能理念去規劃課程，可延伸到讓幼兒當媽媽的角色去照顧寶寶。從課程的實施中，老師觀察幼兒把自己當成媽媽去照顧一個寶寶的過程，讓幼兒有照顧他人的基本能。

(2) 每位幼兒在每本繪本的學習都經歷八種智能的學習機會。因此，多元智能領域的探索機會中，亦發展了幼兒的多元智能。例如：發展「自然觀察者智能」時，我們教幼兒如何煮綠豆湯，在煮綠豆湯的過程中，也告訴幼兒綠豆還可以拿來種，發芽後就變成豆芽菜，可以炒來吃，除了可以煮之外，還可以把過期的綠豆拿來作畫，發展成另一項「視覺空間智能」的學習活動，統整學習能力與經驗。

(3) 融入多元智能理論於課程教學後，發現教師更能尊重幼兒天生不同的潛能，更能關注幼童個別的需求、每個人的發展與表現的機會。以往的教學中，很難去發現，原本很善於運用口說語言表達的孩子，若運用肢體動作來表達時會有害羞放不開的情況。

(4) 分析幼兒多元智能表現與發展，大多數幼兒都能達到很好的水準。只有少數幼兒的智能活動表現還不錯，這些結果幫助我們確實了解到每位幼兒智能發展的強弱之處，以及幼兒之間智能的差異情形，有助於往後教導幼兒之參考。

4. 教師的專業成長

(1) 藉由這次專題研究，讓研究者對於多元智能理論有統整性的深入瞭解，並能夠運用多元智能融入繪本進行一系列的主題教學。

(2) 研究者教學技巧更多元更具創造性，跳脫舊式框架，尋求不同與往的思維，並經由行動研究歷程培養自身實務經驗，功力倍增。

(3) 在研究過程中，培養出自我省思之能力，也增進團體商討時的技巧，與批判性朋友相處中的應對進退等等，學習接納不同與己之意見、學習他人優點改正自身缺點，以發現教學新契機。

(4) 從撰打整理書面資料，教學優缺點等等文件時，內省自己教學之不足，包容他人意見，改進並展現於下一次教學中，讓團體在一次又一次討論、批判中獲得成長。

（二）建議

1. 教師運用多元智能理論發展適合幼兒之繪本教學方案方面

園所可多安排園內教師參加多元智能的研習活動，或運用大學教授來園輔導，舉辦園內教師多元智能之研習課程，讓教師對於一種新的教學課程有了初步的認識，以利於展開課程方案的第一步；而設計活動時要根據繪本之主題來設計，力求活動的統整性，勿偏離主題，並注意智能與教學活動間的契合度。

2. 教師運用多元智能理論融入幼兒繪本教學活動的實施情形

教師教學時，教學場域可以多樣化的改變，可從室內轉移至室外活動，再延伸至戶外的教學參觀；而選擇的主題繪本之運用在班

級經營上，以往教師針對教室常規問題大都只是以口頭講述的方式來進行，進行繪本教學方案後，教師可以反思班級現況，來達到教育的目的與功能。

3. 多元智能教學過程中幼兒的發展情形

教師在設計繪本活動時，除了從八大智能的途徑去思考每項智能的活動，也要同時考慮與繪本主題的配合，而且要注意活動之間的連貫性。本研究發現大多數幼兒教師能以八大智能為途徑，設計適切的繪本活動，有的運用一種智能設計一個活動，有的在一個活動同時結合多種智能。但是並非每本繪本都容易設計出八種智能的活動。其實在平時整合課程的應用，未必每本繪本都得設計出八種智能活動，只要把握多元化的原則即可。有的繪本偏向某種智能，可以該項智能為主，再延伸設計出其它智能活動。

4. 教師的專業成長
(1) 師資培育機構

建議未來教師能夠多參與校內外課程設計之研習課程，不僅給予自己追求新知的機會，更能改變視野跟上時代脈絡，發揮教學者專業素養與技能，讓外界改變幼教老師的傳統印象。

建議師資培育機構能多給予學生試教經驗，讓未來學生進入就業職場時能少去一些摸索、迷惘的時間，如果能配合類似多元智能理論等不同與往的教學理念，對職前教師的幫助會更大。

(2) 未來研究方向

建議未來專題研究能多採用行動研究這種方式，培養學生面對困難時處理的手腕。建議研究者能多幾次自我反省的經驗，這不僅

僅會對課程設計與教學有實質性的幫助；更重要的是能夠給予七、八年級生，面對與自身意見相左時，如何調適與找出最適合團體的技巧，這種人際互動中 EQ 與 SQ 的成長比前述幾項成果都還具有價值。

參考文獻

中文文獻

毛萬儀（2001）。幼兒性教育。台北：啟英。

江雪齡（1998）。檔案評量法。中等教育，49（4），79-84。

吳惠娟（2002）。以圖畫書引導兒童審美與表現的教學研究。國立屏東師範學院，碩士論文，未出版。

李侑蒔、吳凱琳譯（1998）。Mary Renck Jalongo 著。幼兒文學。台北：華騰。

李連珠（1991）。課室內的圖畫書。國教之友，42（2），29-36 頁

岡田正章等（1989）。幼稚園繪本・童話教學設計。台北：武陵。

林敏宜（2000）。圖畫書的欣賞與應用。台北：心理。

林燕卿（1997）。如何落實學校性教育。教育資料與研究，16，18～21。

封四維（1999）。多元智慧之教學實踐──一個教師的行動研究。國立臺灣師範大學教育研究所碩士論文，未出版。

郭俊賢、陳淑惠（譯）（1998）。多元智慧的教與學。台北：遠流。

陳海泓（1999）。讓兒童的想像力展翅高飛：以《瘋狂星期二》導讀為例。語文教育通訊，18，43-53。

黃瑞琴（1993）。幼兒的語文經驗。臺北：五南。

鄭博真（2002）。協同教學──基本概念、實務和研究。高雄：復文。

鄭博真（2004）。多元智能與圖畫書教學。台北：群英

鄭博真（2005）。幼兒教師運用多元智能進行圖畫書教學之研究。美和幼保學刊，3，57-80。

鄭博真（2006）。幼兒教師多元智能與多元智能教育態度之相關研究。教育研究學報，40（1），99-123。

蘇振明（1999）。啟發孩子的美術潛能。台北：光佑。

英文文獻

Gardner, H.（1993）. *Frames of Mind（2nd Ed.）*. London: Fontana Press.

Gardner, H.（1999a）. *Intelligence reframed：Multiple intelligence for the 21st century.* New York：Basic Books.

繪本教學融入新移民女性親職
教育課程之行動研究

鄭惠雅

高雄縣成功國小附設幼稚園教師

摘要

本研究旨在探討繪本教學融入新移民女性親職教育課程的可行性與實施成效,以高雄縣海洋國小(化名)成人基本教育外籍配偶專班學員為研究對象,採行動研究方式,進行為期十二週的繪本教學活動。

課程實施以繪本導讀、繪本討論、影片動畫欣賞、體驗遊戲、角色扮演與演說繪本等延伸活動來進行,並透過學習單、聯絡簿、與手工書等書寫方式作為評量。過程中採用觀察、訪談、影音紀錄、文件分析等方式蒐集資料,並藉由研究者自身的省思、協同夥伴及學生的回饋,檢視課程的適切性,再提出行動方案修正策略。本研究主要發現如下:

一、繪本教學融入新移民女性親職教育課程具可行性

(一)繪本教學能引起新移民女性參加親職教育課程的動機

(二)繪本教學能激發新移民女性親職教養觀念

(三)多元的繪本教學策略能增進新移民女性親職教養能力

(四)多元評量方式有助於教學者檢視親職教育課程的成效

二、新移民女性參與繪本教學融入親職教育課程後的影響

（一）新移民女性透過親職教育課程後自我效能提高

（二）親職教養態度改變讓親子關係更好

（三）正向思考態度促進家庭關係和諧

關鍵字：繪本教學、新移民女性、親職教育、行動研究

一、緒論

（一）研究背景與動機

　　從事教育工作已進入第十七個年頭，發現社會變遷帶來家庭結構的改變，對成員角色、教養態度與親子關係也造成不同程度的影響與變化。剛開始教書時，我的學生大部分來自折衷家庭，其家庭成員有祖父母、父母和兄弟姐妹；漸漸的以小家庭為主，主要成員是父母與小孩，也開始有少部分的單親家庭或是隔代教養家庭出現。然而最近這幾年卻出現越來越多新移民家庭，尤其自 2005 年開始，班上每年有將近十位的新移民子女進來任教的班級就讀。從他們的語言表達、學習表現與同學相處的情形，讓自己感觸良多。

　　常在一開學時會看到新移民女性與其子女在教室門外上演難分難捨的場景，孩子含著眼淚進教室，而新移民女性紅著眼眶在窗外探看。上課時，我常無法對新移民子女做溝通，有時國語、台語雙聲道的指示，仍不見其有所反應。午餐期間也發現新移民子女常呆坐在餐盒與餐具前，不太會自己使用餐具用餐，常得等教師牽手幫拿餐具才將食物送入口中；課堂或課外活動期間常發現部分新移民子女在旁邊觀看，無法融入團體與同儕互動，有些則是容易與同

儕發生手腳肢體衝突或是用口水噴人。放學與家長溝通時，新移民女性常會跟我說：「老師妳幫我教，我不太會說國語，我不會教。」或是「我在教他的時候，我婆婆都不讓我教，都罵我不會教小孩，可是他不乖，我不教他，那以後怎麼辦？」

　　是什麼原因會有越來越多的新移民家庭？是什麼原因讓新移民家庭的孩子入學時會遇到很多問題？如果說孩子的語言學習首先來自於其母親，那這些新移民女性在教育孩子中會遇到什麼問題？如果說基本生活行為能力不足或是人際關係不佳是與父母親職教養有關，那新移民女性在親職教養時是否遇到困境？有哪些困境？Camerson（1986）認為專業成長是增進教師與行政人員的生活，擴展其一般教育、情感範疇及對學生的瞭解，產生不斷地努力去改善學校，創造專業技術不斷進步的環境。基於此，我邁向行動研究之路，進入了國立高雄師範大學親職教育研究所，在修研親職教育理論時也開始鑽研新移民家庭的議題，從蒐集新移民家庭的形成原因，到了解新移民女性語言溝通的困難，漸漸找出新移民女性的教養困境與需求。只是了解之後呢？如何解決？如何提升新移民女性的語言能力？如何協助她們扮演稱職的親職角色？如何增進教養子女的能力？

　　近年來各縣市政府積極推動新移民家庭親職教育活動，我曾在2008年籌辦新移民家庭親職教育活動時發現，多數親職教育講座以演講方式、動手做美勞或是美食活動等實施，也許在親子關係上有些增進，但親職教養的技巧成效上則有待評估。因此在2009年籌辦推動新移民家庭親職教育活動時，開始省思能否融入其他教學來增進新移民女性的親職教養的能力。正當自己也不斷參與其他專業成長研習時，發現「繪本」是一個不錯的媒介。透過繪本賞析，可以讓父母簡易的認知到親職教育上的課題，透過繪本所傳達的意

念，可以澄清親子之間過去可能存在的封閉思維（李麗雲，2008）。而黃迺毓（2009）發現常在親職講座或師資培訓的場合中，如果只講理論或是道理，人家很快就忘記，如果加上故事會印象深刻，如果又有圖畫可以欣賞那就更難忘了，因此她常帶著繪本，變成說書人，好的故事說完，台下的聽眾就懂了，連道理也不用說了。

　　因此我在2009年五月份籌劃親職教育課程時與演講者討論，在課程中加入繪本教學，由我設計課程，以繪本《冬冬等一下》融入親職教育活動，在故事導讀與繪本賞析之後，發現新移民女性接受度很高，討論與分享時多位新移民女性能說出繪本內容的意涵，以及了解親子溝通與傾聽的重要性。有鑑於親職教育對新移民女性的重要性與繪本教學融入親職教育的可行性，我希望透過繪本教學作為新移民女性親職教育課程實施的媒介，配合相關的延伸活動，實際與新移民女性互動進行現場教學，以瞭解繪本運用在親職教育課程的實施歷程與繪本教學融入親職教育課程實施後，對新移民女性親職教養能力的影響，並藉由繪本教學活動設計與實施歷程的探討結果，提供未來實施親職教育工作者之參考。

（二）研究目的與問題

　　本研究旨在透過繪本教學作為新移民女性親職教育課程實施的媒介，配合相關的延伸活動，實際與新移民女性互動進行現場教學，以瞭解繪本教學運用在親職教育課程的實施歷程，與繪本教學融入親職教育課程實施後對新移民女性親職教養能力的影響，並藉由繪本教學活動設計與實施歷程的探討結果，提供未來實施親職教育工作者之參考。所要研究的問題如下：

1. 繪本教學融入新移民女性親職教育課程的教學設計為何？

2. 繪本教學融入新移民女性親職教育課程實施過程中，所遭遇的困境與因應策略為何？

3. 繪本教學融入新移民女性親職教育課程，對新移民女性親職教養能力之影響為何？

二、文獻探討

（一）新移民女性教育需求之探究

常言道「男大當婚、女大當嫁」，然而近年來隨著全球化經濟發展，教育水準提高，婚姻觀念、家庭形態與人口結構改變的影響下，台灣社會吹起一股跨國婚姻風。依據內政部移民署統計資料顯示（表1），截至 2010 年 2 月底止，新移民人數已高達 43 萬 1 千人（內政部，2010a）。

表 1　外籍配偶人數與大陸（含港澳）配偶人數按證件分

年度	總計 A+B+C	外籍配偶 A			大陸地區配偶 B			港澳地區配偶 C		
		合計			合計			合計		
		計	男	女	計	男	女	計	男	女
93	336,483	121,804	8,661	113,143	204,805	9,815	194,990	9,874	4,837	5,037
94	364,596	130,899	9,513	121,386	223,210	10,256	212,954	10,487	5,075	5,412
95	383,204	134,086	9,820	124,266	238,185	10,677	227,508	10,933	5,133	5,800
96	399,038	136,617	10,042	126,575	251,198	11,033	240,165	11,223	5,222	6,001
97	413,421	139,248	10,380	128,868	262,701	11,408	251,293	11,472	5,304	6,168
98	429,495	143,702	11,631	132,071	274,022	11,867	262,155	11,771	5,413	6,358
99(2 月底止)	431,723	144,364	11,723	132,641	275,548	11,942	263,606	11,811	5,431	6,380

資料來源：移民事務組、戶政司網站

另外根據內政部性別統計專區出生數統計表中指出 2008 年台灣出生人數 198,733 人中，新移民子女有 19,086 人，佔當年度新生兒人數的 9.66%，也就是每百位新生兒中有將近 10 名的新移民子女（內政部，2010b）。雖然 2009 年有漸減少的趨勢（表 2），但若將新移民與其子女相加，已超過 70 萬人口，可堪稱台灣另一新的族群。

表 2　嬰兒出生數按生母原屬國籍分

年別	合計	本國	大陸港澳地區	外國籍
1998	271,450	257,546	13,904	
1999	283,661	266,505	17,156	
2000	305,312	282,073	23,239	
2001	260,354	232,608	27,746	
2002	247,530	216,697	30,833	
2003	227,070	196,722	30,348	
2004	216,419	187,753	11,206	17,460
2005	205,854	179,345	10,022	16,487
2006	204,459	180,556	10,423	13,480
2007	204,414	183,509	10,117	10,788
2008	198,733	179,647	9,834	9,252
2009	191,310	174,698	8,871	7,741

資料來源：戶政司

根據國內相關研究指出，多數新移民女性來台動機以經濟因素為考量，希望透過結婚改善原生家庭經濟生活。然而懷抱著夢想遠渡重洋嫁至台灣時，由於地域國度不同，語言、制度、文化、風土民情有很大差異，新移民女性要適應台灣多變的社會是何其艱辛，再加上中國人繼承香火觀念的影響，新移民家庭的婚姻大多以傳宗接代為目的（王秀紅、楊詠梅，2002），在這樣的前提下，多數新

移民女性常在中文能力還不佳的情況下就懷孕生子。夏曉鵑（2002）指出：這些新移民女性進入台灣家庭後，百分之九十五以上的夫妻於婚後第一、二年便有下一代，也就是說在尚未完全適應的狀況下就已經成為人母。對於擔任親職角色並無充分準備下，就得負起教養兒女的重責大任，加上因為語言及文化的隔閡以及缺乏原生家庭系統支持下，遭遇的衝突與承受的壓力遠比一般國內母親還大，尤其在子女入學之後，新移民女性對台灣的語言、文化及學校教育多半不了解，加上大部分嫁入的夫家社經地位較低，孩子的家庭教育和學校教育更成為相對弱勢（莫黎黎、賴佩玲，2004）。因此如何幫助新移民女性已然成為政府教育政策之首要。

　　目前政府為因應新移民女性的識字與親職教育需求，積極開設生活適應班與成人識字教育班，雖然識字教育課程滿足了新移民女性的基本學習需求，提升其語文能力，而親職教育課程實施也達到新移民女性的第二需求，除瞭解新移民女性的實際生活狀況，也增進其母職和教養能力。只是在前述的親職教育課程中，只實施於少數幾位新移民女性，不免可惜；如果能將識字教育與親職教育同時進行，新移民女性到學校就讀識字教育或成人教育專班時，也能同時提供教養子女知識與技能的親職教育，應能提升在台生活適應能力以及教養子女的知能，成為更稱職的母親。

（二）親職教育理論之探究

　　親職教育（parent education）是成人教育的一部分，以父母為對象，以增進父母管教子女的知識能力，和改善親子關係為目標，由正式或非正式的學校親職專家所開設的終身學習課程（林家興，1997）。且具備自願性、實用性、即時性，以及連續性等特點。

　　翁桓盛（2006）指出親職教育在消極面的功能，可幫助父母改善親子關係，使親子溝通順暢與家庭和諧；積極面則可增進父母效能、強化親子關係、預防青少年問題的發生，發展兒女潛能，使得家庭和樂，改善社會風氣，改造國家形象與提昇競爭力。林家興（2007）則認為親職教育的功能是在幫助上課的父母覺察管教態度與親子關係，使父母深刻明白自己是如何地在影響子女的情緒與人格發展。透過父母的自我反省和改變，達到有效幫助子女的目標。

　　親職教育課程是希望透過親職教育的知識及技巧，協助父母能夠了解孩子不同發展階段的心理需求，並適當的透過有技巧的親子互動，幫助孩子在成長的過程中，可以有父母給予的照顧和管教。除了知識方面，親職教育課程還提供學習者一個分享經驗、抒發壓力、替代學習的社群環境，透過社會支持的功能達到成長與增進效能之成果（Cowan, Powell, & Cowan, 1998）。親職教育在發展上有二層的意義，一是父母的發展，另一則是兒童的發展。發展有其心理學的背景及理論基礎，基本上可源自心理學及社會學的理論：包括心理動力論、心理社會理論、社會認知學習論、行為理論、個人中心理論、阿德勒理論。而社會學理論基礎：包括社會衝突理論、表徵互動理論、社會交換理論、生態系統理論。

（三）繪本教學之探究

　　繪本也稱之為「圖畫書」，英文為「picture books」，是指有圖畫，包含簡單主題、簡短情節內容的故事書，是兒童書的一類。但楊振豐（2005）指出，繪本可以藉由文字、圖畫或是文字結合圖畫來表達簡單的主題，是適合兒童和大人閱讀的書籍。河合隼雄（2005）在《繪本之力》一書中曾說：「繪本，實在是很神奇的東西。從零歲到一百歲的人都喜愛。就算是小小的、薄薄的一本，裡

面所蘊含內容，也可以既深且廣。只要看過一次，就可以留下深刻印象。」。可見繪本是以圖畫為主，文字為輔，甚至是沒有文字、全是圖畫的書籍。從書中透過詮釋性豐富的圖畫表現，亦可領會書中所要傳達的外顯與隱喻的意義，是適合兒童也適合大人閱讀的書籍。

繪本一開始為學齡前後的兒童而設計，因此除了符合兒童的本質外，同時也具有教育性、兒童性、藝術性、傳達性、趣味性（王淑娟，2003；林敏宜，2000；楊振豐，2005）。而繪本的內容包羅萬象，根據眾多學者歸納出繪本具有認知的功能、學習語文的功能、社會化的功能、情緒抒發的功能、娛樂的功能等（林真美，1996；林敏宜，2000；鄭瑞菁，2005）。此外，蘇振明（1994）曾提到圖畫、語言、文字是人類溝通情感、傳遞思想的三大媒體，其中又以圖畫最能夠打破時間、空間、人際關係上的距離與隔閡，是古今中外不分國籍、性別均能相通的語言。

繪本在成人的使用上雖不多見，但黃迺毓曾發現，在親職講座或師資培訓的場合中，如果只講理論或是道理，人家很快就忘記，如果加上故事會印象深刻，如果又有圖畫可以欣賞那就更難忘了，因此她常帶著繪本，變成說書人，好的故事說完台下的聽眾就懂了，連道理也不用說了（黃迺毓，2009）。

綜上所述，繪本具有的價值除了在兒童的認知、語文、藝術、創意、情緒、品格和娛樂等面向外，繪本在大人的運用價值上更是有其教育意義，尤其對來自不同國家的新移民女性而言，繪本可打破時間、空間、語言、文化、人際關係上的距離與隔閡；透過圖像呈現可使新移民女性更具體掌握教師所欲傳遞的概念；生活經驗的連結與對故事主角的認同可使新移民女性抒發情緒壓力，締造生活智慧。因此繪本非常適合運用於新移民女性的親職教育課程上。

三、研究方法

本研究主要探討以繪本教學融入新移民女性親職教育課程的
教學設計與實施歷程，以及瞭解課程實施的成效與對新移民女性親
職教養能力的影響。為了瞭解設計的課程是否更符合新移民女性學
習，本研究採行動研究方式，透過課程設計、實施、觀察與訪談，
深入瞭解以繪本教學融入新移民女性親職教育課程的實施歷程與
成效。

（一）採用行動研究的原因

我在尚未考進研究所時，就想當新移民家庭的偵探家，想了解她
們來台的原因以及所面對的問題。進入研究所，探索了各式的研究報
告之後，瞭解她們比較共通性的問題，也看到了許多對政府機關與教
育單位所提出的建議。然而卻少見對她們所做出的解決行動。尤其在
我任教的場域中，一年比一年多的新移民子女，仍是帶著一些語言以
及同儕不適應的問題來校園，面對新移民女性對教養子女所產生的恐
慌與無力感之神情時，決定讓偵探家化為行動實踐家。

行動研究是一個不斷循環的過程，在行動研究的過程中可以隨
時透過反省討論與分析，不斷地反省修正問題的假設與研究方法，
以適應實際情況的需要與限制，做出最適切的反應與改善（蔡清
田，2000）。據此，本研究在發現問題之後，透過不斷地文獻探討、
尋找專家及學者解惑外，並積極尋找協同研究與諍友，發展並實施
三階段循環的繪本教學融入新移民女性親職教育課程，且針對課程
設計與實施不斷反省與修正策略，以解決新移民女性教養問題、提
升新移民女性親職教育的效能，除了符合行動研究的意義與目的

外，其歷程與行動研究之意涵更是相符。期能以在教職場域中所面
對的問題，與研究所中所研讀的親職教育理論及方法做連結，再配
合繪本教學來實際指導新移民女性，增進其親職效能，改善子女教
養問題。故，我將採行動研究的方式，透過親自去實施研究，親自
去「看到」、「體驗」、「反省」與革新的歷程（歐用生，1999）。藉
以達成在真實情境中問題的解決，落實增進新移民女性親職教育的
實踐與理想。

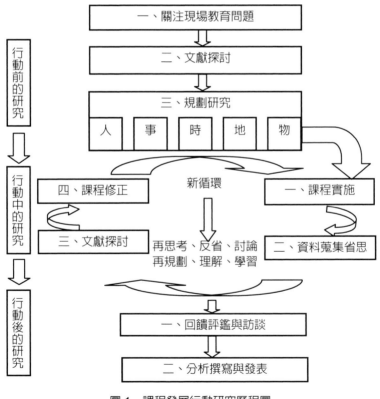

圖1　課程發展行動研究歷程圖

（二）研究設計與流程

行動研究過程是否嚴謹，取決於研究者是否有努力明確指出關注的研究問題、慎思熟慮構想解決方案、尋同協同合作夥伴的參與、付諸行動實施課程、評鑑回饋與成果發表（蔡清田，2004）。因此本研究綜合學者的研究歷程與蔡清田（2004）所提出的課程發展行動研究循環歷程，作為本研究設計的理論根據，設計研究歷程如圖1。

（三）研究場域與實施對象

本研究於高雄縣海洋國小（化名）所開設的成人基本教育班中進行，海洋國小位於高雄縣北邊邊陲的海濱地區，是一所建校歷史悠久的中型小學，近年來本社區新移民女性人數日漸增加，海洋國小為增進新移民女性識字能力與解決生活適應問題，開設本成人基本教育研習班。

在確定可以開辦成人基本教育外籍配偶專班之後，開始透過學校布條、社區廣播及網路宣傳此次開課消息，另外請協同老師轉告此課程予之前上過課的學員們，我也透過之前學生家長幫忙相互宣傳，希望能達到開班人數。在開課之前有十三位新移民女性報名，然第一次上課時有二十位學員參加，在課堂上我說明本課程的內容及此研究的動機與目的，並告知學員們在課堂上蒐集資料方式與保密原則，透過知情同意書的逐項解說，全數學員們瞭解後願意加入，爾後陸續有新學員加入，我也邀請她們、詢問她們是否願意參加這次的行動研究，因此願意參與的學員總共有三十位，包含一位來自大陸，三位來自柬埔寨以及二十六位來自越南的新移民女性。參與者姓名基於保密隱私的研究倫理考量下，均以代號稱呼。全體學員基本資料如表3。

表 3　學員資料表

代號	國籍	年齡	來台年數	家中子女	已領身份證	正在辦理中	需上課時數	上課次數
S1	越南	27	1				v	24
S2	柬埔寨	36	8	5 歲女			v	24
S3	柬埔寨	35	6	3 歲男 5 歲女			v	17
S4	大陸	23	2	1 歲男			v	22
S5	越南	30	1	11 歲女*			v	13
S6	越南	34	10	9 歲 5 歲男 7 歲女	v			18
S7	越南	25	5	5 歲男		v		5
S8	越南	28	7	5 歲男	v			22
S9	越南	23	5	5 歲女		v		21
S10	越南	35	12	9 歲男 12 歲女	v			17
S11	越南	25	7	5 歲男	v			4
S12	越南	31	7	6 歲女	v			20
S13	越南	25	5	4 歲男 6 歲女		v		12
S14	越南	33	9	9 歲男 7 歲女	v			10
S15	越南	25	4	3 歲男		v		24
S16	越南	38	8	8 歲男 5 歲女		v		21
S17	越南	30	6	5 歲女 6 歲女		v		21
S18	越南	32	11	10 歲男 9 歲男	v			24
S19	越南	33	1	13 歲男 10 歲男*			v	22
S20	越南	32	7	6 歲男		v		6
S21	越南	28	1	16 歲女 13 歲男*			v	24
S22	柬埔寨	26	5	3 歲女	v			16
S23	越南	27	7	5 歲女 6 歲女	v			13
S24	越南	25	6	6 歲女 3 歲女		v		8
S25	越南	26	3	2 歲女		v		18
S26	越南	24	5	5 歲女 3 歲女		v		17
S27	越南	29	1				v	17
S28	越南	27	10	9 歲女 8 歲女（離）	v			3
S29	越南	27	7	7 歲男		v		13
S30	越南	33	7	6 歲女	v			11

備註：*表非新移民女性親生子女　　（離）表已離婚未與孩子同住

（四）資料蒐集與分析

　　本研究採觀察、訪談和相關文件資料作為資料收集的方法，包含課程實施中的觀察紀錄、學習單、回饋單、課堂錄音錄影中學員的發表與反應、省思札記、每週的協同討論、課後學員以及協同老師的訪談，進行流水代號編碼，再將已編碼完成的原始資料反覆閱讀，熟悉內容與檢視所有的文字資料，不預設立場，仔細琢磨其中的意義與相關關係，找出與研究問題相關、反覆出現的行為與意義。

　　透過閱讀、分析與檢視後，我將原始資料分類歸屬不同主題，形成初步概念，再遵循本研究專注的焦點，參照研究問題與資料的主題，分成課程設計與實施、課程實施對新移民女性及家庭的影響，以及可提供政府建議等三大類別，再透過不同類型、不同人員、不同時間的資料反覆審視，交叉進行解釋與檢證，歸納後進行撰寫。

四、實施歷程與分析

（一）繪本教學融入新移民女性親職教育課程設計

　　根據政府調查新移民女性參加的課程，最希望獲得的是中文識字教育。林家興（2007）認為新移民單獨開設親職教育班可能有招生困難，如果配合新移民女性最願意參加的課程，親職教育的實施也容易水到渠成，只是這樣是否被質疑我是掛羊頭賣狗肉呢？如果我能先滿足新移民女性第一層次的需求，是否更能進入第二層次的親職教育需求？加上吳映嬅（2009）認為新移民女性認識字可提高自信，可以溝通並教育下一代，因此如何讓親職教育與識字教育結合也是我課程規劃的另一大考量。而繪本中圖像表徵與文字的結

合，可讓新移民女性加深學習外，句子的重複性可以提供她們來思考學習語言的句型架構，而繪本多元主題且與生活實際常出現的事物圖像，正是適合新移民女性語言學習的需要且能夠運用，因此本研究希望讓繪本不只是媒介，也是教材。

　　透過專家建議、教授指導、協同與同儕團體的討論之後訂定三大親職教育目標，包含以提升新移民女性自我效能，增進親子關係，建立良好家庭生活為目標，希望透過新移民女性的愛自己、擴展到愛孩子、進而愛家人，學習與自己溝通，再到建立良好親子關係，最後能以正向態度面對家庭生活。

　　配合整個課程進行時間分為三階段做循環實施設計，全部課程實施時間為十二週，以每週為一單元主題設計，依單元目標挑選親職教育相關意涵的繪本進行課程設計如表4：

表4　原始課程時間、主題、選用繪本與單元目標設計表

	課程時間	單元主題	選用繪本	單元目標
第一階段	970706~970708	飄洋過海來相會	好想吃榴槤	1.介紹自己、認識他人 2.增進自信心 3.分享自己想做的事情
	970713~970715	我愛我的家	米爺爺學認字	1.能夠說出上課的好處 2.檢視上課的原因與提升上課動機 3.省思其他學習的意願及想法。
	970720~970722	晴時多雲偶陣雨	生氣湯	1.瞭解孩子情緒與抒發方式 2.接納自己情緒與增進抒發技巧 3.分享家庭生活與教養問題
	970727~970729	不怕不怕啦	鱷魚怕怕牙醫怕怕	1.瞭解孩子生理與心理發展 2.分享自己擔心困境與親職需求 3.培養解決日常生活問題之能力

第二階段	970803~970805	愛要即時說出來	猜猜我有多愛你	1.瞭解如何表達愛與接納 2.學習親子語文遊戲 3.提昇親子親密感
	970810~970812	別小看你的力量	米米愛模仿	1.瞭解身教的重要性 2.培養覺察孩子行為原因 3.增進處理孩子行為的方式
	970817~970819	他不是壞小孩	小毛不可以	1.瞭解孩子行為背後的動機與目的 2.學習我訊息溝通方式 3.提昇親職管教技能
	970824~970826	健康與成長	愛吃青菜的鱷魚	1.培養孩子良好飲食習慣 2.了解多吃蔬果的好處 3.製作點心與分享
第三階段	970831~970902	停、看、聽	冬冬等一下	1.瞭解傾聽的重要性 2.培養檢視自己親子溝通模式能力 3.學習停、看、聽的傾聽技巧
	970907~970909	優點大轟炸	我爸爸	1.增進中文認識與口語發表之能力 2.明瞭鼓勵的原則與策略 3.提昇與親子間語言的表達能力
	970914~970916	思考轉個彎	好一個吵架天	1.瞭解溝通不良的傷害力 2.增進情緒管理能力 3.學習正向 123 使用方法
	970921~970923	許一個未來	花婆婆	1.瞭解自我與發展潛能 2.透過故事檢視自己心中的願望 3.提昇經營家庭生活能力

在教學前，我先將要介紹的繪本進行掃描製作成簡報，讓學員能夠共同欣賞圖畫，同時將繪本中的文字加以注音輔助，方便學員們閱讀。由於每一單元主題分兩次上課實施，因此第一堂課主要以繪本導讀與討論為主，活動重點在於透過我說故事的方式，帶領新移民女性學員進入繪本的意境中，有時也會透過文化建設委員會網頁中動畫的呈現方式讓學生瞭解繪本內容，並在討論與經驗分享

中瞭解親職意涵與教養觀念，而下課前則加上繪本中生字的識字教學。

　　第二堂課則著重在複習單元繪本，引導學員朗讀，讓文字與語言結合，熟悉繪本內容，再進行單元主題的延伸活動，以求加深學員對主要親職教育觀念的認知或技巧的運用。本研究所設計的繪本教學活動亦隨主題不同而有所改變，包含影片欣賞、手工書製作、體驗活動與遊戲等，並在實施後，透過觀察、省思以及和協同討論，增加不同的活動策略，如聯絡簿紀錄心情、家庭劇角色扮演、繪本選取與演說等等的延伸活動，本繪本教學課程活動策略實施統整如表5：

表 5　繪本教學課程活動策略實施統整表

	課程時間	單元主題	選用繪本	活動策略
第一階段	970706~970708	飄洋過海來相會	好想吃榴槤	1.動畫欣賞 2.繪本導讀與討論 3.自我介紹
	970713~970715	我愛我的家	米爺爺學認字	1.繪本導讀與討論 2.手工書製作 3.識字遊戲
	970720~970722	晴時多雲偶陣雨	生氣湯	1.影片欣賞 2.繪本導讀與討論 3.體驗活動-煮生氣湯
	970727~970729	不怕不怕啦	鱷魚怕怕牙醫怕怕	1.繪本導讀與討論 2.體驗活動-氣球遊戲 3.影片欣賞
第二階段	970803~970805	愛要即時說出來	猜猜我有多愛你	1.繪本導讀與討論 2.體能活動 3.聯絡簿
	970810~970812	別小看你的力量	米米愛模仿	1.繪本導讀與討論 2.影片欣賞 3.觀察紀錄孩子行為

	970817~970819	他不是壞小孩	小毛不可以	1.繪本導讀與討論 2.影片欣賞 3.我訊息溝通技巧練習
	970824~970826	換我當主角	自製劇本	1.繪本回顧與票選 2.小組討論 3.家庭劇角色扮演
第三階段	970831~970902	停、看、聽	冬冬等一下	1.繪本導讀與討論 2.故事接龍創作 3.停、看、聽的傾聽技巧練習
	970907~970909	思考轉個彎	好一個吵架天	1.繪本導讀與討論 2.影片分享 3.正向 123
	970914~970916	許一個未來	花婆婆	1.繪本導讀與討論 2.手工書製作 3.許願
	970921~970923	換我說故事	各式繪本	1.繪本回想與迴響 2.選繪本、說繪本

（二）繪本教學融入新移民女性親職教育課程的實施困境與改進策略

1.第一階段實施困境與修正策略

在此階段課程實施中，主要有四項實施困境，以下針對實施困境與修正策略做一說明：

（1）教學硬體設備不足－透過相關單位尋求資源

由於上課時間屬於仲夏夜晚，除了天氣悶熱外還得飽受蚊子肆虐攻擊，因此除了跟學校再借一台電風扇外，只好請學員們塗抹防蚊液。另外繪本教學活動中使用到影片播放，對於聲音方面一直無法改善，而教室空間寬大，學員分享時常無法將聲音傳達出來，因此再次跟學校反應，借來麥克風與擴音設備才改善此困境。

(2) 學員人數不固定－以電訪與獎勵提升出席率

一開始報名人數只有 10 幾位，第一天上課來了 20 位，而第二天上課可能是因為上課時間調動以及當晚下大雨，所以人數只有 13 位。第二週有 3 位新學員來報到，第三週也來了 3 位新學員，然課程實施階段常有學員因為家庭因素或是工作原因而請假，因此上課人數雖持續有 20 位以上，卻一直無法固定或是全體出席。因此除了電訪關心無法來上課的原因外，也透過獎勵制度如給予貼紙或蓋印章集點，以便課程結束後兌換禮物，藉此提昇學員上課動機。

(3) 學員子女無人看顧－善用鼓勵與技巧引導親子共學

由於此次班級沒有僱用保母的經費，所以學員將子女帶來教室後會讓她們到處亂跑，有時會影響到其他學員上課效果，因此安排學員和子女同桌的上課方式來進行課程，一方面鼓勵學員能培養自己管教子女的能力，一方面在實施繪本教學時也能讓小朋友參與，另外對於專心度比較無法持久的小朋友，會提供一些玩具，也建議學員們可以攜帶家中孩子喜歡的物品來上課。

(4) 活動時間控制不當，無法進行深入討論－修改課程設計
　　　彈性運用時間

也許是我課程時間安排不夠恰當，有時因為提供她們一些自學識字的技巧，或是介紹繪本文字書寫以及講解學習單上的文字述說時，往往花太多時間在識字教育上；有時則是討論太過踴躍，無法讓每位學員分享經驗。因此在與協同老師和教授討論後，將第二階段與第三階段各割捨一本繪本，將單元時間做彈性使用，並改其他活動策略來進行統整學員們的親職教養觀念，如第二階段改以家庭劇角色扮演，第三階段則請學員挑選繪本並練習演說繪本。

2.第二階段實施困境與修正策略

在此階段課程實施中，主要有三項實施困境，以下針對實施困境與修正策略做一說明：

（1）學員異質性高－尊重多元背景提供多元學習管道

由於參與本課程的學員年紀、國籍、語言程度不一，家庭背景、生活經驗、學習需求、學習動機也各不相同，因此如何兼顧教學目標，並照顧到每個學員需求，讓不同背景的學員都能產生學習的興趣與滿足學習需求，這是我一直在思考的地方。除了在繪本討論時尊重每位學員的發言內容外，也透過多元的學習管道來促進教學成效，以討論教學激勵不同的見解和想法，讓學員提供不同的經驗與觀點交流的機會；透過活動教學如氣球遊戲、律動、小組合作學習角色扮演等讓學員學習接納與尊重彼此；藉由活動也讓我能了解學員的學習特質與狀況，可針對不同學員進行個別指導。另外採用多元評量方式，如學習單、手工書、聯絡簿、心情札記等讓學習者發展各自的特質，呈現多元學習成果。

（2）課堂討論不夠熱烈－運用小組討論增進語言表達

林美琴（2000）提到討論的本質是在分享、互動、合作的過程中，可集結眾人智慧，擴大思考空間，且能內化學習，修正自我價值觀，並獲得解決問題的能力。在本研究的課程設計中，每個單元常運用到討論活動，除了希望達到上述的效果外，也希望能增進新移民女性們語言表達能力提高其自信。然而也許是本班新移民女性們對此學習方式尚未習慣，也或許是擔心中文表達不好而沒有自信舉手發言，但是更可能是因為我給予的思考時間不夠或是引導不佳，因此在課堂討論上總是感覺我在唱獨角戲，雖然偶而可看到她

們以點頭方式做回應，但是我更想知道她們的看法與經驗，所以在課程設計與教學策略上修正討論方式，改以小組討論、多給予思考時間、先以學習單輔助讓其回家有充分的時間思考或是與家人討論之後再發表。藉此減少學員們的緊張與不適，以求達到討論效果。

(3) 學習單成效不彰－利用聯絡簿紀錄與分享

學習單的設計在本研究中是一項很重要的文件，一方面透過學習單可以輔助學員閱讀與熟悉繪本內容，一方面藉由學習單上的問題，可讓學員在家覺察親職角色與練習親子教養技能，除此之外可以讓學員練習讀與寫中文，也可以在與家人共同寫學習單中增進互動。然而有部份學員未完成學習單，經過詢問後了解有些學員是因為很忙沒空寫，但有些則是因為文字閱讀與表達能力不夠，無法將所想的內容記錄下來。因此在學習單的設計上修正一些策略，對於較複雜的文字敘述除提供注音輔助或是加以解釋外，也鼓勵無法以中文回應的學員使用其母語表達。另外設計聯絡簿提供學員練習書寫心情或是書寫觀察子女紀錄，除可增進文字表達能力外，也可讓我瞭解學員的生活經驗並檢視親職教育是否落實。

3.第三階段實施困境與修正策略

在此階段課程實施中，主要有三項實施困境，以下針對實施困境與修正策略做一說明：

(1) 上課人數減少－電訪、鼓勵與尊重

此階段上課人數明顯減少許多，經過電話訪問發現多數學員以工作為主要缺席原因，如 S3、S11、S12、S13、S14、S20、S30 等學員，有些是上晚班，有的則是下班太晚不能趕過來。其次，目前

H1N1 新流感疫情正擴大中，有些學員是自己生病無法來上課所以請假，如 S5 和 S6；有些則是孩子生病，學員得留在家照顧，如 S16、S22 和 S26 等；另外八月底起國小及幼稚園陸續開學，學員們得接送孩子補習或是得陪伴孩子做功課或是早睡，如 S10 和 S23 等會有間斷性的請假。

其實在洪淑萍（2008）實施新移民女性親職教育方案時，原本參與人數 10 人，到後來只剩 3 人出席，其探討原因不外乎工作以及新移民女性本身生病或是子女感冒等因素而缺課。何青蓉（2003）於高雄新興社區大學規劃實施新移民女性多元文化課程時，也發現陸續出席的成員高達 23 人，但在一個月內就有 10 人中輟。而吳映嬅（2009）的識字教育研究也提到新移民女性識字教育最大的困境也是常因照顧家中老小、家務繁重、工作時間無法配合等原因無法就學，有時能夠參加識字班，中輟情形也很多，尤其以育兒為最常發生原因，另外工作繁忙時間無法配合或太勞累體力不勝負荷也是原因之一。

因此我能諒解本研究課程中學員無法出席的苦衷，如 S14 在第十次課程時跟我說她要去上班，因為是下午五點做到晚上 12 點，所以不能來上課。我回答說：「啊，是喔，好可惜喔！」沒想到她竟然眼眶紅著對我說：「沒辦法！」，我只好安慰著她說：「沒關係啦，有休假還是可以來上，或是下次有開課會在通知妳，還是有機會的。」。而原本前 17 次都全勤且上課認真的 S12 也是提到她有找到工作了，晚上很想來上課，可是因為下班還要忙整理家裡的事情，怕會太晚來，所以可能不會來了。經過鼓勵，希望她雖然會晚點到，但是還是可以來上親職教育課程，只是每次看她疲憊的神情，卻還很認真的聽課，倍感不捨，再加上小孩學校開學後，處理家務的時間更加緊縮，她也於第二十一次課程之後請假了。另外因

處 H1N1 新流感疫情升溫時期，對於新移民女性或是家中成員感冒者，除表關懷與安慰外，也是以尊重態度讓其在家修養與照顧家人。

(2) 課程安排太多，教師上課步調太快－協同老師幫忙把關

在第一階段課程實施後，就發現課程安排太多，常常無法有充分的時間作討論，因此在第二階段與第三階段都抽離一本繪本，改由其它方式來進行，也是希望能減少課程壓力。然而在此階段課程實施中，還是發現自己上課步調快了些，常常有時問完話，有聽到學員反應，就又繼續課程進行，並沒有延續探討她們的反應或是其他人的想法，總是在回來看課堂影音作分析時才發現自己的毛病，有時協同討論時，L 師也會提出這項缺點。因此在後面的幾堂課的教案設計中，會儘量縮減要給予學員的內容，也請協同老師隨時提醒我，或是上課中發現可以延續的問題時可以適時加入討論。

(3) 子女放任干擾學習－觀察、省思、分享與討論

上課中，雖然在導讀繪本時，小朋友都會專心跟著聽故事，但在作分享或討論時，有些學員子女常無法安靜坐於母親旁邊作自己的事情，而到處亂跑或是尖叫吵鬧，不只干擾到自己母親的學習，也會影響到其他學員的情緒。只是也有些小朋友會待在母親旁邊畫圖或是玩自己帶來的玩具啊，她們是怎麼做到的？原本我會透過一些引導，如用獎賞或是活動來激發孩子陪伴母親共學，但是發現成效並不是那麼好，畢竟孩子的特質還是母親自己最知道，管教孩子的最重要人員還是得靠母親自己，因此在這階段修正策略，實施觀察自己與別人的孩子在課堂上做什麼，再經過省思、分享與討論後，在接下來的課程中，發現學員較能引導自己的孩子來身旁上課，有的帶書，有的帶玩具，雖然還有少數幾位幼兒偶而會起來跑

一下，但是很快就會讓母親引導回去坐下。可見此策略能有效改善子女干擾學習的情形，也看出新移民女性教養效能的增進。

（三）課程實施成效及其對新移民女性的影響

1.繪本教學活動策略實施成效

本課程中的活動策略主要包含繪本導讀、繪本討論、媒體影片欣賞、聯絡簿與學習單書寫、角色扮演、手工書製作以及實際繪本演說等，透過資料蒐集、討論與分析後發現繪本教學具有以下成效：

（1）繪本導讀帶來上課樂趣與感動。

（2）繪本討論激發親職教養觀念。

（3）媒體影片觸動心靈感受。

（4）聯絡簿抒發心情建立親子關係。

（5）學習單增進親子與家人互動，營造歡樂氣氛。

（6）角色扮演活用親職教養技巧與提昇自我效能。

（7）手工書讓學習留下不一樣的回憶。

（8）演說繪本將繪本教學課程做 ENDING。

另外在其他相關成效則包含：新移民女性上課人數多、出席率高且態度認真，多位已取得身分證的學員仍勤奮出席參與課程，由於課程成效良好使得家人支持度高等方面。

2.課程實施對新移民女性的影響

(1) 自我效能的提昇

課堂觀察中發現，學員們從上課不敢說話到拿麥克風能侃侃而談，從未曾看過繪本到會看、會選、會演說繪本。協同老師也認為此課程的實施對於新移民女性的影響不只包含能跟小朋友說故事

外，也可提昇自己發言的自信心，且擁有此技能對於日後陪伴孩子閱讀有很大的幫助外，更可擴展至到學校說故事，肯定自己的價值。

　　對於一個來自外地處於語言文字相異的國度裡，其生活圈常常只侷限在居家附近，然而因為家庭或環境因素，不得不往外地前進時，往往會讓心裡掙扎，而在此次課程透過不怕不怕啦第四單元的學習，經由繪本《鱷魚怕怕牙醫怕怕》的引導，發現學員們會以「勇敢」來提醒自己從事一些以前害怕的行為，例如以前只敢在本鄉鎮社區騎車，現在比較願意也比較敢自己騎車到外地處理事情。

（2）親子關係的建立

　　王光中（2003）探討台南縣東南亞新移民女性在子女入學後母職的心路歷程，發現新移民女性的生活，不僅經濟壓力大，也受限於語文能力，無法充分教導孩子學習，打罵是最經常使用的管教技巧。在本研究訪談資料也有類似情形發生，然在繪本教學融入親職教育課程實施之後發現，多數學員透過繪本意涵的省思、經驗討論以及學習單填寫活動之後已漸改善打罵管教方式，且能接納情緒、瞭解孩子行為原因、試著與孩子溝通，改善自己管教態度等等。

（3）家庭溝通的改善

　　徐如美（2005）研究指出新移民女性參與親職教育課程後，學會控制自己的情緒宣洩，改善了自己的壞脾氣，當發現自我成長之時，同時發現先生與家人也感受到她的改變，間接的改善了夫妻關係與親子關係，進而增進融洽的家庭關係。在本研究也有發現相同著轉變，如來自中國大陸的 S4，原本是家中的獨生女，倍受父母寵愛，因網路認識台灣的先生而渡洋嫁過來，剛開始無法適應，也

是常與家人起衝突，參與本親職教育課程之後，發現心態調整了，觀念改變了，家庭也跟著和樂。

另外夏曉鵑（1997）指出，對台灣夫家而言，通常不願新移民女性以其母國語言教導自己的子女。張明慧（2004）研究發現新移民女性在日常生活中，其母國語言是被壓制的，她們的母語被視為一種禁忌。然本研究發現，學員原本想教小孩母語時，曾遭家人阻止，那時的負面想法就是婆婆可能怕她說壞話、怕她們之間的溝通交流她會聽不懂，然而經過第十單元思考轉個彎的課程，提昇情緒管理的認知以及增進正向思考態度培養後，學員自己省思發現，其實婆婆也是疼惜這個孫子，擔心他學太多負荷不了，所以阻止她教越南語。也幸好參與此次課程讓她可以填補這個婆媳之間的小隙縫。

五、結論與建議

（一）結論

1.繪本教學融入新移民女性親職教育課程具可行性

研究發現，新移民女性以前很少接觸繪本，繪本的趣味性讓新移民女性在上課中享受樂趣，願意在繁忙的工作與家務整理後參加課程。繪本內容文字簡單且貼近生活，新移民女性容易透過有意義的文字學習，使識字語文能力增進，而激發學習動機，上課態度更顯認真，少有私下聊天的現象。

繪本的圖文並茂特性，讓新移民女性聆聽繪本時更加容易瞭解內容，加上繪本內容與其生活經驗相關，常能產生共鳴而受感動，且能依繪本情境內主角的處理過程，省思自己的親職教養反應。由

於本班級學員的家庭生命週期不同，遇到的教養處境也會有所差距，但是學員透過繪本教學的討論，更能獲得其他學員的教養經驗作為日後親職教養遵循的依歸。

另外本研究課程設計在實施與修正後，除繪本導讀與討論外，還有影片動畫欣賞、聯絡簿與學習單書寫、角色扮演、手工書製作及繪本演說等活動策略的實施。研究結果發現，多元的繪本教學策略可提昇新移民女性學習動機、增進情緒管理能力外，對於親職教養態度的轉化、親子關係的建立以及家庭溝通能力的培養都有良好的成效。

而在評量方面，本研究利用多元活動策略，來達到多元評量的效果評量，包含單元學習單的書寫或發表，瞭解學員對繪本內容與親職教養觀念的認知是否正確，以及溝通技巧是否運用得當；在第二單元與第三單元的煮生氣湯與氣球體驗遊戲，可檢驗其情緒管理的情意學習；經由角色扮演的討論過程與對話內容，看到學員教養態度的轉變；而手工書與演說繪本，也可讓教學者檢視其對親職觀念的融入與親子關係的增進；課堂的親子互動觀察則是另一明顯的評量方式，最後的訪談則提供教學者檢視整個親職教育課程實施的成效。

2.新移民女性參與繪本教學融入親職教育課程後的影響

整個研究課程進行三個月，第一個月實施第一階段的親職教育課程後，透過回饋表與訪談，即感受到學員親職教養態度的轉變，接下來的階段課程實施觀察中也發現學員親子間互動的改變，包含：

(1) 新移民女性透過親職教育課程後自我效能提高

從課堂表現觀察，發現學員們原本對自己的自信心不夠，在親職教養觀念的討論與發言常不敢表達，經過課程實施後，在發言、

討論、角色扮演與繪本演說中都能看出其勇敢自信的表現。課堂親子互動觀察中，發現學員不再只是放任孩子到處遊蕩，而能運用所學親職教養觀念引導孩子，使其有適當地行為舉止。至於在家的生活問題解決能力，也因課程學習的轉變，能提醒自己勇敢面對與解決。

（2）親職教養態度改變讓親子關係更好

此次課程中有多本繪本內容及主角行為與新移民女性家中的生活經驗相似，因而激發其親職教養態度的省思與轉變，包含瞭解與接納孩子的行為，不再只是以打罵為唯一教養方式，而能改以所學的溝通方式來面對。至於繪本教學所提供的親子互動策略，透過在家中的實施，也讓學員明顯感受到親子間甜蜜關係的成長。

（3）正向思考態度促進家庭關係和諧

情緒管理常會決定一個人與其家人的互動關係，此次繪本教學中所提供的繪本導讀有幾本是親子間的對話，也有家人間的互動，研究發現，學員透過繪本討論，瞭解情緒管理與溝通態度的重要性後，再透過技巧的訓練，對於正向思考態度的習得，能運用在家人相處的互動與態度上，也進而改善家庭成員間的互動關係以及自己對未來的展望。

1.繪本教學課程設計與實施修正方面

針對本研究課程設計實施與修正，有以下幾項結論：

（1）多元化的課程設計能適合學員多元化的學習特性與狀況，發展各自的優勢特質。

（2）多元文化的繪本選用能符合來自不同國家與不同家庭組織型態背景，擴展親職教養觀。

（3）繪本討論多加引導，活動說明放慢速度，能顧及不同程度的學員反應。

（4）單元主題與繪本選用數量過多，親職教養技巧練習不夠，無法讓學員熟悉運用。

（二）建議

1. 對教育單位與政府機構的建議

教育單位在新移民女性尚有識字需求，願意來校上課時，應順勢施予親職教育相關知識，可將預防性的親職教育課程透過繪本教學結合識字教育提供給新移民女性，以初級預防性的親職教育觀點來增進家庭幸福。

2. 對未來教學者的建議

課程設計時可減少單元主題的量，而讓單元中的內容多做重複探討與延伸，繪本也可減量，讓學員更加熟悉繪本意涵與內容文字書寫，另外提供多元自學方法，以適合程度不一的學員學習。

在繪本選用方面，建議未來教學者除選用來自不同國家的繪本外，可加入不同家庭型態文化的繪本，如單親家庭、重組家庭、隔代家庭甚至同志家庭等，以不同家庭背景的繪本來做探討，可擴展不同視野，增進不同親職教養觀念。

3. 對未來研究者的建議
（1）研究對象方面

本研究是以新移民女性為對象做研究，建議未來相關研究可將繪本教學實施於一般家庭的親職教育，或是針對家有特殊兒童以及

不同類型家庭的父母進行研究，實證繪本教學融入親職教育的可行性與成效。

(2) 課程內容方面

本研究主要希望能提昇新移民女性親職教養能力，以增進自我覺察與自我成長能力、增進瞭解與接納子女能力、建立良好親子關係以及培養情緒管理與良好溝通能力為目標，在短期課程時間內，這樣的內容過於擴散，只能發現些許改變或是短時間無法看出那麼多的成效。因此建議未來研究者在課程內容方面可以採單目標進行深入探討，如增進親子關係或是改善家庭溝通的課程設計。而在繪本選用方面，可採同一主題或同一本繪本進行深入探討，另外在親職教養技巧方面也可將同一技巧實施多次來進行成效分析。

(3) 研究方法方面

本研究是以行動研究方式進行，研究者需擔任教學者、觀察者、引導者等多重角色，對於課程內的觀察有時會無法仔細探討，建議未來研究者可以以觀察者身份來進行個案研究，做深入的觀察與訪談，分析研究對象在課程實施前後的具體改變及成效。也可將訪談對象擴及到家庭成員，除求實施成效的客觀性外，也能瞭解課程實施對家庭成員的影響為何。

參考文獻

中文文獻

內政部（2010a）。各縣市外籍與大陸配偶人數。檢索日期：2010.05.01。取自 http://www.ris.gov.tw/ch4/static/m0sb09902.xls

內政部（2010b）。出生登記數按生母國籍分。檢索日期：2010.05.01。取自 http://sowf.moi.gov.tw/stat/gender/ps05-14.xls

王光中（2003）。我是外籍新娘，我也是一個母親——台南縣東南亞外籍新娘在孩子入學後初探。南縣國教，9，29-31。

王秀紅、楊詠梅（2002）。東南亞跨國婚姻婦女的健康。護理雜誌，49，35-41。

王淑娟（2003）。兒童圖畫書創造思考教學提升學童創造力之行動研究（未出版碩士論文）。國立台南師範學院國民教育研究所，台南。

何青蓉（2003）。跨國婚姻移民教育初探——從一些思考陷阱談起。成人教育，75，2-10。

吳映嬅（2009）。外籍配偶中文識字教學研究——以越南配偶為主（未出版碩士論文）。國立高雄師範大學回流中文碩士班，高雄。

李麗雲（2008）。親職教育的實證與實務。台北：新文京開發。

林美琴（2000）。讀冊做伙行：讀書會完全手冊。台北：洪建全基金會。

林家興（1997）。親職教育團體對親子關係與兒童行為問題的影響。教育心理學報，39（1），91-109。

林家興（2007）。親職教育的原理與實務。台北：心理。

林真美（1996）。圖畫書——幼兒的閱讀之窗。台北：天衛文化。

林敏宜（2000）。圖畫書的欣賞與應用。台北：心理。

河合隼雄（2005）。林真美譯。神奇的繪本。載於河合隼雄、松居直、柳田邦男（著），繪本之力（7-9頁）。台北：遠流。

洪淑萍（2008）。新移民女性親職教育方案之行動研究——以家有學齡兒童為例（未出版碩士論文）。國立嘉義大學家庭教育與諮商研究所，嘉義。

夏曉鵑（1997）。女性身體貿易的階級與族群關係分析。東南亞區域研究通訊，2，72-83。

夏曉鵑（2002）。流離尋岸：資本國際化下的「外籍新娘」現象。台北：台灣社會研究。

徐如美（2005）。外籍母親親職教育課程實施之研究（未出版碩士論文）。國立台南大學幼兒教育學系碩士班，台南。

翁桓盛（2006）。婚姻與親職教育。台北：心理。

張明慧（2004）。新移民女性的母職困局——「新台灣之子」發展遲緩論述的緊箍咒（未出版碩士論文）。世新大學社會發展研究所，台北。

莫黎黎、賴佩玲（2004）。台灣社會少子化與外籍配偶子女問題的初探。社區發展季刊，105，55-65。

黃迺毓（2009）。童書大家庭。台北：彩虹愛家生命教育協會。

楊振豐（2005）。繪本教學對改善國小六年級學童性別刻板印象效果之研究（未出版碩士論文）。國立花蓮師範學院社會科教學碩士班，花蓮。

歐用生（1999）。行動研究與學校教育革新。國民教育，39（5），2-12。

蔡清田（2000）。教育行動研究。台北：五南。

蔡清田（2004）。課程發展行動研究。台北：五南。

鄭瑞菁（2005）。幼兒文學。台北：心理。

英文文獻

Camerson, J. S.（1986）. Assessing School based factors that facilitate teacher professional growth. Dissertation Abstracts International, 47（7）, 2385A.（University Microfilms No.8623269）

Cowan, P. A., Powell, D., & Cowan, C. P.（1998）. Parenting interventions: A family systems perspective. In W. Damon（Ed.）, Handbook of Child Psychology（5th ed., pp.5-72）. New York: John Wiley & Sons.

繪本插畫賞析在幼兒繪畫創作之應用探討

馬曉倩

高雄市立復興國小附幼教師

陳惠珍

國立屏東教育大學幼兒教育系副教授

一、前言

對於幼兒藝術教學，研究者提供給幼兒的繪畫材料與工具，向來以彩色筆、蠟筆為主，較少使用水彩及其他素材。另外，與其他幼教同儕討論後發現，讓幼兒用簽字筆構圖、蠟筆上色、背景用水彩大面積平塗之繪畫教學情形頗為常見。王桂甚（1911）指出幼教師除了在素材提供、引導幼兒欣賞作品內容與形式有待加強外，忽略教學目標的美術課程設計也導致教學安排缺乏情緒抒發、視覺刺激。

然而，在研究所修讀期間，「幼兒藝術與教學研究」一門課除了引領研究者認識幼兒視覺藝術教育與美感經驗外，亦激發研究者重新省思教室中繪畫課程的安排與設計、檢視自我教學以及幼兒的繪畫表現；「幼兒文學課程專題研究」、「繪本研究」等課程則是令研究者重新思考繪本插畫對幼兒的意義。繪本不應僅是研究者說故事的道具，更該是引領幼兒進入藝術殿堂的橋樑，而插畫帶給幼兒

的視覺饗宴，似如親臨美術館展覽一般，透過討論與分享，可陶養幼兒的美術鑑賞能力（幸佳慧，1998）。再則，幼兒運用其舊經驗，透過繪本中的插畫預測、理解書中的內容，亦可享受著「畫中有話，話中有畫」的閱讀樂趣（徐素霞，2002）

　　繪本每頁的插畫如一幅幅藝術作品，令人驚訝讚嘆畫者之創意與藝術專業能力。插畫家使用的媒材與技巧，在手繪媒材層面，包括鉛筆、彩色鉛筆、水彩、粉彩、蛋彩、蠟筆、廣告顏料、壓克力顏料、油彩、墨水、鋼筆、簽字筆等，而其技巧則包括有描、點、抹、刮擦、平塗、厚塗、渲染、重疊等技法的運用（幸佳慧，1998）。因此，研究者希冀透過繪本插畫賞析突破所面臨之繪畫教學困境，以激發幼兒的繪畫創作。換言之，研究者嘗試運用手繪媒材類繪本插畫的賞析，並配合繪本插畫的素材與風格，再挑選合於幼兒使用之手繪素材，使教室現場從原本經常使用簽字筆、蠟筆為主的狀況擴展至運用水彩、粉彩、壓克力原料、彩色鉛筆等素材，進而使幼兒的手繪小書亦呈現多元素材的創作樣貌。

二、文獻探討

（一）繪本插畫之特質與功能

　　繪本（a picture book）相異於一般書籍在於「圖畫與文本在書中同等重要，缺一不可（a balance between the pictures and text ... neither of them is completely effective without the other）」（Norton, 1999, p.214），而繪本插畫與純繪畫之最大不同則在於除了美感外尚兼具敘事之功能，因此對於文字解析能力較弱的幼兒，插畫可補足其對文字之不能。蘇振明（1998）表示幼兒繪本插畫應具備幼兒

性、傳達性、教育性、藝術性等四種特質：1.幼兒性：繪本因幼兒而設計，應以幼兒發展和需要安排，考慮到幼兒視覺心理的適應和表現，以顯示趣味、動態、具體、鮮明的造型特質；2.傳達性：插畫應文字語言的旨趣和情節的需要而設計，其作用在提高主題的明確性和可讀性故不同於自研究者表現的「純粹繪畫」；3.教育性：理想的繪本不僅止於讓幼兒有視覺上的享受，應具有益身心效果的品質，良好的插畫提高幼兒閱讀興趣，並增進幼兒認知、思考、想像的、學習成長；4.藝術性：插畫是插畫家運用繪畫美感結合美術設計的傳播概念，配合文字內容所設計的「有條件、有目的的繪畫」。因此插畫家應重視創意的構思、趣味的情境、新穎的技法、和諧的版面、美感的造型、獨特的風格、精巧的印刷等要素。換言之，插畫家必須真切把握文字之主題、作家之用心、故事之內容，在此範圍內展現其藝術風格，將創作意圖建立在文字意念基礎上。Jalongo（2004）則認為繪本之傳達至少應包含文字（what is told with words）、插畫（what is told through the pictures）、文字與插畫結合（and what is conveyed from the combination of the two）等 3 種成份，而 Strasser 與 Seplocha（2007）更提出幼兒與繪本之個人聯結（child's personal association with the book）為其繪本訊息傳達的第 4 種成分。

　　其實，閱讀繪本如欣賞電影，有著影像、語言、角色、情節、背景等元素，根據幸佳慧（1998）指出，插畫在繪本中之角色與表現具有 7 項功能：

1. 建立場景：場景的建立光靠文字無法簡短的描述，須靠大量文字，但對於識字、認知經驗不足的幼兒，費盡心思之形容與描述均無意義，故顯現圖畫所提供之故事場景，可輕易簡短地補足文字之不足。

2. 提供敘事功能：圖畫本有紀錄與敘事之功能，以圖為主的繪本讓大部分故事意涵藏在圖畫中，而無字繪本之圖畫更是完全負起敘事工作；另也有圖畫提供文字未敘述的內容，讓意思躲在圖畫中，使幼兒能靠具體形象、豐富色彩的圖像來閱讀。

3. 提供不同視點：敘事語言只能單線進行，靠時間性文字引導同時間的情節內容，如「在這個同時」或「另一方面」，而圖畫則提供文字故事無法呈現的「同一時間不同空間的並置」，即圖畫突破文字無法達成的時間與空間之限制。

4. 強調人物特性：繪本中之主角性格，即使無文字敘述，運用圖畫的線條、造型、顏色來勾勒，透過圖畫中肢體語言與表情顯示，呈現主角、人物之喜樂、哀傷、驚訝、害怕等情緒。

5. 製造氣氛：繪本中的氣氛常由畫者本身繪畫風格或刻意營造，配合繪本之主題、內容，製造相對氛圍，以掌握著故事之脈動與特色。

6. 提供趣味的佈景事物：畫者為豐富畫面或提供另一投射焦點，除了表現主要情節，也會在佈景上加入次要景物以增加劇情發展，而其豐富細膩的圖畫，亦成為吸引幼兒暫時跳脫故事情節的遊樂場。

7. 提供線索與象徵寓義：對於故事結局出人意料之繪本，畫者可運用圖像與場景的設計，配合故事劇情，精心佈置暗示之線索在單頁或連續的頁面，或以無聲勝有聲的圖像為結局，讓故事迴旋盪漾在讀者心中。

　　然而，並非所有繪本插畫均具備以上之 7 項功能，除建立場景、敘事功能外，畫者會根據故事主題，在構圖前以圖像語言之豐富性、故事主題之強化性、圖像表現之美感度作取捨，讓插畫更具藝術價值（Isenberg & Jalongo, 2001; Koralek, 2003; McGee & Richgels, 2004）。

（二）繪本插畫元素剖析

　　Doonan 指出圖畫是由簡單的基本成分所構成，有時稱為抽象元素，而構圖則是元素之組合，經由色彩系統、明暗系統、大小比例、距離間隔、形狀圖案的有序排列、線型律動交織而成之網路，故繪畫藝術之意涵潛藏於基本成分的組合內，而繪本之插畫即是一例（宋佩譯，2006）。簡言之，「視覺元素」影響讀者對於插畫最直接的感受，認識單一元素或元素間彼此之關係，則可更進一步瞭解繪本插畫之藝術性。茲將繪本插畫之元素剖析如下：

1. 線條：線條由點構成，是點移動的軌跡，而線包含張力與方向，因此有直線、曲線、折線、弧線等變化，而藉由線的粗細、色彩、以及在「面」上的位置，產生不同的溫度與聲音（吳瑪悧譯，1985）。線條由於描繪方式之不同，有手繪線條與幾何線條二類，手繪線條又稱「徒手線」，具有情感表現的特質、可隨意揮灑、較自由開放；而幾何曲線受限於繪圖工具的使用（如尺、三角板、圓規、或電腦繪圖等），表現工整，顯得較為冷淡（林冠玉，2003）。畫者使用不同媒材、技法，藉由手繪線條表現欲抒發的情感與想法，同時亦透露欲傳達的訊息。

2. 形狀：形是線的寬度擴展，線有方向性，形有空間性但無方向感，在繪畫中畫者根據自然物或人造物所畫的形，稱為「具體形象」；運用工具的結果，稱為「幾何圖形」；而畫家自創可稱為「超現實形象」或「抽象形象」。形狀有許多不同的表現方式，以封閉的線條、色塊的肌理或在背景襯托下的三度空間顯現形狀，可以是簡單、複雜、活潑、可大可小、自然或幾何的、抽象或具象的，然在繪本中大多是以現實主義的精神，以具體形象傳達人與物的

關係，而達到敘事的準確性（林敏宜，2000；吳惠娟，2002；陳朝平，1986）。

3. 色彩：色彩分為三大要素，包括色相（Hue）、明度（Value）、彩度（Chroma 或 Intensity），此三要素互相配合、發生作用而產生不同效果，使畫面形成色調，在視覺上成為整體畫面的主要因素。調和感的色彩給人柔和舒適感，對比色調的色彩則有鮮明、清楚及興奮的感覺（幸佳慧，1998；林敏宜，2000；吳惠娟，2002；陳朝平，1986）。

4. 光線：指畫者藉所要表達物體的明暗漸層和陰影來表現光線的來源與感覺，運用色彩之深淺顯現光線照射所產生的明暗層次，明暗也顯示畫面中物體呈現的關係，使插畫更加戲劇性（吳惠娟，2002；涂金鳳，2007）。

5. 空間：圖畫故事中，暗示空間的方法有傳統的透視法、遞減法、重疊法、立體明暗表現法、投影法、空氣透視法。一般二次元平面構圖，在受限、壓抑的空間內做重疊、遞減等暗示基本的空間感，產生如兒童畫樸質與純真的效果。三次元立體透視空間法，較能呈現逼真場景，使人有身歷其境感受，增加故事之戲劇性。多元的空間表現手法，豐富了繪本插畫的藝術風格，提供給讀者不同的感受與體驗（幸佳慧，1998）。

　　綜言之，優質插畫不只需描繪「知識」，更要刻畫「觀察」，同時表現「感覺」（郝廣才，2006）。繪本中的插畫蘊藏著線條、形狀、色彩、光線、空間等視覺元素，可加深文字描述之意涵，而欣賞者若以熟練的觀察技巧，便能從中激盪想法，交織出理性知識、情緒抒發、美感交集之經驗。

（三）繪本插畫賞析與幼兒繪畫創作

引導幼兒觀察繪本之插畫、探討插畫創作流程與構成要素、運用藝術批判理論，將可幫助幼兒理解插畫之內容與涵義。對於繪本插畫導賞運用藝術批評的歷程，綜合各專家學者（王秀雄，1998；徐德成，2007；涂金鳳；2007；陳瓊花，2001　黃壬來，1993；蔡永瑩，2005；蘇振明，1992a）之表述，歸納出三階段之教學策略：

1.「導賞前」：重點在於引起動機，順利切入故事主題的探究

此階段著重於敘述，繪本封面是描述的開始，從形成視覺焦點進行猜測與敘述，引起對內容探討的動機，故此過程乃為感官可以感受的層面。

2.「導賞中」：重點在於主題的瞭解、高潮的品味、意象的形成

此階段包含形式分析與意義解釋兩歷程：

1.形式分析：在探討作品的造型方式，可從故事發展引入說明，如繪本插畫使用暖色系顏色而呈現溫馨的氣氛，角色的設計、線條、空間、每頁的連接安排而形成之節奏感，皆為形式分析的切入點，引領幼兒對插畫與視覺元素有更深刻的體驗和認識。

2.意義解釋：此過程是關於解釋作品所傳達的觀念和意義。繪本插畫除視覺表面之呈現，更有隱喻的顯示，鼓勵幼兒從畫中角色動作、表情，進而猜測其個性和情緒；觀看畫面呈現的氣氛、物件，得知故事發生的背景與地點，透過插畫圖像詮釋故事涵義。

3.「導賞後」：重點在於心得討論、作品評價、意象的交流或延伸

此階段著重於評價，對於插畫之形式革新、再創經驗方面的意義與重要性進行討論。在藝術批判教學層面，幼稚園學童較不適宜

漫無目的的發表，繪本透過文字與插畫傳遞故事，因主題內容多元，影響插畫的設計與圖像理念的傳達，幼兒閱讀故事時，從觀賞外在形式進而理解內在理念，會有個人之見解與看法，此歷程即是幼兒對插畫所傳達的訊息做判斷。

　　另外，蘇振明（1992b）亦提出「從鑑賞導向創作」的美術教學論述，其目的即在輔助學童透過藝術品之鑑賞，產生心靈的淨化和美術知識的增長，進而將「情感的」與「認知的」鑑賞活動，導向於再生的美術創作活動。「從鑑賞導向創作」之教學共分為 6 個步驟，依序為：動機引發、感覺描述、分析解釋、作品評價、發表應用、教學評鑑，如圖 1 所示。此教學過程，第一至四項乃「鑑賞」活動，為達成美感經驗的描述，透過美術知識、作品思想風格的評價結合一體，以形成第五項「創作」活動前的知能學習。創作則包含鑑賞後的創作應用和生活上的美化應用，而第六項的教學評鑑是指「從鑑賞導向創作」整體教學活動之心得考評，可採學生創作性作品、問答、觀察等策略，得知教學成果。

動機引發 →	感覺描述 →	分析解釋 →	作品評價 →	發表應用 →	教學評鑑
1資源蒐集	1初步瀏覽	1媒材解析	1作品與作家	1從鑑賞導向創作	1美感判斷
2情境佈置	2區分作品類別	2形式探討	2作品與美術史	2從鑑賞導向生活	2美術史能力
3觀賞說明	3口述印象	3內容探究	3作品與社會文化		3美術批評能力
					4創作能力的成長

圖 1　從鑑賞導向創作的美術教學過程圖（蘇振明，1992b，頁 37）

　　綜合上述，本研究運用繪本插畫為工具，以讀者反應理論與符號學為基礎，加上藝術鑑賞之互動，引領幼兒進入繪本插畫的世界裡，欣賞之重點包括媒材、技法與形式，造型與角色的塑造，主角肢體動態與表情語言，色彩規劃，空間營造與情境氣氛，圖象敘述結構與時間節奏，畫面事物的傳達解說呈現，風格的表現與畫者意念，圖象與文字互動關係的傳達，封面與非封面的整體表現等（徐素霞，2002），以發展幼兒的繪畫創作。易言之，藉由欣賞繪本插畫，使幼兒與創作者之意念互動，進而產生自我之見解與創作動機，透過繪畫作品展現其藝術知識與生活經驗之融合。

三、研究方法與設計

（一）研究方法

　　採用行動研究，也就是將研究者之意圖與目的帶入實務工作中。研究者具備多年的幼教與藝術教學經驗，為追求教學上的突破與變革，運用垂手可得與藝術價值極高的繪本插畫進行賞析，讓幼兒於欣賞之餘，運用習得之藝術知識與媒材使用技巧，融合其意象，展現在繪畫活動上，而進行的過程是一段課程計畫、策略訂定、活動執行、省思檢討，不斷反覆之歷程。

（二）研究成員與對象

1. 研究成員：研究者 1 名（幼稚園教師），研究協助與諮詢者 1 名（教育大學幼教系學者），教學支援者 2 名（幼稚園教師、小學部美勞專任教師）。
2. 研究對象為 29 位大班以及 1 位中班幼兒，共計 30 位。

（三）研究設計

1.課程安排

(1) 課程時間表

　　研究期間正值大班下學期，幼兒已習慣教師使用繪本的各項教學活動。為了讓插畫內容清楚展現，先行將書本製作成簡報，運用單槍並採用團體討論的模式進行，每次討論約 20-30 分鐘，而繪畫活動則於分組活動時間完成，約 40-50 分鐘的創作時間，分組的型態是讓幼兒自行選擇桌次。整個活動為期三個月，每二週一個主題，第一週繪本插畫賞析，第二週進行繪畫創作，而繪本之選擇配合班級進行之主題，從相關主題的繪本中，選擇使用不同素材表現的繪本，以循序漸進的方式加入繪本，引導幼兒欣賞繪本中文字與圖畫的呼應，觀察故事的情節、角色的刻畫，並討論插畫家運用的素材、創作理念、媒材展現的技法，經過「看」之後，產生內心的「感受」，將其轉化成為「品味」和「辨別」的能力，因而儲備創作的意象，運用媒材進行繪畫活動，活動安排如下如表 1 所示。

表 1　課程計畫時間表

時間		欣賞類別	欣賞重點	創作使用素材
九十八年三、四月	第一週欣賞第二週創作	線畫	欣賞繪本中插畫使用素描線條而產生有別於一般色彩造型所營造之趣味風格，其線條去除色彩體積、明暗、重量感的方式，運用線條黑白描繪出造型，引起幼兒表達自己的動機，與想畫什麼就畫什麼的勇氣。	讓幼兒運用彩色筆、鉛筆、簽字筆、竹筆、毛刷筆、色鉛筆、蠟筆純粹使用線畫表現自己的創作意念與想法。

	第三週欣賞第四週創作	蠟筆畫	欣賞繪本中以蠟筆繪製插畫其色彩的使用技巧，在平塗之餘，顏色深淺、疊色之使用，以及利用工具刮、點等技法。	讓幼兒在線畫的經驗之後，加上蠟筆的色彩，並體驗使用蠟筆的各項技巧。
九十八年四、五月	第三週欣賞第四週創作	粉彩畫	粉彩是一種可以直接創作與表現的媒材，可以如炭筆般素描亦可經由拓壓、調和與重疊色彩產生厚實的油畫結果，表現出與蠟筆完全相反的效果，呈現柔和細緻的畫面。	加入粉彩筆的使用，粉彩筆與色鉛筆效果相當，更適用於大面積的表現，並改變使用有顏色底紙，學習嘗試使用刮修、軟焦、拖曳等技法。
	第三週欣賞第四週創作	水彩畫	水彩畫不同於其他媒材的特色是色彩常用渲染的技法，因加入了水，不像硬筆的表現，總是較為夢幻與瑰麗的風格，並比較不同於硬筆畫的媒材表現，讓幼兒體驗水彩畫透明、輕盈、亮麗且濕潤流暢的特色。	有了線畫的線條表現以及使用蠟筆展現色彩，再循序加入水彩的使用，並熟習其使用方法，如水彩的調色與水分的控制、水彩所使用的基礎技法。
九十八年六月	第三週欣賞第四週創作	混合媒材	繪本之插畫家為求表現多樣及強烈的效果，通常運用多種媒材一起繪製，也就是「混合媒材」，並同時採用多種技法，融合先前的經驗，實際運用欣賞混合媒材的多樣性。	經過各種媒材的欣賞與技法的嘗試，融合其習得之美術相關知識與作意念，運用各項媒材，創作自己的小書。

資料來源：研究者自行設計

2. 教學活動設計

此研究歷經三個月，從線畫進入彩畫、蠟筆畫、粉彩畫、水彩畫到混合媒材的使用，期間幼兒們遊歷在繪本多元樣貌的藝術風格中，融合藝術知識與繪本之文學要素，運用各樣媒材創作屬於自己

的小書呈現。事前的課程安排，將依據繪本的媒材類型、藝術風格、故事結構等因素，進行時彈性的調整，並在事後針對活動進行作省思，以作為下一次活動設計的依據，活動設計實例如下表 2 所示。

表 2　教學活動設計

繪本類型：線畫 克拉格特・強森《阿羅有隻彩色筆》、昆汀布萊《彩色筆》、羅拉・朗菲斯特《跟著線條走》	教學時間：3 月 18 日－4 月 3 日 設計者：馬曉倩 實施對象：大班幼兒
欣賞活動： 將以線畫為特色之繪本製作成簡報，運用單槍放映。	使用媒材： 鉛筆、彩色筆、彩色鉛筆、簽字筆、竹筆、蠟筆
欣賞重點： 1. 說出自己的想法 2. 欣賞以不同筆材，表現的不同風格。 3. 欣賞插畫家表線線條去除色彩後，其線條體積、明暗、重量感的方式。 4. 欣賞黑白線畫與有彩色的線畫之作品差異	創作活動： 運用繪本賞析創作線畫 教學目標： 1. 知道甚麼是線畫。 2. 學習欣賞繪本中插畫家以線畫表現的作品以及其使用素材 3. 會選擇運用各式筆材繪畫
進行方式	活動過程
團體討論	一、引起動機 利用單槍放映線畫繪本 ＊教師引導從封面、蝴蝶頁、版權頁、書名頁、內容頁介紹到封底。 ＊討論繪本的內容、以及線條的展現與代表之意義。 二、發展活動 （一）欣賞插畫（參考蘇振明之問思導賞法） ＊先進行整體的欣賞，請幼兒描述欣賞後的感覺。（插畫欣賞） ＊教師朗讀文本並引導幼兒配合插畫欣賞。（朗讀文本） ＊欣賞過程中教師提問（討論與分享） 教師引導幼兒認識插畫家使用之筆材。 引導幼兒欣賞線條表線的方式：粗細、明暗、深淺、點畫等技法，

	欣賞不同插畫家所表現的作品與想法。
	（二）教師綜合結論
	教師將幼兒的想法加以統整，並寫於白板讓幼兒知道。
創作時間	（三）進行創作（參考幼兒藝術教育教師手冊美術篇）
	1.提供各式媒材，以及說明使用方法。
	2.構思圖象內容。
	3.進行創作。
	4.敘說作品內容
	三、綜合活動
個別欣賞	互相欣賞作品
	＊說出自己的想法
團體欣賞	＊說出最喜歡的作品，以及欣賞原因。
	＊分享、介紹自己的作品以及創作的動機。
評量方式	1.勇於表達欣賞插畫後的感受與想法。
	2.幼兒描述自己的作品與創作動機。
	3.分析幼兒作品。
	4.能勇於嘗試各式筆材創作。
備註	＊課程的進行因活動時間情況，彈性調整。

3.教學策略

（1）提問方式

　　依據「問思導賞法」設計問題的內涵，幼兒在接觸藝術經驗時，教師應運用能引發思考與討論的問題類型。張玉成（1999）將發問分為四個過程，依序為問題編擬、提問、候答、理達。本研究參考其技巧並配合繪本插畫賞析活動，歸納出下列之提問技巧：

1. 編擬問題：活動進行前擬好提問主題，並考慮幼兒的舊經驗、可理解與接受的詞彙，問題要能引發學習動機，使用開放式問題，並兼顧插畫中藝術認知相關主題，兼顧知識、理解、應用、分析、綜合、評鑑等領域。

2. 提出問題：繪本賞析時問題須清楚明確，提問之後給予幼兒時間思考，問題由淺入深、由易至難，並因應個別差異、逐步引領伙伴思考。

3. 等候問答：等待幼兒答題時，應給予足夠思考空間，因無法理解或答不出時，將問題簡化或再給予引導，不做複述動作以期幼兒專心傾聽，發言權須平均對待，不應集中在少數幼兒身上。

4. 處理答案：專心傾聽幼兒答題，並給予鼓勵與回饋，當回答不完整時可提出深究問題引導進一步之思考，針對幼兒答題內容需加以組織、統整與歸納，給予提問機會，並利用轉問或反問的策略，增加幼兒思考機會。

（2）導賞模式

　　歸納藝術鑑賞理論、繪本插畫賞析策略、問題設計原則，繪本插畫賞析教學須考慮幼兒之學習因素，包括事前規劃設計、編擬討論問題、實際教學現場過程，因此歸納插畫賞析五步驟，以作為活動之參考（涂金鳳；2007；陳海泓，1999；黃淑娟，2000）：

1. 插畫欣賞與討論：師生彼此看到對方，教師將繪本呈現，由封面開始進行預測觀賞分析，進而扉頁、內容、情節等，透過與圖像的互動，教師鼓勵幼兒提出想法與意見彼此分享。

2. 本文朗讀：教師將繪本內容面對幼兒，讓每位幼兒都能看到教師所朗讀內容之插畫，在朗讀本文同時呈現插畫，使得圖文對照。

3. 討論與分享：朗讀本文與插畫對照之後，以開放性問題，進行討論與發表，對於故事的內容、結局、角色的看法與心得？圖文安排是否理解？透過溝通、討論和分享使學生對繪本的本文、插畫及圖文之間的關係，有更深層的理解。

4. 創作背景介紹：教師在教學前對賞析之插畫進行相關資訊蒐集，
包括插畫者以及插畫者如何運用視覺元素（如線條、色彩、顏色、
明暗、質料、取景角度等）來傳達意義。

5. 後續活動：教師可引導幼兒針對相同主題之繪本或同一插畫家作
品進行視覺元素、插畫風格、繪畫媒材相似性及相異性做比較。

四、研究歷程與發現

（一）第一歷程：線畫教學

1. 採用繪本：克拉格特‧強森《阿羅有隻彩色筆》、昆汀布萊《彩
色筆》、嘉貝麗‧文生《小木偶》、羅拉‧朗菲斯特《跟著線條走》。

2. 創作素材：粗細不同的黑色簽字筆、油性筆、色鉛筆、一隻多色
筆、彩色筆。

3. 幼兒作品：幼兒繪畫內容大多配合班上正進行之太空與地球的主
題課程。

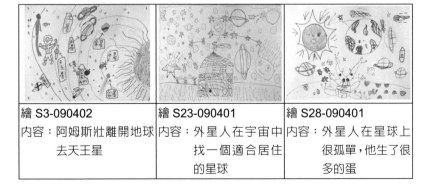

繪 S3-090402	繪 S23-090401	繪 S28-090401
內容：阿姆斯壯離開地球 　　　去天王星	內容：外星人在宇宙中 　　　找一個適合居住 　　　的星球	內容：外星人在星球上 　　　很孤單，他生了很 　　　多的蛋

	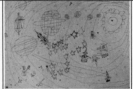	
繪 S4-980402	繪 S2-980402	繪 S10-980403
內容：外星人想得到珍貴的珍珠，珍珠可以知道宇宙發生麼事	內容：太空人去外太空探險，看到外星人	內容：海綿寶寶去找太空人聊天，二個人要握握手

4. 省思：

（1）在繪本插畫賞析過程中由幼兒的發表與討論，結果與教學前的規劃與想法落差甚多，幼兒對於繪本插畫不感興趣，討論不熱烈，也因運用圖文對照邊看邊說，花費時間長，幼兒關心故事的情節，興趣不在插畫的討論。

（2）在幼兒繪畫的過程中，因全班同時創作，教師分身乏術無法專心觀察記錄幼兒的創作過程，而素材的提供也因教師疏忽，顯得較為單調，應在幼兒創作前做好素材整理與使用方式的討論。

5. 修正：

（1）在繪本插畫賞析模式的修正

選擇合適的圖畫書→引起動機（封面臆測）→教師講述故事（本文朗讀）→幼兒提出心得與所見→教師進行意見統整→教師提出重要概念→幼兒提出看法→教師進行結論。

（2）在繪畫教學上的修正

創作人數的安排改變以一天十位為一組，將幼兒打散分成三組，並修正當天分組活動的安排，以減輕觀察者的負擔，也使媒材與工具的提供問題得到改善。

（二）第二歷程：蠟筆畫

1. 採用繪本：長新太《研究者的蠟筆》、文／阿茲拉・喬茲坦尼，
　　圖／阿里・馬法克赫里《綠褲子、紫上衣》、張哲銘《紅公雞》。
2. 創作素材：蠟筆、牙籤、叉子。
3. 幼兒作品：紅公雞繪本的插畫深深影響幼兒的創作。

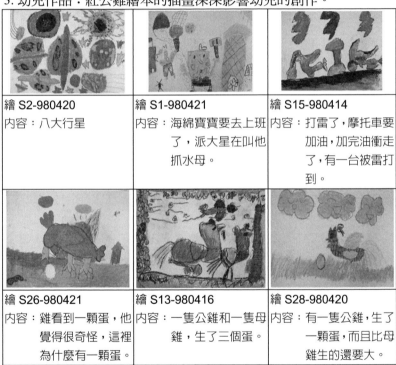

繪 S2-980420 內容：八大行星	繪 S1-980421 內容：海綿寶寶要去上班了，派大星在叫他抓水母。	繪 S15-980414 內容：打雷了，摩托車要加油，加完油衝走了，有一台被雷打到。
繪 S26-980421 內容：雞看到一顆蛋，他覺得很奇怪，這裡為什麼有一顆蛋。	繪 S13-980416 內容：一隻公雞和一隻母雞，生了三個蛋。	繪 S28-980420 內容：有一隻公雞，生了一顆蛋，而且比母雞生的還要大。

4. 省思：

（1）在繪本插畫賞析的過程中，幼兒似乎是為了配合研究者，努力
　　的絞盡腦汁敘說自己的看法，表面看似熱烈討論的場面，但對
　　於專心度較不持久的幼兒仍是坐立難安；在記錄討論內容發現

自己的提問技巧仍須改善，其問題的開放與提升幼兒藝術認知的拿捏有待加強。

(2) 在幼兒繪畫過程中，蠟筆是幼兒熟悉的素材，也因累積了從繪本插畫中習得的技巧，因此在創作過程中很流暢、作品豐富，但因未訂定主題，因此幼兒構圖花較多時間，因此訂定主題與在創作前提供前導活動，另在面對幼兒作品協同教師的準則，皆為下次行動研究循環修正的重點。

5、修正：

(1) 在圖畫書賞析模式的修正：

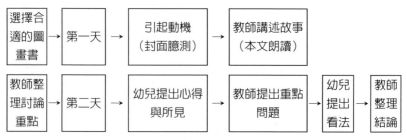

圖2　第二次修正圖畫書賞析模式

(2) 在繪畫教學上的修正

①需給幼兒創作方向，可以是學習活動中探討的主題、是繪本插畫的相關內容，並在創作前作討論，彼此刺激發揮創意，對於媒材的使用方式也必須在創作前作引導，讓幼兒做好充足準備，進入創作的領域。

②評鑑幼兒的作品並無絕對客觀的標準，評鑑是用來瞭解幼兒的成長、經驗、情感和興趣等狀況，因而能幫助幼兒成長，評鑑才具意義與價值，故研究者重新釐清對評鑑作品的觀念，並與協同教師溝通，以新觀念重新看待每一張屬於幼兒個人的作品。

（三）第三歷程：粉彩畫教學

1. 採用繪本：莉拉・普樂普《為什麼》、作者凱畢茲・卡卡汎德，
　　繪者阿里・馬法克赫禮《啾、啾、啾》
2. 創作素材：粉彩筆、棉花棒
3. 幼兒作品：幼兒繪畫內容大多配合班上正在進行之動物主題課程

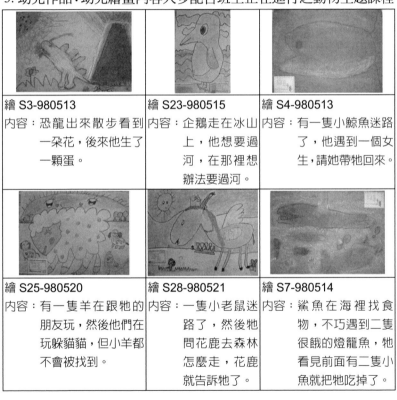

繪 S3-980513	繪 S23-980515	繪 S4-980513
內容：恐龍出來散步看到一朵花，後來他生了一顆蛋。	內容：企鵝走在冰山上，他想要過河，在那裡想辦法要過河。	內容：有一隻小鯨魚迷路了，他遇到一個女生，請她帶牠回來。
繪 S25-980520	繪 S28-980521	繪 S7-980514
內容：有一隻羊在跟牠的朋友玩，然後他們在玩躲貓貓，但小羊都不會被找到。	內容：一隻小老鼠迷路了，然後牠問花鹿去森林怎麼走，花鹿就告訴牠了。	內容：鯊魚在海裡找食物，不巧遇到二隻很餓的燈籠魚，牠看見前面有二隻小魚就把牠吃掉了。

4. 省思：

（1）因採用的繪本《為什麼》一書屬於訊息類繪本，幼兒對於文本
　　　的內容高於插畫，更因插畫的形式相同，並未有劇情變化，造

成賞析過程中，省略了應以形式分析所得知訊息作為解釋基礎的階段，以至於本次的討論內容停留於敘述的部分，對於插畫內所具視覺元素的討論，不似以往的討論深入。

(2) 粉彩筆具有刮除法、暈色法、直接上色、間接上色或重複上色等技法，礙於幼兒第一次使用粉彩，研究者僅引導伙伴使用直接上色加上暈色法，但創作過程中因幼兒雙手、作品畫面、桌面污穢，幼兒表示不喜愛使用粉彩筆。

5. 修正：

(1) 在繪本插畫賞析模式的修正：

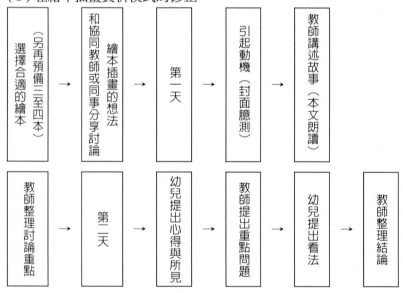

選擇合適的繪本（另再預備三至四本）→ 和協同教師或同事分享討論繪本插畫的想法 → 第一天 → 引起動機（封面臆測）→ 教師講述故事（本文朗讀）

教師整理討論重點 → 第二天 → 幼兒提出心得與所見 → 教師提出重點問題 → 幼兒提出看法 → 教師整理結論

圖3　第三次修正繪本賞析模式

(2) 在繪畫教學上的修正

林千鈴（2009）認為不管使用哪種媒材創作都沒有高下好壞之分。任何媒材都必須廣泛嘗試探索，透過經常使用練習，才能

掌握每種材料的特性，提供多樣性的媒材並無錯誤，但仍須透
過多次探索與練習，才能靈活運用於創作之中。當有機會再讓
幼兒使用「粉彩」時，仍可激發不同的創作手法，或同時提供
二種以上素材，讓幼兒更熟練以提升其使用技巧。

（四）第四歷程：水彩畫教學

1. 採用繪本：羅勃麥羅斯《夏日海灣》、林芬名《搬到另一個國家》、
赫姆.海恩《最奇妙的蛋》。
2. 創作素材：水彩、玻璃瓶、調色盤、水彩筆。
3. 幼兒作品：幼兒繪畫內容以魚當做主題最多。

繪 S19-980603 內容：一座橋，這是彩虹橋	繪 S16-980603 內容：索羅利是一隻狐狸，在外面看風景	繪 S8-980603 內容：很老的一隻魚，它在找食物

繪 S9-980603 內容：大藍魚在海裡游來游去找食物吃	繪 S7-980603 內容：這是一條螢光魚在水裡游來游去	繪 S1-980604 內容：這是一隻魚他在找食物吃

圖 4　繪本賞析三步曲（研究者自行設計）

4. 省思：

（1）在繪本插畫賞析的教學過程中經過一再修正，幼兒從排斥到接受，到最後的喜愛並主動分享，並不斷累積藝術知識，但都在團體賞析之後便直接延伸創作活動，視覺經驗的累積是不足的，應將繪本放置於圖書區，提供幼兒多次閱讀機會，以提高討論之品質與深度。

（2）在繪畫創作過程，幼兒無法陶醉於顏色變換的遊戲中，累積充足之色彩經驗，以致於發生一直提問顏色的調配方法。幼兒若

先有色彩混色經驗，便可從容以對，將其主觀感覺自由自在運用顏色、用畫筆傳達創作意念，故幼兒已具備使用水彩的能力，只要教師做好事前工作與提供幼兒先備經驗，水彩顏色變化對幼兒繪畫動機很具吸引力。

5. 修正

(1) 在繪本插畫賞析模式的修正：

繪本插畫透過欣賞者的感受力、想像力以及生命背景連結產生咀嚼與玩味，才能瞭解畫者的創作功力，從圖像領悟「真」的訊息，發展「善」的意念，涵養「美」的感受（林美琴，2009）。帶領幼兒在這真善美的世界裡，體驗源源不絕的創作動機與意念，並將其轉化在畫紙上，揮灑屬於個人的創意空間。因此將繪本插畫賞析以三部曲進行，如圖4所示。

(2) 在繪畫教學上的修正：

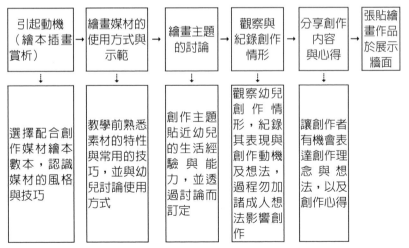

圖5　繪畫教學流程圖（研究者自行設計）

（五）第五歷程：手繪小書創作

1. 採用繪本：謝明芳著、林小杯插畫的大書《小獅子多多》
2. 創作素材：水彩、蠟筆、彩色筆、粉彩筆、簽字筆、油性筆、色鉛筆
3. 幼兒作品：

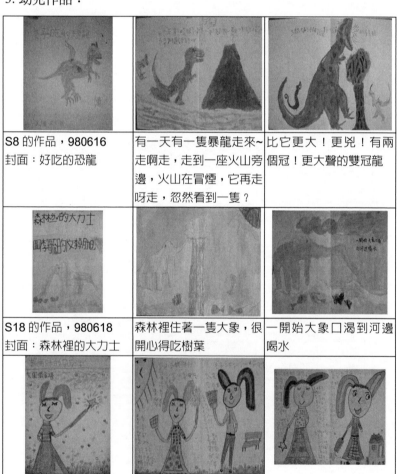

S8 的作品，980616 封面：好吃的恐龍	有一天有一隻暴龍走來~走啊走，走到一座火山旁邊，火山在冒煙，它再走呀走，忽然看到一隻？	比它更大！更兇！有兩個冠！更大聲的雙冠龍
S18 的作品，980618 封面：森林裡的大力士	森林裡住著一隻大象，很開心得吃樹葉	一開始大象口渴到河邊喝水

S19 的作品，980621 封面：兔媽咪的魔法棒	這是兔媽咪的魔法棒，而且還會發光呢！讓她很舒服，讓她在打掃陽台時輕輕鬆鬆的喔！讓兔媽咪好高興。 兔爸爸他也有一隻魔法棒，雖然它不會發光，可是它的功用比平常的魔法棒還要好多呢	有一天兔媽媽在陽台發現很多很多的毛毛蟲和蝴蝶好多蜘蛛網好多髒東西，幸好兔媽咪有拿她那隻神奇魔法棒，不然她就得再跑一趟了。兔媽咪趕快拿起魔法棒往下撒過去，那些髒東西就不見了。快要到聖誕節了，兔媽咪把魔法棒，布置得很漂亮呢。
S22 的作品，980612 封面：刺蝟逛大街	有一天小刺蝟他要去逛街，他想買個東西，他走進了商店，他看見好多東西就全部把它買下來。	他繼續走。走到了百貨公司，他看見裡面有好多東西，他想買三樣東西，可是他剛才已經買了很多樣，所以不能再買了。
S23 的作品，980615 封面：樹爺爺想家	書名頁	有一天早上，機器人把博士挖醒，大聲的說：大事不好了，樹爺爺要被砍掉了

S17 的作品，980622 封面：研究者的朋友好好 　　吃	小恐龍多多已經三歲了	他有一群動物好朋友

4.省思

　　雖是幼兒第一次的小書創作，幼兒卻樂意與他人分享創作，在過程中彼此分享故事情節、創作動機，在素材的使用亦多元的運用，視構圖的內容搭配合宜的素材與技法，每位幼兒的作品主題五花八門、內容天馬行空，且主動計畫自己的工作，積極完成小書創作。

5.修正

（1）這是最後一個歷程，這本手繪小書象徵著整個旅程的結業證書以及幼兒經歷許多風貌迥異的繪本。遺珠之憾在於多媒材創作繪本的部分較少涉略，從單一的素材創作繪本到多媒材繪本插畫的賞析，這一循序漸進的歷程，研究者卻未能帶領幼兒完成，是未來教學努力之方向。

（2）幼兒之小書創作大多以蠟筆和水彩為主要媒材，在水彩使用上，已可自由調配顏色，而非直接使用三原色作畫，並樂意互相分享調色經驗。而在平塗時顏色的使用亦不再拘泥只用單一顏色，已有深淺、漸層之變化。除水彩外，蠟筆的運用更是隨心所欲，疊色使用出現於大多數的小書中，幼兒仔細考慮物體的顏色、深淺的變化，針對其要表現的特質，選擇特定媒材，在短且有限的時間創作，雖較難講求精細，但幼兒仍樂在其

中，醉心於創作，相當值得成人學習，因此。創作的氣氛是愉快且自由的，開放的主題、多元的素材，的確是繪畫教學之不二法門。

經過線畫、蠟筆畫、粉彩畫、水彩畫到最後混合媒材使用、創作手繪小書，這一段繪本插畫賞析與繪畫創作歷程，幼兒從排斥欣賞與坐立難安的討論插畫元素，經過賞析歷程的修正、試驗、再修正，幼兒們已能主動積極討論繪本插畫的使用媒材與技巧，討論的過程中踴躍、經驗與知識堆疊著，雖然教師仍覺知自己在提問及藝術專業素養上須再加強，卻在幼兒繪畫的創作過程中，看見愉悅的教室創作氛圍。在各種創作素材悠然自在的使用下，教室沒有髒亂不堪，沒有幼兒望紙興嘆，每個幼兒均專心投入於自我的創作中，而研究者對於幼兒的作品用尊重的態度面對，這趟歷程使研究者與幼兒都有了不同的收穫。

五、結論與建議

（一）結論

1.繪本插畫賞析累積幼兒美感經驗，提升閱讀動機、奠定閱讀習慣

教室瀰漫著閱讀的氛圍，幼兒們成為真正的讀者，討論故事情節或插畫提供的訊息與認知衝突，臆測插畫的素材、風格、人物的表情、動作等視覺元素。透過欣賞與討論，幼兒累積對插畫的美術知覺能力；透過語言的表達，經與成人和同儕討論、溝通，幼兒累積美感知識與知覺。幼兒亦踴躍發表在書中閱讀獲得的訊息與知識，主動並樂於享受閱讀時間讓創意與想像徜徉。

2. 繪本插畫賞析增進幼兒的繪畫能力，且激發想像與創造力

欣賞風貌迥異、豐富細膩的插畫，幼兒隨著故事情節任由創意馳騁，從插畫中的認知衝突得以和同儕腦力激盪，而討論時驚人的創意想法，也展現在繪畫作品中，不僅構圖豐富、線條流暢、空間規劃與設計細膩，其想像力亦不受限的自由徜徉。

3. 在繪畫主題開放後，幼兒信筆塗鴉非難事，恣意想像作品豐富

開放繪畫主題尊重創作意向後，原來是望紙興嘆的繪畫創作氣氛，轉變成樂於創作，互相分享創作內容與媒材使用心得，用自信、流利的線條勾畫心中的意向，將創意、想像揮灑在畫紙之上；作品畫面的細節設計、色彩運用、空間的配置均有耳目一新之變化與成長，作品內容將認知與生活經驗融合，產生天馬行空、創意新穎的各式創作。

4. 在繪畫教學之後，幼兒隨心所欲運用創作素材，繪畫技巧提升

提供多元的繪畫素材間接刺激幼兒的創作動機，繪畫素材經討論其使用技巧，再進行繪畫創作、累積創作經驗，使幼兒熟練使用素材並加以延伸變化，視構圖的內容挑選素材，並自主調配顏色，且在構圖方面注重細節，而在色彩的運用上有了疊色、渲染、刮畫等概念與技巧。

5. 教師廣泛閱讀繪本、建立插畫資料並善用媒體，可提升幼兒之專注力

坊間繪本種類繁雜、數量龐大，教師在平日大量閱讀繪本，並將其資料建立歸檔，可方便選擇合宜的圖書，以配合幼兒的發展階

段、課程的需要。另外，為讓幼兒清楚閱讀欣賞插畫，將繪本製作成簡報，利用投影機放映，可提升幼兒之專注力。

6. 教師繪本插畫賞析教學之中探尋插畫密碼，並運用開放性問題，有助於幼兒在藝術知覺之成長

教師關注插畫，臆測插畫家的創作意向並整理重點與提問，以開放性問題討論，讓幼兒暢所欲言，發揮想像與創意臆測插畫隱含的意義，對幼兒在藝術知覺之成長，助益甚大。

7. 提供幼兒發表其創作想法之機會，教師虛心欣賞且慎用評語，可培養幼兒欣賞與尊重他人創作的美德

作品欣賞改以說明創作理念的方式，讓幼兒有機會為自己的作品說明，培養幼兒語言表達能力，藉由發表同儕間交流創作心得，間接培養欣賞與尊重他人創作的美德。另外，幼兒的作品並非藝術家之創作，是學習和成長的過程記錄，成人的態度與評語會輕易扼殺幼兒的學習成效與創作信心。

（二）建議

1. 出版社應提供繪本插畫家資訊，減輕教師蒐尋合宜資料之窘境

坊間繪本的出版如雨後春筍般快速，但要配合課程需要選擇合宜插畫賞析仍要花費一番功夫，因繪本出版後即不易辨別插畫家是以何種素材創作。建議出版社在出版時可加註插畫家使用的素材與創作的理念，以方便教師明瞭繪本插畫家的資料，更易運用作為教材。

2. 教師在課程設計安排應循序漸進，以便逐步提升幼兒美學概念

繪本插畫賞析活動之後可延伸之課程就視覺藝術領域而言，平面的繪畫活動除線畫和彩畫等方式，另有剪貼、拼貼、版畫等平面創作活動，足以多元提供幼兒體驗美感經驗，故教師課程設計時可循序漸進安排，以便讓幼兒從線畫、塗色、噴色、撕紙拼貼等感覺性操作活動中，逐漸體驗色彩、形象和空間等美學概念。

3. 教師應儲備藝術專業素養，以便善用繪本、活化教學

無論是繪本插畫賞析或是繪畫教學，教師若能透過閱讀美感、圖像賞析之視覺藝術教育相關書籍或實證性研究論文，增加自我在美感教育活動設計之能力並累積藝術知識及知覺，則對於繪本插畫之應用將更多元與得心應手。

參考書目

中文文獻

王秀雄（1998）。觀賞、認知、解釋與評價：美術鑑賞教育的學理與實務。台北：台北市歷史博物館。

王桂甚（1911）。美術學科教學知識與教學行為之探討--美術教師與幼教教師之比較。國立新竹師範學院幼兒教育研究所碩士論文，未出版，新竹。

吳惠娟（2002）。以繪本引導兒童審美與表現的教學研究。屏東師範學院視覺藝術教育研究所碩士論文，未出版，屏東。

吳瑪悧譯（1985）。點線面（Wassily Kandinsky 原著）。臺北市：藝術家出版。

宋佩譯（2006）。觀賞圖畫書中的圖畫（Jane Doonan 原著）。台北：雄獅圖書股份有限公司。

幸佳慧（1998）。兒童圖畫故事書的藝術探討。國立成功大學藝術研究所碩士論文，未出版，台南。

林千鈴（2009）。畫不像的畫像－打開兒童創造力的 23 個問與答，台北：天下。

林冠玉（2003）。安東尼・布朗繪本中插畫之超現實主義風格研究。屏東師範學院視覺藝術教育研究所碩士論文，未出版，屏東。

林美琴（2009）。繪本有什麼了不起？。台北：天衛文化。

林敏宜（2000）。繪本的欣賞與應用。台北：心理出版社。

徐素霞（2002）。台灣兒童繪本導覽。台北：國立台灣藝術教育館。

徐德成（2007）。幼稚園教師在圖畫故事書教學中運用插畫之研究。國立嘉義大學幼兒教育學系碩士論文，未出版，嘉義。

郝廣才（2006）。好繪本如何好。台北：格林文化。

涂金鳳（2007）。艾瑞・卡爾（Eric Carle）繪本插畫導賞與幼兒繪畫表現關係之研究。國立台北教育大學幼兒教育學系碩士論文，未出版，台北。

張玉成（1999）。教師發問技巧。台北：心理出版社。

陳海泓（2001）。如何利用圖畫故事書發展兒童的創造力。語文教育通訊，23，64-78。陳朝平（1986）。繪畫欣賞與欣賞教學之研究。高雄：復文出版社。

陳瓊花（2001）。藝術概論。台北：三民書局。

黃壬來（1993）。幼兒造型藝術教學──統合理論之應用。台北：五南圖書出版股份有限公司。

黃淑娟（2000）。國小學童繪本導賞教學及其插畫反應探討。台南師範學院國民教育研究所碩士論文，未出版，台南。

蔡永瑩（2005）。運用繪本圖像於國小六年級學童之教學行動研究。國立彰化師範大學藝術教育研究所碩士論文，未出版，彰化。

蘇振明（1992a）。繪本與兒童教育應用之探討。國教新知，53，35-46。

蘇振明（1992b）。從鑑賞導向創作──兒童美術鑑賞教學研究（上）。美育月刊，21，29-40。

蘇振明（1998）。認識兒童讀物插畫及其教育性。美育月刊，91，1-10。

英文文獻

Isenberg, J. P., & Jalongo, M. R.（2001）. *Creative expression and play in early childhood*. Upper Saddle River, NJ: Merrill.

Jalongo, M. R.（2004）. *Young children and picture books*（2nd ed.）. Washington, DC: National Association for the Education of Young Children.

Koralek, D.（Ed.）.（2003）. *Spotlight on young children and language.* Washington, DC: National Association for the Education of Young Children.

McGee, L. M., & Richgels, D. J.（2004）. *Literacy's beginnings: Supporting young readers and writers.* New York: Pearson, Allyn and Bacon.

Norton, D. E.（1999）. *Through the eyes of a child: An introduction to children's literature*（5th ed.）. Columbus, OH: Merrill.

Strasser, J., & Seplocha, H.（2007）. Using picture books to support young children's literacy. *Childhood Education, 83*（4）, 219-224.

附錄：本研究使用之繪本

王蘭／文，張哲銘／圖（1993）。紅公雞。台北：信誼。

何佳芬譯（2006）。Kambiz Kakavand／文，Ali Mafakheri／圖（2004）。Cock-a-doodle-doo。啾啾啾。台北：飛寶。

李紫蓉譯（2000）。Helme Heine／文、圖（1993）。最奇妙的蛋。台北：信誼。

周思芸譯（2006）。Lila Prap／文、圖（2003）。WHY？。為什麼。台北：小天下。

林良譯（1995）。Robert McCloskey。Time of wonder。夏日海灣。台北：國語日報。

林良譯（2006）。Azra Jozdani／文，Ali Mafakheri／圖（2005）。Green Shorts and Violet Blouse。綠褲子和紫上衣。台北：飛寶。

林良譯（2008）。Crockett Johnson／文、圖（1956）。阿羅有隻彩色筆。台北：信誼。

林芬名／文、圖（1996）。搬到另一個國家。台北：信誼。

章玲譯（2009）。Laura Ljungkvist／文、圖（2006）。Follow The Line。跟著線條走。台北：典藏藝術家庭。

蔡忠琦譯（2005）。Quentin Blake（2004）。Angel Pavement。彩色筆。台北：格林。

鄭明進譯（2007）。長新太／文、圖（1993）。研究者的蠟筆。台北：維京。

我「繪」試著認識你：
學前教師運用繪本教學培養幼兒同理心之經驗分享

蔡鳳

樹德科技大學兒童與家庭服務所研究生

臺南市私立母佑幼稚園教師

摘要

　　某幼稚園正進行著生活教育關懷活動，水果班的水果老師決定帶領幼兒關懷早療中心身心障礙的幼兒，但恰逢新流感（H1N1）的流行，不能帶孩子實際到早療中心進行參訪，要怎麼樣進行關懷活動呢？

　　過去孩子們生活中沒接觸身心障礙者，水果老師苦惱著要怎麼傳遞此經驗給孩子呢？與同事閒聊之餘得知幾本描述身心障礙兒的相關繪本，水果老師決定用繪本來作為活動的主要工具，引導孩子認識早療機構的小朋友。

　　本文主要是介紹一位學前老師如何在教學實務現場運用六本繪本來教學，並透過繪本的故事內容與幼兒討論互動，培養幼兒同理心的發展教學記錄。

一、緣起

　　某幼稚園正進行著生活教育關懷活動，水果班的水果老師決定帶領幼兒關懷早療中心身心障礙的幼兒，但恰逢新流感（H1N1）的流行，不能帶孩子實際到早療中心進行參訪，要怎麼樣進行關懷活動呢？

　　過去幼兒們生活中似乎都沒接觸過身心障礙者的經驗，水果老師苦惱著要如何讓幼兒認識身心障礙者，與同事閒聊之餘得知幾本描述身心障礙者的相關繪本，水果老師本身就經常根據教學主題選擇相關繪本當作教材，深深感觸繪本是一個很棒的媒介，因此繪本教學應該會是一項可行的辦法，最後決定進行繪本教學，引導幼兒認識早療機構的小朋友。

　　本文是介紹一位學前老師如何在教學實務現場中運用繪本來教學，如何透過繪本教學切入主題，記錄如何以繪本中的角色、情節與幼兒討論互動的過程，進而培養幼兒同理心的發展。

二、關於「繪本教學」

　　「繪本」乃為國內幼教界推動幼兒閱讀的主要媒材，而繪本中具「主題」、「主角」、「背景」、「情節」與「結局」的故事結構，正式幼兒在說故事中所應學習述說的故事內容要素（盧美貴，2008）。繪本是學前教師經常使用的工具書，學前教師根據主題、目標挑選適合的繪本，透過繪本的圖畫與老師的生動的口語教學，可以拉近老師與幼兒的距離，讓幼兒隨著繪本的故事情節進入情境中，可見繪本在幼教課程中是多麼的重要了。而繪本教學的「定義」與它的「與眾不同」，到底有哪些呢？以下一一介紹。

（一）繪本教學的定義：

繪本教學意指：運用繪本圖文並茂的特性，讓幼兒從圖畫書中，了解圖畫書的內容，經由與成人的互動，了解其意義。即使是非常淺顯易懂的故事書，也能從中學得大道理。善用繪本教學可以擴展幼兒的學習領域，亦能激發孩子潛能，因為繪本提供給幼兒們無限的想像空間（蘇貞夙，2009）。此次的繪本教學採彈性的教學過程，在繪本教學的過程中可視幼兒的反應狀況隨時做調整，而「討論」是這次繪本教學重視的，希望幼兒可以深入繪本情境中，能隨著繪本的情境高低起伏，能透過繪本教學來省思自己、內化成為自己可以帶著走的能力。

（二）繪本的與眾不同：

書中自有黃金屋，閱讀書籍可以讓人們得到許多的知識、開拓視野，而繪本與其它一般的書籍有許多的不同，根據陳凱婷（2008）提出繪本擁有較高的圖像性，包含的特性有：

1.集中視覺的焦點：

世界上有許多美好事物，繪本的功能是協助讀者縮小視野，訂出視覺的焦點，創造出具體的圖像世界，將不同的事物深刻而清楚地聚焦在眼前。

2.畫中有話：

繪本和一般書籍最大不同處便是它的「圖像性」，及以圖畫進行故事敘說的功能。

3.繪本可輔助兒童的想像力：

繪本的圖像會隨著故事情節與場景越加豐富，此圖像可彌補兒童不足的想像力，或為其對故事的想象更添豐富性。

4.閱讀方式的不同：

繪本的語言不同於一般的文學，一般的文學是讀者和作者之間的直接交流與靜態的流動，而繪本的生命需要經由第三者的「點化」才能夠感動時族地傳達到孩子的心中。

5.繪本強調「體驗性」：

兒童之感受先於思考，繪本與兒童故事主要在為兒童提供一些體驗，透過這些體驗，兒童除了可以瞭解事理，增加知識外，更豐富了兒童的感受能力。

學齡前的幼兒生活經驗較少、自我中心強烈，一般用「說」、「解釋」較無法傳遞訊息，直接的語言是難發揮其溝通的功能，因此藉由繪本的圖像性傳達，可以較容易達到目的性。

三、何謂「同理心」

天下雜誌出版優秀孩子的 10 大關鍵能力，這 10 項關鍵能力能讓子女真正擁有幸福與健康生活，分別是參與感、同理心、好奇心、溝通力、情緒穩定、自信、自律、創意想像力、邏輯思考力、道德操守，而這些能力源自於生活經驗中，換言之，他們並非天生賦予的，每個人都能培養這些能力與特質，在 10 項能力中就包含同理心（史丹利・葛林斯班，2010）。要培養幼兒同理心前，首先應該要明瞭同理心的意義與幼兒同理心的發展。

（一）同理心的意義：

同理心何時獻於人類生活中，已經不可考了，同理心的意義也漸漸被指稱為對他人感覺的理解與反映（趙梅如，2006）。設身觸地以別人的立場去體會當事人的情境（當事人的需要、感覺、痛苦等）的心理歷程，稱為同理心（邱志鵬，2002）。同理心是認知、情感和動機所組成，且認為認知與情感的同理心是交互作用的（Hoffaman，1984）。

（二）幼兒同理心的發展：

打從孩子出生之後就成為社會人，根據皮亞傑（Jean Piaget）的認知發展層次中，三至六歲的幼兒處於「前運思期」，可以用語言符號去吸收知識，也可以運用簡單符號從事思考活動，惟在表現上總是重他自己的觀點來看世界，也就是皮亞傑所稱：「自我中心」主義。

嬰幼兒常被認為是自我中心，而且衝動、任性，只求滿足自己的需要，也不懂得為人著想。然而，在日常生活中，由幼兒的對話和行為常會發現，這群被冠以「自我中心」的小傢伙們，卻常對他的玩伴（生物或非生物）、親人、朋友，甚至陌生人表現出關心、擔心，在情感及對他人情緒的覺察和瞭解上，可能並不是一般人所認為的「只顧自己」（呂素幸，1995）。

幼兒的社會行為發展，大都在「自我中心」時期，只有少數屬於「先天溫和氣質」與「易教養型」的孩子，在此階段就具有同理心。因此多數孩子則需在幼稚園階段經由與同學接觸、互動和教師的教導，才能具有同理心，但是個體間會有差異性，需父母與老師長期、耐心的教導（蘇貞夙，2009）。

四、進行繪本教學對幼兒同理的影響

　　綜合上述，繪本教學對幼兒有什麼影響呢？同理心到底可不可以教呢？繪本教學與同理心能夠有什麼關係呢？繪本教學和同理心可以激出什麼火花，發揮什麼功能呢？

　　在一般的情境中，若幼兒能清楚的觀察到他人情緒的直接表現，且此表現與情境一致，則較容易有同理的反應；反之，對於不清楚或不一致的訊息，需要由間接的訊息推知對方情緒時，幼兒可能因其認知和角色取替能力的限制，而較少有同理的反應。孩子其單純的思考，常無法分辨情境（呂素幸，1995）。蘇貞夙（2009）指出，四、五歲的幼兒正值同理心發展的關鍵階段，從教育的觀點來看，是培養孩子同理心的適當時期。不過同理心的發展與幼兒認知發展程度有關，要幼兒辨識他人的感覺，直接教導同理概念對孩子來說是比較困難的，運用「繪本分享」則是較好的方法，因為繪本中的故事與幼兒生活類似的情節，讓幼兒會有「他與我一樣」的共鳴感，能幫助幼兒紓解情緒或改變行為，讓幼兒更能了解他人的想法，可增加幼兒的同理心。除了與幼兒討論繪本內容外，並透過日常生活的觀察與引導，試圖將繪本中的同理心概念與日常生活經驗相結合，避免只以抽象故事傳達間接的訊息和評估材料，期能透過繪本深入的討論，增進幼兒同理心。也就是說，從繪本上學習到對他人情緒的「認知」推論，觀察別人情緒的直接表現。

　　繪本在近幾年如雨後春筍般出版，繪本種類繁多、主題內容各式各樣，可以提供學前教師許多選擇，學前教師要慎選繪本來教學，根據主題、目標提供適合的繪本與幼兒分享，讓幼兒經由引導後也能自由的閱讀。例如：培養幼兒同理心，選擇的繪本的角色與

情節要符合主題與目標，讓幼兒能透過繪本教學去思考、觀察、感受，繪本要提供的知識與經驗，亦能有助於幼兒「同理心」的發展。

五、繪本教學活動過程

水果老師將教學的活動過程分別分為「繪本教學進行前」、「繪本教學主要活動」、「繪本教學曲終人未散」來做教學分享與介紹。

（一）繪本教學進行前：

水果老師先找出 10 本介紹身心障礙者的相關繪本，分別是大象男孩與機器女孩、喜樂阿嬤、受傷的天使、我的妹妹聽不見、我的姐姐不一樣、超級哥哥、箭靶小牛、輪椅是我的腳、好好愛阿迪、小畢的故事等十本繪本，水果老師在經由與幼稚園同事、研究所教授與同學討論後，決定使用前六本來做為此次的繪本教學。

為求繪本教學的完整性，水果老師決定在兩週內完成六本的繪本教學，水果老師分別先事先設計好繪本教學大綱，並在活動前先於聯絡簿上貼通知單告知家長，水果老師將利用連續二週的星期三、四、五的晨間時間 8：10~9：00 進行繪本教學，請家長提醒幼兒準時來上學參與活動。

水果班小宇的媽媽在聯絡簿中寫下：

謝謝老師，真棒！小朋友藉由您描述的繪本情境，更能加深對生命的認知，並能間接發展出對外在世界的愛與信任，學會用自己的話語自由的與人溝通，謝謝。小宇 MaMa 水果班為中班年齡（四歲～五歲），共有 26 名幼兒，在教學前水果老師掙扎過要不要實施獎勵制度，因為在水果老師的幼教教學生涯中是很少給予孩子實質的獎勵，主要原因為現在大部分的幼兒生活物質很充足，學齡前

的幼兒認知發展尚未無法充分理解獎勵的真義，再者水果老師覺得口頭誇獎和說故事給孩子聽就是最好的獎勵，再與同事商量、討論多次後，覺得偶而給孩子們有獎勵的機會也不錯，只要與孩子討論好規則與原因，適當的給予獎勵應該是還不會寵壞孩子。所以為了鼓勵幼兒在繪本教學中能踴躍發言並遵守聽故事時的規矩，水果老師和幼兒事先約定，只要準時來聽故事、先舉手在再發言就可以得到貼紙，集滿四張貼紙就可以換戳戳洞一次，期待幼兒能更參與繪本教學活動中。

（二）繪本教學主要活動：

說故事是兒童在成長過程中相當重要的生活經驗，也是兒童一路走來的最佳良伴，他不但可增廣見聞，擴充生活經驗，促進語言發展，更可增進親子間情感的交流與互動，因此說故事可以縮短師生和親子間的距離，取得彼此良好的信任與溝通（方玫芳，2004）。

由於學齡前的幼兒較不能用繪畫與書寫文字的表達想法，因此在繪本教學過程中，水果老師主要是藉由繪本故事內容與幼兒討論、分享式的互動性對話，教學過程中並攝影存檔，教學後逐一紀錄成文字稿，藉此瞭解幼兒的心理感受與想法。

1. 繪本教學主要活動第一步曲：「大象男孩與機器女孩」

大象男孩祥祥和機器女孩珊珊都是中重度身心障礙的小朋友，他們沒有像一般的小朋友一樣正常的發展，倆人在三歲時都還不會說話、走路，還好祥祥和珊珊遇到許多貴人幫助他們，幫助他們復健學習，讓家裡貧困的祥祥和珊珊沒有因此就放棄希望。而故事中描述倆人的阿嬤辛苦的照顧他們過程令人感動，祥祥和珊珊學習的認真、努力的活出生命的光彩更值得讓小朋友們學習與佩服。

繪本：「大象男孩與機器女孩」教學大綱		
活動目標	(1) 認識身心障礙學童，珍惜身體健康的重要性。 (2) 體會身心障礙者的困難。 (3) 學習身心障礙者的勇氣。	
活動過程	(1) 引起動機： 　◎ 小朋友有沒有看過這本書呀！可以說說這本書在講些什麼呢？ (2) 說繪本、討論情節與問題： 　◎ 想想看祥祥不能吃食物的感覺怎麼樣？ 　◎ 為什麼？祥祥自己痛苦插管子，可是還是笑笑的跟阿嬤比 OK。	
活動過程	◎為什麼珊珊手沒有力氣吃東西，自己吃東西都會掉滿地，阿嬤還是要珊珊自己吃呢？ ◎為什麼珊珊練習走路會很痛呢？那她為什麼要繼續練習。 ◎祥祥和珊珊都經過很多努力後就學會事情，如果是你願意也努力嗎？為什麼？ ◎祥祥和珊珊都沒有小朋友願意跟他玩，你願意嗎？為什麼？ ◎如果祥祥和珊珊是水果班的小朋友，你會怎麼幫助他。	
備註	水果老師進行完繪本「大象男孩與機器女孩」教學後，告訴小朋友書放在語文區，可以自己在去閱讀。	

　　水果老師先選擇「大象男孩與機器女孩」這本繪本分享，這一本繪本上學期水果班的小朋友已經有聽過，在分享的開始，有小朋友馬上說：「這一本我們看過了」、「裡面的小朋友生病」、「他不會走路、吃東西」，所以這本繪本已經在幼兒心中留下一些回憶，幼兒也沒有因為聽過故事而不想聽，反而很注意聆聽水果老師說故事。由於是中班年紀的幼兒，雖然水果老師發問問題都會再加以解釋，從幼兒的眼神可以觀察出，他們很想回答問題，但不知怎麼表達？只有少數幼兒會回答，例如：孩子會說：「因為祥祥會怕阿嬤難過」、「因為珊珊要練習吃東西呀！」、「因為珊珊腳生病了」、「可以帶他玩伴家家酒」、「帶他去遊樂場玩」、「說故事給他聽」等。

　　以前水果老師也曾說過這本繪本給其他的小朋友聽，當水果老師問願不願意讓他坐在你的旁邊，記得當時小朋友都突然愣住了。今天水果班的小朋友雖然還不太能說出怎麼幫助他，可是當老師問願意和他一起玩嗎？水果班的小朋友都點頭，讓水果老師覺得這是此次繪本教學很好的開始。

2. 繪本教學主要活動第二部曲：「喜樂阿嬤」

　　來自美國的喜樂阿嬤，在台灣中部的一個沿海小鄉鎮二林，成立了喜樂育幼院，專門照顧身心障礙的病童，喜樂阿嬤不僅照顧病童的身體更關心病童的心靈，鼓勵病童用自己的力量站起來。故事中主角阿山就是喜樂保育院的病童，全書從阿山小時候開始說起，背景是灰暗的顏色到後面隨著情境漸漸的轉為彩色，故事的文字與圖畫貼切描述喜樂阿嬤與病童的感人互動，讓讀者可以感受到一股熱愛生命、很溫暖的感覺。

繪本：「喜樂阿嬤」教學大綱	
活動目標	(1) 認識不一樣的學校－身心障礙機構。 (2) 建立勇敢與自信心。 (3) 培養助人的善心。
活動過程	(1) 引起動機： 　◎ 先介紹封面，猜猜看這本故事在說什麼？ (2) 說繪本、討論情節與問題： 　◎ 為什麼小朋友都叫阿山「山狗」？
活動過程	◎如果你是阿山被其他人欺負，你有什麼感覺？你喜歡那些欺負人的小朋友嗎？ ◎阿山的爸爸、媽媽不能照顧阿山了，要把阿山送到保育院，如果有一天你都看不見爸爸、媽媽，你會怎麼樣？ ◎你喜歡喜樂阿嬤嗎？為什麼？ ◎如果有一天有一位像阿山一樣的小朋友來水果班，他不能夠自己走路，你要怎麼幫助他。
備註	水果老師進行完繪本「喜樂阿嬤」教學後，告訴小朋友書放在語文區，可以自己在去閱讀。

　　水果老師說：今天要講的故事是「喜樂阿嬤」，這本故事是在說「喜樂保育院」的故事，小朋友立刻接著說：「喔！是保護人的醫院」，幼兒們為這本書做了一個很貼切的解釋，水果老師繼續問：「那為什麼要叫做喜樂呢？」，幼兒說：「因為很快樂呀！」，藉由幼兒的童言童語所做的解釋，讓水果老師深深覺得幼兒是如此善良與單純，或許身心障礙者在一般社會是會被排斥的，可是幼兒們確是用最純真的眼光來看他們，或許我們大人都想太多了。故事說到保育院的小朋友都用枴杖幫忙走路時，幼兒也回應：「可是不用用爬的呀！」，最後水果老師問：「他不能夠自己走路，你要怎麼幫助

他」，有幼兒說：「我會帶他去上廁所」，雖然幼兒回答、分享的語句並不多，但重點總是有說到喔！可見在說故事時，留時間給幼兒思考一下，不用急迫的要幼兒回答，不見得幼兒可以正確說出，但是他們已經在心裡想過問題了，留下經驗。

水果班家長小恆媽媽在聯絡上寫：

小恆非常喜愛這個說故事活動，早上只要媽媽說：「要去聽故事了」，自己立刻就起床，還很高興的說：「只要集滿 4 個貼紙，就能玩戳戳洞遊戲」對小恆挺有吸引的。

3. 繪本教學主要活動第三部曲：「受傷的天使」

故事中的姊姊認為自己不是一個好姊姊，因為他對妹妹很沒有耐心，故事從姊姊的角度出發，姊姊看見妹妹被欺侮，她挺身相助、保護妹妹，最後牽著妹妹的手一起走路回家，有一幕是「晚上，我常常看到媽媽在哭」，文字和圖畫的呈現令人感到動容。「受傷的天使」從旁觀、矛盾到了解、接納的心路歷程，道盡身為心智障礙者的家人的心聲。最後幾頁寫：「每個孩子在來到世上前都是天上的天使，我們要讓她長出翅膀、讓她也能獨立飛翔！」簡單的幾句話，深深說出家人對身心障礙者的期待。

水果老師一開始也是問幼兒書名，幼兒似乎被圖給限制了，因為幼兒說：「他的翅膀壞掉了」、「他去天堂做天使了嗎？」，從這互動討論中可以發現，幼兒不能理解智能障礙者的問題，水果老師也只能說他的頭腦生病了，但幼兒沒有進一步回應，似乎能不太能理解，沒有像前兩本繪本，很明白顯出肢體的障礙。

說到繪本妹妹被欺負的那一頁，水果老師故意停留很久讓幼兒觀察畫面，再繼續說故事並問幼兒如果是你的哥哥、姊姊、弟弟、妹妹被欺負你會怎麼樣呢？水果老師點了水果班有手足的幼兒回

答，大部分的幼兒沒有回應，只有兩位幼兒說：「告訴媽媽」、「把他帶走」，從幼兒的反應中可見，幼兒的生活中是沒有這種經驗，用想像的似乎還不知道怎麼回應。最後水果老師問：「你會怎麼幫助妹妹」，幼兒回應：「要幫助他要不然他心裡會很難過」。

繪本：「受傷的天使」教學大綱	
活動目標	(1) 知道身心障礙者不僅只是外觀的不同。 (2) 同理身心障礙者手足的想法。 (3) 學習不欺負身心障礙者。
活動過程	(1) 引起動機： 　◎ 為什麼這本故事要叫做「受傷的天使」？ (2) 說繪本、討論情節與問題： 　◎ 猜猜看故事中的妹妹不一樣，是哪裡不一樣呢？ 　◎ 你喜歡會尿褲子、常常跑出教室的小朋友嗎？ 　◎ 為什麼？故事中媽媽要哭呢？ 　◎ 在路上妹妹被欺負了，姊姊做了什麼事情。 　◎ 說說你對這本書的感覺。
備註	水果老師進行完繪本「受傷的天使」教學後，告訴小朋友書放在語文區，可以自己在去閱讀。

4. 繪本教學主要活動第四部曲：「我的姊姊不一樣」

「我的姊姊不一樣」則是以一位弟弟的角度來出發，敘述一位智障兒的手足情。弟弟不喜歡智障的姊姊，因為姊姊年紀比大大、身高比他高，但很多事情都不會，喜歡參與遊戲，可是不懂得遊戲規則，故事中奶奶形容弟弟的心已經枯萎了，在一次弟弟與姊姊外出購物的經驗，姊姊走失了，弟弟著急又懊惱，讓弟弟學會感受姊

姊的優點，奶奶讚美他「你的心比我想像的好多了」。誰都喜歡聰明又可愛的兄弟姊妹，這本繪本讓能體會身心障礙者的手足情，身心障礙者手足和這位弟弟有許多同樣的經驗，但只要和這位弟弟一樣去接納身心障礙手足，就「真的很不錯」。

繪本：「我的姊姊不一樣」教學大綱	
活動目標	(1) 認識智能障礙的障礙狀況。 (2) 體會可能失去親人的感覺。
活動過程	(1) 引起動機： ◎這一本書是在說一個姊姊的故事，他也是生病的小朋友，猜猜看他哪裡不一樣呢？ (2) 說繪本、討論情節與問題： ◎原本弟弟寫了卡片給姊姊，為什麼後來沒有送給他呢？ ◎你喜歡和常常不懂規矩的小朋友一起玩嗎？
活動過程	◎為什麼弟弟不喜歡別人笑他姊姊。 ◎如果你是他弟弟，你會帶他去上廁所嗎？ ◎姊姊不見了弟弟好緊張喔！為什麼？如果是你的姊姊不見你會不會緊張。 ◎姊姊有沒有優點呢？ ◎弟弟有沒有進步。
備註	水果老師進行完繪本「我的姊姊不一樣」教學後，告訴小朋友書放在語文區，可以自己在去閱讀。

　　因為前一本繪本也是說智能障礙者的繪本，與水果班孩子互動後發現幼兒不太理解智能障礙者，開始很擔心幼兒聽不懂這一本繪本，結果擔心是多餘的，幼兒有聽前一本的經驗後，已經可以比較近入繪本情境中。繪本說到：「為什麼弟弟不送卡片給姊姊？」，有

幼兒就說：「因為他看不懂呀！」，說到：「弟弟找不到姊姊」，幼兒：「他怕姊姊不見了」，說到：「姊姊比弟弟大，為什麼弟弟要照顧姊姊？」，幼兒：「因為他生病了」。

　　雖然透過繪本來認識身心障礙者比較抽象，可是這一次的經驗讓我知道透過繪本來教學，藉由老師的「說」讓幼兒投入繪本的情境中，在幼兒的思考方面是會影響某些程度。

5.繪本教學主要活動第五部曲：「我的妹妹聽不見」

　　「我的妹妹聽不見」是介紹一位媽媽盡心盡力的教聽障的女兒唇語，姊姊也認真的向同學解釋：「妹妹聽不見，耳朵不會痛，但如果不瞭解她，她的心會痛」。身心障礙者的更多障礙類別，有的外表看不出來，但其它地方受傷了、生病了，如果我們沒有仔細的去觀察和發現，不小心也會傷害到他們喔！

繪本：「我的妹妹聽不見」教學大綱		
活動目標	(1) 了解聽障者的需要與感受，學習體諒。 (2) 知道如何與聽障者相處。	
活動過程	(1) 引起動機： 　◎ 這也是一本說生病小朋友的故事，猜猜看他是哪裡生病了呢？ (2) 說繪本、討論情節與問題： 　◎ 你的耳朵有一天聽不到，你的感覺會怎麼樣呢？ 　◎ 姊姊怎麼樣去幫助妹妹呢？ 　◎ 妹妹的聽不到耳朵不會痛，可是你如果不小心傷害到他，妹妹的心會痛。 　◎ 妹妹的耳朵聽到不到，如果你有事情要告訴他要怎麼做？	
備註	水果老師進行完繪本「我的妹妹聽不見」教學後，告訴小朋友書放在語文區，可以自己在去閱讀。	

聽的見聲音的人是很難去感受聽不見的感覺，有了前幾本說故事的經驗，當我問到幼兒為什麼在玩遊戲時姊姊要一直看著妹妹呢？幼兒：「因為姊姊怕妹妹受傷」，幼兒似乎受到前兩本繪本的影響，覺得就是要保護身心障礙者。水果老師在繪本教學中不發出聲音只做嘴型，請幼兒猜猜水果老師說什麼？讓幼兒去體會妹妹雖然聽不見，但是靠看嘴型也是可以學習講話。最後老師說：「如果水果班有一位聽障的小朋友，你會麼幫助他」，幼兒：「我會教他講話」、「教他念注音，他不會我會唸給他聽」、「如果我站在他後面要叫他，他聽不見我會跑去他的前面」、「說話要慢一點」，雖然聽障是一件較難感受的感覺，但幼兒說出來分享的言語，比我預先預估的很多。

很恰巧，在水果老師進行「我的妹妹聽不見」繪本教學的同時，幼稚園來了一對聽障的兄弟參觀，園長請水果老師到教室外招呼，園長並請水果老師和家長瞭解狀況後，約時間讓聽障生來幼稚園進行試讀。回到教室後水果老師問：「看了好幾本故事，小朋友說了讓麼多幫助人的辦法，你們真的做的到嗎？」，幼兒大聲說：「我們可以呀！」，老師：「老師真的邀請一位聽障的小朋友來水果班，好不好？」幼兒：「好呀！可是你應該找不到真的，只可以找假的吧！」。水果老師暗自竊喜，這群孩子們好像覺得老師一直在說童話故事喔！等聽障的小朋友來水果班後，就知道到底幼兒們可不可以發揮同理心囉！

6. 繪本教學主要活動第六部曲：「超級哥哥」

這個超級哥哥是個智能障礙者，喜歡和他見到的每一個人握手，喜歡幫忙，不管別人需不需要，不管自己是不是幫倒忙。有一次，他把垃圾撿起來放進垃圾袋裡，得到老師的讚美，結果，不管

什麼東西，他都裝進袋子裡，連同學都裝到袋子裡。媽媽要妹妹隨時注意哥哥的安全，因此，小女孩時時刻刻和哥哥在一起。有一天妹妹賭氣的出去找同學玩，回家時卻發生家裡失火了，而哥哥不見了，超級哥哥帶著爺爺逃離家，做了一件了不起的事，溫馨而圓滿的結局，也讓小女孩對哥哥有個新的認識。

繪本：「超級哥哥」教學大綱	
活動目標	(1) 學會欣賞智能障礙者的優點。 (2) 學習同理故事中角色的感受。
活動過程	(1) 引起動機： 　　◎ 小朋友你們知道什麼是「超級」嗎？猜猜看超級哥哥為什麼會被稱為「超級哥哥」。 (2) 說繪本、討論情節與問題： 　　◎ 你覺得哥哥一直做同樣事情好不好，如果他是你的朋友或哥哥，你會怎麼幫助他呢？ 　　◎ 為什麼當妹妹發現哥哥不見的時候會很緊張呢？ 　　◎ 想想看超級哥哥有什麼優點呢？
備註	水果老師進行完繪本「超級哥哥」教學後，告訴小朋友書放在語文區，可以自己在去閱讀。

　　這一本繪本水果老師一樣先和幼兒討論書名，幼兒說：「超級是很厲害的」、「超級是很棒」、「很會幫助別人」，老師並沒有立刻回應幼兒的回應，告訴幼兒：「一起來看看故事內超級哥哥到底為什麼超級呢？」，故事講到妹妹想要哥哥永遠消失的部份，水果老師問：「如果是你妹妹會希望哥哥消失嗎？」，幼兒：「不會」、「哥哥很可憐耶！」，最後有幼兒分享：「哥哥也是有優點，他幫助爺爺沒被燒死」。

　　「超級哥哥」是此次繪本教學的最後一本，在「超級哥哥」繪本教學結束後，水果老師又再一次和幼兒回顧這六本繪本，讓老師與幼兒一起回憶、統整的六本的繪本內容。

（三）繪本教學曲終人未散：

　　同理心是一個人能夠察覺與體驗他人感受與情緒的能力，「口說無憑」幼兒實際行為反應是否真正出於同理心的表現，令人懷疑。因此我們只能稱之謂原始性的同理心，幼兒即使能夠體會出他人的感受，也不見得能真正做到同理他人的作法。水果班的小朋友雖然不能實際關懷早療中心的身心障礙小朋友，但在大家的討論、思考後，決定錄製一片歌曲 CD，藉由歌曲的傳遞讓早療中心的小朋友感受水果班對他們的關心。

　　水果班的關懷活動也還沒有結束喔！水果老師決定在新流感（H1N1）疫情漸漸結束後，實際帶著水果班的幼兒參訪早療中心的小朋友，希望孩子不僅藉由繪本認識他（她），更可以實際與他相處。

　　水果班新學期應該會有一位聽障的小朋友加入喔！相信水果班的小朋友經過這一段時間的六次繪本教學後，已經培養出同理心了，接著就有機會去發揮、落實囉！

六、自我反思與結語

　　「特殊關懷」相關繪本，豐富畫面，視覺符號深深的烙印在讀者的心海裡。繪本的閱讀，不急著咀嚼文字，給幼兒一些些時間，一點一點走近視覺世界，享受人生的美。「特殊關懷」相關繪本出版的最大目的，無非是想沖淡社會上濃濃的功利主義，掛帥的經濟導向，以及拉近現代人的疏離感囉（吳淑玲，2001）。

　　在教學生涯中經常會根據教學主題而挑選繪本，但似乎沒有把「同理心」當作過主要教學主題，這一次的因緣讓水果老師有機會與幼兒分享這六本與身心障礙者有關的繪本，在這歷程中為了讓水果班的幼兒能盡量同理繪本中的角色，進入繪本中的情節，水果老師在事先就會反覆的看過好幾次繪本，用幼兒可以理解的口語去教學，用幼兒聽得懂得問句去問問題。繪本教學的過程看見水果班幼兒認真參與，努力思考想回答老師發問的問題，不論幼兒是否能真正落實自己口中所「說」的，至少他們已經踏出「同理心」的第一步了。

　　教育零拒絕、每一位孩子都有受教權，學前幼兒的同儕也有可能出現身心障礙者。相信只要願意瞭解幼兒的發展，在多方面的相輔相成下，可引導孩子認識身心障礙孩童。這次水果老師透過繪本教學的過程，引領幼兒學習欣賞他人的長處，並接納與自己不同的人。相信幼兒是擁有一顆良善的「心」，能夠發展出「同理心」，學會「尊重」他人，進而「肯定」身心障礙者的生命意義與價值。根據此次的繪本教學讓我更喜愛繪本也更尊重生命，期待看過這篇文章的教育工作者，能激發您對特殊教育的重視，讓每位孩子都有機會學習被「愛」與「愛人」。

參考文獻

中文文獻

方玫芳（2004）。談說故事的技巧－以「一片葉子落下來」為例。國民教育，四十四卷四期。

史丹利・葛林斯班（2010）。優秀孩子的 10 大關鍵能力。台北：天下雜誌出版社。

吳淑玲（2001）。特殊關懷與繪本主題閱讀。國教新知，四十八卷二期，50-58。

呂素幸（1995）。知人、知面也知心：談幼兒的同理心。國教之聲，二十九卷一期，8-14。

邱志鵬（2002）。台灣幼兒教育百科辭典。台北：五南出版社。

郝廣才（2006）。大象男孩與機器女孩。台北：格林出版社。

馬雅（2005）。受傷的天使。台北：信誼基金會。

陳凱婷、陳慶福（2008）。繪本團體在喪親兒童輔導上之應用。輔導季刊，四十四卷四期，1-11。

陳質采翻譯（2000）。我的姊姊不一樣。台北：遠流出版社。

陳質采翻譯（2006）。我的妹妹聽不見。台北：遠流出版社。

趙美惠（2007）。超級哥哥。台北：國語日報。

趙梅如，2006。同理心的發展、內涵與應用。諮商與輔導，二十六期，29-34。

劉清彥（2008）。喜樂阿嬤。台北：台灣彩虹愛家生命教育協會。

盧美貴、郭美雲（2008）。幼兒生命「故事」的編織——幼稚園繪本教學策略的運用。臺灣教育，六百五十四期，2-9。

蘇貞夙（2009）。運用繪本教學增進幼兒同理心發展之探究。國立屏東教育大學幼兒教育研究所碩士論文，未出版。

英文文獻

Hoffman, M.L.（1984）. Interaction of affect and cognition in empathy. In C. Zard, J.Kagan, & R. Zajonc（Eds.）, *Emotions, cognition and behavior*（pp.103-131）. NewYork: Cambridge University Press.

附錄
各篇作者簡介

題目	作者	任職單位	職稱
導言：幼稚園繪本教學學術研討會之緣起與特色 教育思想家論幼兒園圖畫書舉述	黃文樹	樹德科技大學師資培育中心	教授兼主任
繪本及其在教學研究上的探討	蔡銘津	樹德科技大學師資培育中心	教授
關係失落兒童繪本之文本分析研究	郭洪國雄	樹德科技大學兒童與家庭服務系	助理教授兼諮商中心主任
幼兒性教育圖畫書之文本分析	周俊良	樹德科技大學師資培育中心	副教授
	郭素鳳	樹德科技大學兒童與家庭服務系 樹德科技大學師資培育中心	研究生 師資生
電子繪本的製作：以感恩學習為例	李新民	樹德科技大學師資培育中心	副教授
從符號互動論中探討幼兒日記繪本	歐舜蘭	樹德科技大學兒童與家庭服務系	研究生
李歐‧李歐尼繪本中「人際關係」主題探析	王靖婷等	中華醫事科技大學幼兒保育系	講師
親子共讀中的數學對話：個案研究	張麗芬	國立臺南大學幼兒教育學系	副教授兼系主任
親子共讀 HAPPY GO：對話式親子閱讀對幼兒語言能力影響之初探	陳沛緹	國立臺南大學幼兒教育學系 高雄市立新莊國小附幼	研究生 教師
	張麗君	國立臺南大學幼兒教育學系	副教授

多元智能融入幼兒園繪本教學之行動研究	吳禹鴒	樹德科技大學兒童與家庭服務系 樹德科技大學師資培育中心	研究生 師資生
繪本教學融入新移民女性親職教育課程之行動研究	鄭惠雅	高雄縣立成功國小附幼	教師
繪本插畫賞析在幼兒繪畫創作之應用探討	馬曉倩	高雄市立復興國小附幼	教師
	陳惠珍	國立屏東教育大學幼兒教育系	副教授
我「繪」試著認識你：學前教師運用繪本教學培養幼兒同理心之經驗分享	蔡鳳	樹德科技大學兒童與家庭服務系	研究生

社會科學類　AF0147

幼稚園繪本教學理念與實務

編　　著 / 黃文樹
責任編輯 / 林千惠
圖文排版 / 黃莉珊
封面設計 / 陳佩蓉

發 行 人 / 宋政坤
法律顧問 / 毛國樑　律師
出版發行 / 秀威資訊科技股份有限公司
　　　　　114 台北市內湖區瑞光路 76 巷 65 號 1 樓
　　　　　電話：+886-2-2796-3638　傳真：+886-2-2796-1377
　　　　　http://www.showwe.com.tw
劃撥帳號 / 19563868　戶名：秀威資訊科技股份有限公司
　　　　　讀者服務信箱：service@showwe.com.tw
展售門市 / 國家書店（松江門市）
　　　　　104 台北市中山區松江路 209 號 1 樓
　　　　　電話：+886-2-2518-0207　傳真：+886-2-2518-0778
網路訂購 / 秀威網路書店：http://www.bodbooks.tw
　　　　　國家網路書店：http://www.govbooks.com.tw

2010 年 11 月 BOD 一版
定價：400 元

國家圖書館出版品預行編目

幼稚園繪本教學理念與實務 / 黃文樹編著. --
一版. -- 臺北市：秀威資訊科技, 2010.11
　　面； 　公分. -- (社會科學類 ; AF0147)
BOD 版
ISBN 978-986-221-641-5 (平裝)

1. 繪本　2. 教學法　3. 學前教育

523.23　　　　　　　　　　　99019718

讀者回函卡

感謝您購買本書,為提升服務品質,請填妥以下資料,將讀者回函卡直接寄
回或傳真本公司,收到您的寶貴意見後,我們會收藏記錄及檢討,謝謝!
如您需要了解本公司最新出版書目、購書優惠或企劃活動,歡迎您上網查詢
或下載相關資料:http:// www.showwe.com.tw

您購買的書名:＿＿＿＿＿＿＿＿＿＿＿＿＿＿＿＿＿＿＿＿＿＿＿＿

出生日期:＿＿＿＿＿年＿＿＿＿＿月＿＿＿＿＿日

學歷:□高中 (含) 以下　　□大專　　□研究所 (含) 以上

職業:□製造業　□金融業　□資訊業　□軍警　□傳播業　□自由業
　　　□服務業　□公務員　□教職　　□學生　□家管　　□其它＿＿＿

購書地點:□網路書店　□實體書店　□書展　□郵購　□贈閱　□其他

您從何得知本書的消息?

　□網路書店　□實體書店　□網路搜尋　□電子報　□書訊　□雜誌

　□傳播媒體　□親友推薦　□網站推薦　□部落格　□其他＿＿＿＿＿

您對本書的評價:(請填代號　1.非常滿意　2.滿意　3.尚可　4.再改進)

　封面設計＿＿　版面編排＿＿　內容＿＿　文/譯筆＿＿　價格＿＿

讀完書後您覺得:

　□很有收穫　□有收穫　□收穫不多　□沒收穫

對我們的建議:＿＿＿＿＿＿＿＿＿＿＿＿＿＿＿＿＿＿＿＿＿＿＿＿

11466
台北市內湖區瑞光路 76 巷 65 號 1 樓

秀威資訊科技股份有限公司　　　收

BOD 數位出版事業部

....
（請沿線對折寄回，謝謝！）

姓　　名：_____　　年齡：_____　　性別：□女　□男

郵遞區號：□□□□□

地　　址：_____

聯絡電話：(日) _____　(夜) _____

E - m a i l：_____